「働くこと」の哲学

ディーセント・ワークとは何か

稲垣久和 *Inagaki Hisakazu*

明石書店

「働くこと」の哲学——ディーセント・ワークとは何か——目次

まえがき

目　次

第5章　都市と農村——持続可能な日本へ

［付録］主権、領域主権、補完性

まえがき

本書のテーマは働くこと、すなわち労働である。公共哲学を研究してきた筆者が、なぜ労働の問題に取り組むようになったのか。それは経済学者の仕事ではないのか。しかし哲学の根本に「生きる意味」をおいてきた筆者にとって、日本人の生きている大半がその多くの時間を労働に費やしている、こう気づかされたからである。

それも生きる糧を得るための賃金労働の仕事に従事している、その人生の期間があまりに長い。いや人生一〇〇年のかけ声はいいのだが、今のままだと死ぬまで働かせられる日本になるかもしれない。だから生きる意味は労働の意味になる。哲学は観念的に生きる意味について議論するだけでは不十分であり、日々、糧を稼いで生きている人々へのまなざしを欠いてならない。

労働は苦役か、それとも喜びか、こういう問いを出したい。ディーセント・ワーク、「働きがいのある人間らしい仕事」と訳されている。二〇〇九年の国際労働機関（ＩＬＯ）総会において二一世紀のＩＬＯの目標として提案され支持された。この言葉が日本社会に定着してくれれば、日本の労働現場の風景は相当に変化していくと思われる。

先進諸国のビジネスマンにベストセラーになった『ライフ・シフト――一〇〇年時代の人生戦略』の著者グラットンとスコットはこんなことを言う。「長寿化をめぐる議論は、お金の問題に偏りすぎている。一〇〇年ライフへの備えは、資金計画の強化だけで事足りるものではない」、と。そして今の労働形態を変えることを迫り、「人が大きく変わるのは、一歩下がって内省し、その結果について判断をくだすときだ。行動の仕方やものの感じ方だけでなく、ものの知り方を変えるとき変身は起きる」[1]。日本のビジネスマンも「ものの知り方」、すなわち人生哲学について腰を据えて学ぶ時代になった。

文明の発展の中で労働の意味も形態も変わる。かつての農業の時代から工業化されそして情報化された社会になっている。人々の生き方が、肉体労働から知的労働に大きく変化した。

他方で、情報通信技術（ＩＣＴ）の発展がマネーのあり方も変え、キャッシュレスの時代がきている。財布の中に紙幣やコインの代わりに、各種カードを入れて外出する時代になり、それで日常の用は足せる。よく考えてみると、マネーすなわち貨幣にはものが買える機能、つまり交換価値があるだけではなかった。労働をはかる価値もあったのだ。いや、もともと貨幣に価値があるとすれば、それは発行元の中央銀行に信頼があるからというだけではない。それ以上に、その国の人々の労働が生産物を生み出し価値を生み出し、貨幣に転化しているということだ。だから価値の源泉はやはり人間の労働にある。そして貨幣に転化しない労働だってたくさんある。家事、育児、隣人どうしの互いの助け合いやケアワーク等々。

人間の生活は衣食住を必要としている。目に見える貨幣がなくなってキャッシュレスの時代になっても、やはり生きるために人間には労働がつきものなのだ。労働を止めるとは生きることを止めることである。生きている以上、人間は働くのだ。しかしそれは果たして何のためなのか。日本には労働三法（労働基準法、労働組合法、労働関係調整法）と呼ばれる立派な労働法の体系があり、労働者の権利が保護されている国のはずである。それらがまともに機能していれば、長時間労働の行き過ぎによる過労死など起こりえないはずである。長時間労働の現実は現代日本の大問題だ。なぜなら何よりも人としてものを考える時間を奪っているからである。

筆者は公共哲学を色々な生活領域に適用してきた。そして「公」と「私」の間に「公共」が必要だ、こういう主張を一貫して語ってきた。本書は主として人間の労働のテーマを扱い、必然的に経済の問題を扱うことになる。そうすると富の所有ということが問題となり、「私」の財産すなわち「私有」なるもの、その反対の「公有」なるもの、さらには「公共の所有」なるものへの考察となる。「私（わたし）」とは何か「隣人」とは何かといった哲学の根本問題とも重なる。

そして私有ではない、公有でもない、公共の所有であるといった方向が見えてくる。「公有」は国土そのもの、国立公園、国立追悼施設の建設等々。しかし「公共の所有」の意味が重要だ。市民社会の所有ということ、すなわち生活に密着した憩いと談笑の広場や公園、カフェと集いの場、緑と空気、里山、市民図書館、市民会館、自治体条例づくり等々、今日、総じて地方自治の充実と民主主義のあり方として問われているものである。

筆者の危惧は日本が沈んでいく、この一点である。特に「終身雇用」という労働の形態の変化ということでは、一九八六年に労働者派遣法が制定されて以来たびたび改訂され、二〇一五年にはすべての業種におよんだ。いわゆる非正規労働者の生活が一段と苦しくなった。二〇一九年七月の厚労省発表の国民生活調査によると「生活が苦しい」と回答している人が約六割に達している。(2) これではとても先進国とは言えない。

今や日本はどうみても先進国ではない、そして北欧諸国や西欧のベネルクス三国のような小国でもない（これらの国々はサイズは小さいが国民幸福度がきわめて高い）。中規模の国といったところか。しかし大国ないしは先進国意識が抜けない。西洋と東洋の間にあってよいものを吸収し続けてきて、それなりの〝成功体験〟ももったからか。今日では状況が一変している。人口減少にも歯止めがかからない。

この平成の三〇年間、日本経済は伸び悩み、人々は疲弊してきた。失われた三〇年だ。かつて日本産業を引っ張った自動車産業のような主たる産業はもはやない。情報産業もＧＡＦＡをはじめアメリカや中国に大きく水をあけられた。名目ＧＤＰは三〇年間横ばいで伸びず、バブルが崩壊した九〇年代半ば以降、国の長期債務が急膨張し、膨大な財政赤字を出してかろうじて経済をもたせている。原発事故後もなお原発再稼働の方向である。国にビジョンが失われ、日本経済は成長から衰退へと向かっている。政府も大企業も失敗の責任を負うべき人々が、一切責任を取らない日本社会へと変質している。

このままその状態が続けばやがて国は破産して消えていくだろう。日本にある善いもの、日本に合った産業を掘り出して再生させるにはどうすればいいのか。特に地方の再生が急務である。

日本がいま世界で占めている位置は、かつての世界の脅威であった国民の勤勉さと優秀さが失われ、見る影もないということだ。世界の国民幸福度ランキングは年々下がって今や五八位だ。ロストジェネレーション（lost generation）ならぬロストネーション（lost nation）、失われつつある国民である。

いま日本国民は健全な民族の誇りを取り戻すべきであろう。これは安っぽい愛国心とは違う。人間が人間として生きている意味そのものであり、アイデンティティであり、誇りである。

愛国心が天皇の代替わりで熱くなり、マスコミあげてフィーバーするレベルでいいとは思わない。天皇制を日本の誇りと思う者も、天皇制はなくてよいと思う者も、本当に日本の状況を憂えるのであれば、今一度、立ち止まってみるべき時ではないか。今という時でなければ、ますます人的・財政的・思想的に縮小することが目に見えているターニング・ポイントに、価値観と生き方と働き方の転換をはかる時が本当に失われてしまうであろう。

本書の構成は以下のようである。第1章では全体的に労働とそれを営む人間とは何か、という基本の問題を扱う。労働は苦役か、それとも喜びか。そして今日の資本主義社会で労働をテーマにする場合、どうしても、人間を労働力商品なるコンセプトで扱ったマルクスの古典について触れざるをえない。しかしマルクスの背景の世界観は唯物史観と言われているから、そもそも唯物論とは何かを見る必要がある。近代の科学の成功が唯物論を民衆に浸透させた、そのことに疑いはない。そういうわけで、第2章は科学の問題、最先端の科学である脳科学やＡＩ（人工知能）と人間の精神作用すなわち心の問題を扱う。科学を意味づける哲学として唯物論か実在論かということもテーマにしたい。

それを踏まえた上で、第3章ではマルクスの資本論における「労働の二重性」の問題を議論する。意外なことではあるが「労働の二重性」は人間の根本の問題、特に「主体の二重性」、さらには「人間存在の二重性」から発生していることを突き止める。「人間存在の二重性」がスピリチュアリティの根拠である。戦後日本の社会科学の方法論としてマルクスとウエーバーが強い影響力をもった。そのことへの批判的検討も加えている。

第4章では、人間にとって労働が喜びであるような社会を築くために、政治の役割を説いていく。そうすると政治哲学の根本、国民主権と民主主義のジレンマもやはり「主体の二重性」がその原因であることが理解されてくる。第5章は都市にしろ、地方の農漁村にしろ、今日の日本で働くことが喜びであるような社会、「働きがいのある人間らしい仕事」（ディーセント・ワーク）による協働労働を通したコミュニティ経済やコミュニティ協同組合を創るための指針である。

［付録］では筆者の公共哲学の基本的概念となっている「領域主権」についてまとめておく。

注

（1）L・グラットン、A・スコット『ライフ・シフト――一〇〇年時代の人生戦略』池村千秋訳（東洋経済新報社、二〇一六年）二四、一六二頁。

（2）https://www.mhlw.go.jp/toukei/list/20-21kekka.html

第1章

労働の公共哲学——今日の働き方改革

1　人間はなぜ働くのか

労働の現場

二〇一八年一月二二日開始の第一九六通常国会（七月二二日終了）、ここで、厚労省のデータねつ造に端を発した労働時間をめぐる激しい与野党攻防があった。「働き方改革」なるものが国会での抗争の政治課題となる時代である。なぜこんなテーマが労働現場やマスコミのみならず、一国の政府をも巻き込む問題になったのであろうか？

二〇一六年一二月に一流企業に就職したばかりの若い女性が、一年も経たずして過労から自殺に追い込まれた、そういう事件があったことも関係しているに違いない。過労死（カローシ）、いやな日本語が世界中に出回る時代だ。未来ある有能な若者が、こんな方法で命を絶ってしまう社会とはいったいどういう社会なのだろうか。社会人としてこれからの夢を実現しようという世代が、働く生活を始めた矢先になんという痛ましい結末か。そんな過酷な長時間労働を止めることはできなかったのだろうか。しかもこれは現代日本という国家に生きる国民の、労働現場の氷山の一角にすぎないというのだ。今や労働問題は国家と国民を巻き込む大問題である。

しかし「労働時間」の算定は難しい。残業代を込めた賃金制度に「みなし労働時間」というのがあり、いわゆるブラック企業だけでなく多くの企業が採用している。たった一時間の残業代込みの雇用契約で、実際は外回りだけで五時間もかかるというような代物だ。この一〇年で採用した企業が一〇・五％から一五・九％に増えたという（厚労省調査）。二〇〇八年のリーマンショック後の派遣切りを目の当たりにした若者たちは、正社員のいすを奪い合った。そして、ブラック企業はその足元を見るような詐欺的な求人で彼らを引き付けているというのだ(1)。

不安定な雇用は社会全体のリスクになっている。就職氷河期つまりバブル崩壊後の景気悪化で、企業の新卒採用者が減らされた一九九三年から二〇〇四年頃に社会に出た世代がいまだに非正規雇用の率が高いという。二〇一九年現在で三三歳から四八歳に当たりロストジェネレーション（ロスジェネ）と呼ばれていて、その前後の世代に比べて労働時間が同じでも非正規社員の年収がはるかに少ない。いわゆる〝引きこもり〟も他世代よりも多く六〇万人を超えているという(2)。経済財政諮問会議が「人生再設計第一世代」として再教育や能力開発を提言している。

若者、中年だけではなく、いわゆる定年後の高齢者も、もう一度労働力として再雇用するための政策も進められている。第四次安倍内閣は二〇一八年一〇月に「未来投資会議」なるもので「企業の継続雇用年齢を六五歳から七〇歳に引き上げる」という方針を出し、二〇二〇年の通常国会で法制化するというのだ。もちろんその分の年金支給を遅らせ、社会保障費を削減するということを意味している。〝継続雇用〟の給与で従来の年金分を稼ぎなさい、ということである。奇妙な〝未来投資〟があったものだ。二〇一九年五月には金融庁が「高齢社会における資産経営・管理」なる報告書を出し、働き盛りのサラリーマンに「老後の備えの自助努力」を呼びかけて金融機関に新たな商品開発を促した。六月になって「六五歳以上の夫婦は年金だけでは九五歳までに平均で二〇〇〇万円不足する」という審議会報告を出した。しかもその直後に世論の反発を食らうと、なんと、慌てて金融担当相はこれを受領することを拒否するという始末であった。七月の参議院選挙では野党はこれを争点化して、自民党は単独議席で過半数を失い、自民・公明のいわゆる〝改憲勢力〟は参議院での三分の二も失った。

人口減少の日本、確かに労働人口は減るが国家の側の税収は減らさない、こういう政策で消費税も一〇月から一〇％に引き上げられた。しかし、消費は落ち込み経済は低迷を続け、徐々に年金受給開始年齢も引き上げられる。へたをしたら年金受給の始まる前に、高齢者たちがカローシしてしまう世の中になりかねない。ようやく「第二の人生を趣味と地域貢献に生きられる」と楽しみにしていたのに、一生が賃金労働者だ。

他方で、格差が広がり富裕層がもつ資産が増えている。にもかかわらず、国は累進課税の制度をつくろうとはしない。いったい国民が先なのか、国家運営が先なのか、こういう問いを出さざるをえない日本になってしまった。国家とは何のために存在しているのか。国民の幸福と自由と平和を守るために、国家は建てられたものではないのか。

国連関係機関から「世界幸福度報告書（World Happiness Report）」なるものが発表されている。(3) 初めて発表された二〇一二年に四四位だった日本の幸福度は、二〇一九年版では五八位と過去最低、先進七か国では最下位という結果だ。報告書は各国の一人当たりの国内総生産（GDP）や社会支援、健康寿命、寛容さなどを基準に一六〜一八年の幸福度を数値化し、順位づけしている。幸福のこういった数値化にどれだけ意味があるのかという疑問は残るが、一つの目安にはなるだろう。日本は経済大国でＧＤＰは世界3位、ＧＤＰというのは人口が大きければ大きくなるのは当たり前で、一億二〇〇〇万人いる日本が世界三位であるのは自慢にもならない。むしろ幸福度に関係しているのは一人当たりのＧＤＰでこれは二四位、寛容さに至っては九二位である！

そもそも、自由と人権を保障されたはずの近代国家の国民が幸福に生きるとは、すなわち幸福に働けるということではないのか。

人間が労働するということは、歴史をたどれば、一部の支配階級を除いて、人口のほとんどにとって大地を耕すために、自然環境の中で体の筋肉を使用することであった。もしも国が戦争に負けた場合、または植民地支配を被って、奴隷的な状態の労働者となった場合に人々は過酷に搾取された。労働の意味とは何かを問うなどと、考える暇もない。一部の自由人だけが労働の意味を考える時間的余裕があっただけだ。

哲学発祥の地ギリシャ、ここは紀元前の当時まだ奴隷制社会であった。ほんの一部の自由人が「自由」「平等」「正義」「友愛」「知恵」を語り、西洋文明に物事を根底から考える分野、すなわち「哲学」というジャンルを生み出した。当時、生産のための労働は主として奴隷の仕事であった。

しかし近代社会では違う。奴隷という身分はなくなり人権概念ができあがった。国民国家ができ、多くの人々に自由が与えられた。奴隷でない限りは、働く意味を考える必要が出てきた。もっとも大衆文化に生きる現代人にとって、多くの人は食うために働く、という答え方かもしれない。

今日、消費すればするほど経済は成長するとされ、そのための給与を稼ぐことが働く目的となっている。国民国家の為政者もそれを最優先する。しかしながら、ここで冷静に立ち止まり、われわれは考えることを始めねばならない。人間は考えるアシではないか。現代の一級の哲学的課題がここにあるのだ。

人は働くために生まれるわけではない。人が生きる意味を問うときに初めて、働くことの意味が問われる。子どもの夢、そして教育の基本も「自分は大きくなったら○○になりたい」というものではないのか。これは「○○として働く人になりたい」ということだろう（それが賃金労働であるかどうかはともかくとして）。

労働観の歴史

人間における労働とは何か、普遍的な課題である。人類の歴史をたどってみれば、狩猟採集時代から始まって、食べていくために人間は労働をしてきた。現生人類（ホモ・サピエンス）が出現して二〇万年くらいと言われている。ホモ・サピエンスの生きた大部分の時代は、生きていくために狩や植物採取をしたり漁をしたりして、食料を求めて季節ごとに移動したのであろう。その頃の労働の意味は、当然であるが、家族や仲間うちでの生命維持が基本である。獲物を求めて移動しているのであるから、食料を蓄えるということもほとんどできなかった。

一万二〇〇〇年くらい前から農耕が始まったと言われている。人類が移り住んだどこの大陸でも、定住して農耕や牧畜生活に入った。(4) 主食となる麦はメソポタミア、稲は中国南部、ジャガイモは南米アンデスが原産と言われている。自給自足の生活圏では、生産物の余剰が出れば食料枯渇のときのために、自分たち用にとって備蓄しておける。しかし余剰の備蓄がいつもできるとは限らない。争いや紛争も起こったであろう。大きな共同体ができれば安全を保護してもらうために、首領に余剰物を差し出す。奴隷になってしまえば強制労働させられ、多くの生産物は余剰があってもなくても首領にとられてしまう。

やがて五〇〇〇年ほど前、国家というものができる。そのようになれば、農業、牧畜労働は自らのためにだけではなく、いわば年貢すなわち税として領主なり王なりに納める。国家の見返りは、国家支配者による外敵からの安全の保障である。農業や牧畜は自然環境に依存しているから、場合によっては不作に備えてなど、大量の備蓄が必要であったろう。備蓄があれば、これら備蓄物は他の必需品と交換できる。

すでに国家成立の頃から貨幣は出てきたし、市場も国外、海外に伸びていた。しかし貨幣といっても、それは物々交換をより便利にスムーズにするために併用された程度のものであり、貨幣は直接に労働を測るモノサシなどではありえなかった（貨幣の鋳造そのものは紀元前七世紀頃と言われている）(5)。では、近代に至ってマルクスの言うように、商品経済が完璧に発達したあとになって、初めて労働力そのものが商品化されるようになったのであろうか。第3章で詳述するように、労働力を商品と規定するのは経済学上の論理構成には便利であるが、やや還元主義に偏った一つの見方である。ただし、「労働力が売れなくなったときの備えが国家による社会保障だ」との解釈も「福祉資本主義」（第5章で詳述）ないしは福祉国家論として一般的になっていて、資本主義は人類経済の中心としてしぶとく生き残っている。これが二一世紀の現実というわけである。

まずは農業、畜産、漁業生産物等の交換に従事する商人による資本の蓄積、そしてその自己増殖が可能になった。ヨーロッパに限ってみれば、このような商人資本主義を生み出したのは一三世紀頃からの地中海貿易だ、と言われている。ところが、一八世紀の工業化以後には話がガラッと変わってくる。特に資本主義の発達は著しく、農業を離れた労働者は、生きていくために雇用されるのが常態となった。病気や失業のときは企業や国家の社会保障政策がこれを支援する。第二次世界大戦以降の欧米先進国では、いわゆるケインズ－ベヴァリッジ型の福祉国家論ということだ。しかしこれでは「大きな政府」として税金が高くなり、官僚主導になって社会の活性化が失われてくる。そこで一九八〇年以降はサッチャー、レーガンといった英米指導者の下にいわゆる新自由主義の時代に入っていく。

さらに今日のような情報通信技術（ＩＣＴ）革命の時代、金融資本主義の時代には、知的労働も含めて労働の意味は大きな問題となっている。つまり、あらゆるタイプの人間の労働は、貨幣的価値に置き換えられて意味づけされるのが当たり前になってしまった、ということである。人間観としては「経済人間」（ホモ・エコノミクス）が完全にグローバルな常識になってしまった。

経済に引きずられる社会や人間のあり方への危惧も広がっている。このような資本主義社会の中で、結局のところ富は万人に行きわたるよりも、むしろ貧富の格差は増大するばかりである。格差社会の分析と言えば、何といってもトマ・ピケティの大著だろう。二〇一三年出版以来、各国語に翻訳されベストセラーになった。過去三〇〇年ほどの先進国の膨大なデータ分析が評判を呼んだ。この大著の最初の方にまず結論が書かれている。

私の結論は、マルクスの無限蓄積の原理と永続的格差拡大の含意ほどは悲惨ではない。私が提案するモデルでは、格差拡大は永続的ではないし、富の分配の将来の方向性としてあり得るいくつかの可能性のひとつでしかない。だが考えられる可能性はあまり心安まるものではない。具体的には、根本的な不等式 r＞g、つまり私の理論における格差拡大の主要な力は、市場の不完全性とは何ら関係ないということは念頭においてほしい。その正反対だ。資本市場が完全になればなるほど、r が g を上回る可能性も高まる。(6)

ここで r は資本の平均年間収益率で、利潤、配当、利子、賃料などの資本からの収入をその資本の総価値で割ったもの。g はその経済の成長率、つまり所得や産出の年間増加率ということだ。過去のデータから読む限り資本主義はそのままでは格差を増大させる、というやや悲観的な結論だ。単純化すれば、普通の勤労者はやはり資産家にはかなわない、これが結論だ。特に現代日本で、アベノミクスの戦後最長の好景気なるかけ声と裏腹に、サラリーマンの賃金が伸びず、株価が高止まりである現実からピケティの結論はリアリティがある。株等で儲けている人と賃金労働者との格差が開くばかりである。

ピケティはこの研究書で明らかになった格差の是正として、資本に対する世界的な累進課税など提案するわけであるが、実際の世界の情勢を見るときわめて困難であるのが現実だ。

このように経済の面から社会を見たとき、労働の意味は貨幣（お金）を得ることと同等になる。そのうち、コンピュータやＩＴの加速度的な変化の中で、将来、もし多くの仕事をロボットやＡＩ（人工知能）がやるようになれば、多くの人が職を失いお金を手にすることができなくなるかもしれない。そうすると、一部のエリート的資本家の下で再び多くの人々が奴隷化されてしまうかもしれない。こんな不吉な物語については次章で考察することとし、まずは現時点での「働く意味」である。問いは最も基本のところに戻される。ロボットならぬ人間とはいったい何をする存在か、何のために生きているのか、何のために働くのか。われわれの課題は、一口で言えば、労働の公共哲学を探るということである。

ホモ・サピエンス、ホモ・エコノミクス、それともホモ・エティクス？

ホモ（homo）とはラテン語で人間ということである。人間とは何者か。人間の至りついた最も一般的な経済システムが資本主義だ。人間は貨幣を得るために働く。これは文明論的な複雑な問題で、経済学者や社会学者だけに任せておくことはできず、じっくり腰を据えて考えるべき事柄である。Y・N・ハラリの『サピエンス全史』はやや大げさな翻訳タイトルではあるが、知的刺激に富んだ面白い本だ（原題は *Sapiens: A Brief History of Humankind*）。本書は三つの革命すなわち人類史を画する認知革命（約五万年前）、農業革命（一万二〇〇〇年前）そして科学革命（五〇〇年前）を挙げている。

認知革命とは言うまでもなく、新たな思考と意思疎通の可能性をもった「言語」を取得したことである。これにより地上を制覇した新世代のホモ・サピエンスは「誰が信頼できるかについての確かな情報があれば、小さな集団は大きな集団へと拡張でき、サピエンスは、より緊密でより精緻な種類の協力関係を築き上げられた」と語る。(7) そして言語のみならず「物語」や「宗教」が同時並行的に出現する。もし、この「精緻な種類の協力関係」が認知革命の基本であり、これに成功したホモ・サピエンスが地球上に繁栄・君臨したとすれば、逆に、うまい「協力関係」が築けない人種やグループは絶滅危惧種ということになろうか。少子超高齢化で次世代に負債を先送りし続け、人口減少に歯止めがかからないこの日本が、そのような絶滅危惧種に属していないことを願いたい。そのためのよい「協力関係」を見つけること、本書を書いている目的はそこにある。

ハラリの本で産業革命や資本主義の出現という大テーマはどうなのか、というとこれが「科学革命」の中で扱われている奇抜さがある。たぶん、人類史にとっての最大の革命が科学革命であったということであろう。科学革命を一七世紀のガリレオ、ケプラー、ニュートンの時代におくのが普通の歴史書だが、そこは少し異なっている。もしコロンブスの「アメリカ大陸〝発見〟」（一四九二年）

の進取の気性と冒険心、「コペルニクスの地動説」（一五四三年）の知的冷静さ、この双方をもってスタートとするならば、五〇〇年前にヨーロッパで起こった科学革命を挙げても決して早すぎはしない。科学革命の特徴は合理性であり、合理的に理論を構成したら今度は実際に現場で検証することである。今日のＡＩにまで続いている重要な人類的思考様式であることは間違いない。

もう一つ、農業革命についてはどうであろう。農業の開始は人類に定住生活を与えた。農業・牧畜、漁業そしてその後の商業が長い間の人間の生業だった。食は人間が生きていく基本であり、食の生産としての農業がなくなることはない。では、今日、農業をかつての産業革命のように合理的に工場化とシステム化して、労働者を雇用し株式会社化することを二一世紀の歴史の流れと見るのか。すでに、産業化の進展で温暖化ガスの排出などを通して地球環境が危機的状況に陥っている。ここで「新たな認知革命」とでも呼べる方向に農業・エコロジー・気候変動問題を展開させる知恵と気概と人類史的冒険心をもてるのか。国連レベルではすでに「持続可能な開発目標」（ＳＤＧｓ）なるものが提案される時代になった。

そもそも経済成長やＧＤＰといった指標は、資源が無限にあるとした工業化社会の産物である。地球の有限性を自覚した時代に、農業や環境・地球温暖化問題のような複雑な出来事をはかる指標ではないだろう。むしろ国民の総幸福度など、指標化になじみにくいものを柔軟に取り込み、競争力ではなく協働や相互扶助[8]を見直す「新たな認知革命」を人類は必要としている。第５章でこれについて触れたい。

ただ「認知能力」のみをもって人間を意味づけることはできない。近年の人工知能（ＡＩ）やロボットの発達で、あたかも人間を支配する認知能力をもったロボットの時代が来るかのような、ＳＦじみた話がマスコミを席巻している。このテーマは科学の限界とも合わせ次章で詳しく論じたいが、どのような人間（ホモ）像が大切なのか、本書の基本姿勢を示しておきたい。

ホモ・サピエンスは、他の類人猿を引き離す認知能力をもつ種としての現生人類を指す言葉である。認知機能を超えて「永遠」を思う種として宗教も含めるならば、ホモ・レリギオスス（宗教人間）も重要であろう。またガリレオ以降の科学革命を重視するならホモ・ファーベル（工作人間）も重要だ。しかし筆者は基本的に人間社会を人間社会として成り立たせているものはホモ・エティクス（倫理人間）であると考える。伝統的な宗教のあり方や科学のあり方も、今日の資本主義と労働観の中で強く再考を迫られている。そこで大事なのが協力する人間、ホモ・エティクスである。

ここ二〇〇年くらいの間に、人類は完全にホモ・エコノミクス（経済人間）として自らを規定するようになってしまった。

ホモ・エコノミクス（homo economicus）で定義される人間とは何か。それは「自己利益のみによって行動することは善である」という人間で、最初は近代経済学から抽象された人間像である。日々の人々の生活から言えば非現実的な人間観に見えるが、金銭が支配する社会という視点からはこれを認めざるをえない。

経済学者が「効用」なる概念を導入し、効用関数なるものによって数理的に市場社会をモデル分析するようになって、経済学は現代の最も科学的な社会的学問のように見なされている。しかしここに落とし穴がある。現代フランスの社会学者クリスチャン・ラヴァルは次のように指摘する。「〈経済的〉であろうとなかろうと、すべての人間関係が効用関数のモデルに従い、資本の蓄積には直接関わらない社会力学の下で、相当深いところで変質するのだ[9]」。資本主義の下での人間論は、資本家であろうとなかろうと「自己利益の追求の価値観」から逃れられないところに追いやられてしまうのだ。

そのとおりだ。残念ながら、現代社会の人間関係すべてがホモ・エコノミクスの人間観で取り仕切られるようになった。「人間は人間にとって有益な物となり、社会は労働と満足を計量可能にする空間となる[10]」。われわれの日常を見て、確かに誰もがそう感ぜざるをえないであろう。

「自己利益のみによって行動することは善である」という命題はいわゆる経済や資本主義のレベルだけではなく社会のあらゆる所にいきわたった普遍的な人間観になっている。特に日本で著しい。戦後民主主義の行きつくところがミーイズム（自分のみがよければそれでよい）であるという現実は、まさにそのことである。なぜこんな社会になってしまったのであろうか。とにかくまずはそのような人間観が形成された歴史を意識の表面に出そう。その上で、もう一つの人間観「ホモ・エティクス」（倫理人間）を提起することにしよう。

2　西欧の「経済人間」（ホモ・エコノミクス）のもつ歴史

慈善心と隣人愛

西欧でキリスト教の影響力が強かった時代には、経済人間という発想はない。明らかに近代、特に一八世紀以降の産物である。西欧由来の近代化がグローバルに世界を覆って以降である。ラヴァルは『経済人間』のはじめにこう書いている。

西洋と西洋化に向かう世界に課せられた問とは、次のようになる。各人が自己を優先し、他人との関係を利益によって維持し、さらに、他者にとっての自分の効用を重視するという、われわれの社会のような世界を、われわれはどのようにして思いつくことができたのか。[11]

ここで「効用」と言っている言葉に注目したい。英語で utility であるが、この言葉自身の変遷を見るだけでも、「経済人間」が西欧において長い歴史を通してできあがった人間観であることが分かる（utilitarianism とは功利主義と訳される）。経済人間という人間観は単に経済学上の理念ではなく、まさに現代の唯一の社会・人文科学上の人間観と言ってよい。しかもこれが、西欧のキリスト教的人間観に取って代わってきたことの認識が重要である。「効用」（utility）を意味するラテン語 utilitas

はキリスト教以前の古代ローマでは、ある場合には自由な市民としての主体が負う道徳的義務を意味し、別の場合にはその対極にある個人的快楽、とりわけ肉体的満足を意味した(12)。

ローマ帝国の滅亡後にローマの市民権の代わりとなったものは、すでにローマで国教となったキリスト教、より具体的にはカトリック教会で洗礼を受けた教会員という資格であった。こうして中世という時代はキリスト教社会であったが、同時にプラトン主義の影響も強かった。それはアウグスチヌスの神学を通して入ってきていた。

ハンナ・アーレントは次のように表現している。「教会がいかに『現世的』になろうとも、信者の共同体を相互に結びつけているのは、いつでも本質的には来世への関心だった(13)」。「現世」と「来世」の二元論によるキリスト教の捉え方、これがいかにもプラトン主義的である。そして実際に、ローマ・カトリック教会の権威が強大になる理由もここにあった。例えば、「来世」(天国)に入るためには「現世」での悪徳を「金銭で贖う」(免罪符を買わせる!)、というところまで行ってしまった出来事も、まぎれもなく歴史的現実の一幕であった。宗教改革直前のドイツに大富豪のヤコブ・フッガーがいた。彼があくなき利益追求を「悪徳」と感じて、天国に行きたいがために多額の免罪符を購入した、という逸話もあるくらいだ(14)。

しかしながら、中世から近世にかけて、キリスト教的清貧の人間像を崩す新しい人間像が登場する。清貧と反対の人間像である。いわば〝資本主義的な人間像〟というわけだ。このような人間像の登場は、一三世紀のイタリアにまでさかのぼれる。

ブルジョア資本家の興隆の時代であった。彼らの特徴は、新しさ、冒険、征服、リスクを求める精神である。一二世紀末から広まったフィレンツェの一般教育は、その良い例だ。初等算数が教えられたのは商業的理由からである。また会計簿を付ける理由から、読み、書き、算数、簿記の教育が行われた[15]。これに加えてマキャヴェリ（一四六九〜一五二七）の政治哲学が出てくる。この哲学は、国家利益なるものから道徳的縛りを取り去ってしまう。権謀術策すなわち、国家為政者とは目的のためには手段を選ばない人種だ、と。

一六世紀の宗教改革は修道院を廃止し、神の召命を在家信徒にもあてはめた。しかし、これが資本主義のエートスになったということはない。資本主義のエートスについて、ラヴァルは日本で流布したウエーバー説を批判している。むしろ時代精神の変化の方が重要だったと次のように言う。「マックス・ウエーバーが提起したプロテスタントの倫理と資本主義の精神との〈親近性〉にかんするテーゼが招いた論争は、さして重要ではない。その後、ブルジョワジーがこぞって宗教改革の側に並んだわけではないし、むしろカトリックのままのブルジョワジーも負けず劣らず活発だったことは周知の通りである。論理だけに限って言えば、イエズス会の教理問答の方がピューリタンの道徳よりもさらに資本主義に好意的だったとする主張さえ、時にはあった[16]」と。そして分水嶺は一七世紀である。

キリスト教徒の慈愛と貴族の気前の良さ。この二つの社会的な形は、（一七世紀以前の）古い規範体制の下では人間の行為の模範となりえていたし、宗教の教義、共通の価値観、集団の伝統を一つにまとめる贈り物の循環として位置づけられていた。親族、友人、隣人同士の相互関係は、田舎の社会ではきわめて緊密であった。そして、それは、特権階級の秩序を表現するための理想像と調和を保っていた。ところが、それまでの内部の緊張を知らずにうまくいったこの規範全体が、自己愛と利益優先によって問題視されることになったのだ。[17]

中世の封建制の時代に、資本主義的な精神はまだない。一六世紀の宗教改革の時代にもまだない。それ以後にヨーロッパでキリスト教の慈善心、隣人愛、利他主義が崩れてくる。むしろこの「利他主義の倫理観」とは逆の方向つまり「自己愛と自己利益最優先」に動き始めていた。[18]それを象徴する書物の先駆けが一七二三年に出版されたバーナード・ド・マンデヴィルの『蜂の寓話』である。この本の副題は「私悪すなわち公益なり」(private vices, public benefits)というものであった。[19]『善と悪の経済学』の著者トーマス・セドラチェックは次のように表現している。「アダム・スミスほど有名ではないが、現在知られている形での見えざる手を思いついたのは実際にはマンデヴィルであって、アダム・スミスだとする今日の見方は誤りである。この見えざる手というアイデアは、経済学の倫理性に重大な影響をおよぼした。個人の倫理観はどうでもよろしい。行為が倫理に反しようと反しまいと、すべては全体の幸福に寄与するというのが、経済学の前提になったのである[20]」。

倫理観の転換

マンデヴィル（一六七〇～一七三三）はオランダ生まれの医者でイギリスに永住した。こんな調子だ。やや長いが本質を理解できるようにあえて引用する。今日でも不道徳な文であり、当時としては公衆道徳として許容の範囲外だった。

アムステルダムでしばしば起こるように、何カ月ものあいだ男しか見ていない船乗りが六、七千人ぐらいどっと着くようなところでは、ほどよい値段で売春婦が得られないなら、貞淑な女性がだれにもわずらわされずに通りを歩くことなど、どうして考えられるであろうか。そうした理由から、秩序あるその都市の賢明な統治者たちは、数ははっきりしないが何軒かの店をいつも大目に見ていて、そこでは貸馬車屋で馬をかりるときのように公然と女どもが周旋されている。こうした黙許には深慮と倹約が大いに見られるので、それをちょっと説明してもうんざりするほどの脱線にはならないであろう。[21]

イギリスのミドルセックス州大陪審が、本書を告発した理由が分かるというものだ。マンデヴィルの書物の全体の叙述はもっと抑制されたものではあったが、きわめて象徴的であり、しかも入り組んだ叙述であるので一読して真意がつかみがたい。[22] たとえ男性の性的欲望という件は別にしたとしても、社会学者による「自己利益」をめぐる解説はこういうものだ。「彼（マンデヴィル）の主張では、貧者の徳が高くなるとすれば、それは彼らが有力な人々の禁欲的な行いを真似るからではなく、金持ちの贅沢のために働くからである。また、金持ちがみなの幸せに資するとすれば、それは彼らが慈愛の心で貧者に与えるからではなく（それでは働かない癖が付く）、自分たちの贅沢な消費で貧者に仕事を与えるからである」[23]。

逆説に満ちた本書は、大きな論争にさらされ次世代に大きな影響を与えた。人の利己主義、利益追求の欲求はそれ自身がマクロには益をもたらす、というような発想である。日本的に言えば「ホンネとタテマエは違う」といったところで終わりとなる議論であるが、まさにそれで終わらなかったところが、西欧での資本主義の成立を正当化した。欲望を合法化するのである（今日の日本でも、政治家が「消費せよ、消費せよ」と国民に迫るのは、いやもっとクールな表現では経済の〝好循環〟などというのは、まさにここにルーツがあるのだ！）。

マンデヴィル自身はその書物の副題に「私悪」と付けているように、まだ自分の提起している人間観が「善」ではなく「悪」だということをはっきり自覚していた。つまりこういうことだ。「各個人の悪徳こそ、巧みな管理によって、全体の壮麗さと世俗的な幸福に役立つようにされることを示す」[24]。ここに出ているのはやがて近代経済学にも入り込んでくる人間観であり、マンデヴィルはそれがまずは「悪徳」ということを自覚しているだけまだよい、ということである。〝経済合理性〟といったような言葉の魔法の方向に逃げないで、「悪徳」という倫理観を自覚している（これはウェーバーの言う「ピューリタニズムの意図せざる落とし子」といった禁欲の人間論とは根本的に異なる）。資本主義の発展とは、決して〝禁欲〟ではなく逆に〝欲望の解放〟であり、しかも初期の頃はそれを悪徳として自覚していたところが重要なのである。

この人間観はやがてアダム・スミスにも受け継がれ、自由競争を是認し、まさに産業資本主義を支えた人間観へと変遷していく、と言っていいだろう。今日では、労働者も資産家も、いや万人がホモ・エコノミクスの人間観と功利主義とを、普通の倫理として受け入れるところまで来ている。市場に絶対的に依存する生き方をする以上は、どんな美辞麗句を並べようとも避けがたい人間観となっているのだ。

問題はこれが経済の領域だけでなく、社会の全領域を覆ってしまうことが問題なのである。日本ではもともと労働観において「勤勉さ」が際立っていたこともあって、[25]「ホモ・エコノミクス」がやや歪んだ形で増幅され、社会全体を覆っていくことに歯止めがかからない傾向があるのではないか、それが筆者の危惧するところである。西欧と日本の倫理観の違いはあったはずだ。それへの考察が、今後のグローバリズムの中で日本の方向性、特に労働観と社会観を探るときに重要になってくる。それは相互扶助の精神とその周辺である。

「ホモ・エコノミクス」は経済の分野だけではなく、市民社会の政治倫理ともなっていく。もっとも政治倫理においては、マンデヴィルの前に「所有的個人主義」（ジョン・ロック）という発想で「所有」を自然法（自然状態で成り立つ法）として人間本性上に相互互恵的に与えられたものと見るか、または「人間は自然状態では悪徳に流れやすく万人の万人に対する戦争状態となる」（トマス・ホッブズ）と見るかという違いはある。政治思想としては、私有財産を容認しつつも、結局のところ「万人の万人に対する戦争」を終わらせるために、強固な主権国家をつくる方向が主流となった（領域主権という発想はここにない）。これが自己防衛のための「私悪」の発想を是認させることになる。

政治経済思想として全般的に「私悪すなわち公益なり」となった。そしてついには「自己利益の追求は悪徳どころか善であり、これこそが最大多数の最大幸福を生み出す」（ベンサムの功利主義）という方向に帰着した。経済の領域には美徳や利他的義務は存在しない、いや存在しなくてよい。[26] これが日本をも含む自由主義社会のグローバル・スタンダードになったのである。二〇一八年一一月に起こった日産自動車会長カルロス・ゴーンの金融商品取引法違反容疑の逮捕、この出来事は特に日本人に、グローバル資本主義の実態を〝見える化〟した事件として記憶に新しい。

3　日本が生き延びるための哲学

人と人とが自然な形で結びつくのは、社会学的にも一五〇人程度と言われている。確かに、親密圏の最小単位は家族から始まってせいぜい一五〇人ほどであろう。これを超えた人々を説得させる物語を、前著者ハラリは「虚構」と名づけるのであるが、残念ながらこれについてはまったく賛成できない。人が不特定多数の公共圏へと関与していくためには、確かに「共通の物語」が必要だ。しかし、人は「虚構」によって結びついた、これでは洒落にもならないではないか。むしろ「共通の物語」こそが、最もリアルである（実在する）のであって、人を動かすものだと考える。このようにして筆者は実在論（realism）、厳密には批判的実在論（critical realism）という立場に立って、公共哲学の理論と実践を行ってきたつもりである。本書で人が働く、特に協働の社会構築に則して徐々にその内容を述べていきたい。

工業化すなわち産業革命以降、この二〇〇年くらいの間に、人類にとって労働の意味は二〇万年という長い歴史から見て大きく変わってしまった。この二〇万年前にほぼ設定された人間の生命維持のＤＮＡ配列が、この二〇〇年間の社会環境の激変に耐えられない、こう考える方がむしろ理にかなっているのではないだろうか。特に日本で高度経済成長を遂げて以後に、若者だけでなく働き盛りの中年にまで労働の現場で過労死が頻繁に起こってくる。

そしてそれに逆行するように、働くどころか、むしろ反対に「引きこもり」の現象が起こっているのをみると、事態は大そう深刻である。人前に出ていきたくない、自分は働きたくない、と！もちろん人間も動物だから、それなりに管理化されてしまった社会環境であっても、ある程度の適応能力はあるだろう。しかしそれにしても限度というものがある。今日、改めて政府の「働かせ方改革」を批判的に検討する以前に、われわれ自身が市民サイドの哲学として労働の意味を問うことは大いに意味がある。

戦後日本は荒廃の中から立ち上がり、持ち前の勤勉さ、日本型経営の年功序列、終身雇用などで世界も驚く経済成長を遂げた。しかしピークを迎えやがてバブルが崩壊し、日本型経営は終わり、一九九〇年半ばからは米国型成果主義が取り入れられた。カローシなどの現象が増えてきて人々の社会的な孤立化が目立ってきた。しかし働き方のモデルは米国であり、その自由主義に日本人は大きく影響された。他方で、福祉国家スウェーデンの例は、一種の理想型としてたえず引き合いに出された。右に米国、左にスウェーデンという類型化だ。スウェーデンは世界有数の高度福祉国家として知られていた。

しかし、実はスウェーデンも、一九九〇年代以降の時期に、日本と同様に大きな危機が訪れたのである。それにもかかわらず、危機を見事に国民的結束によって乗り越えた。それと対極に位置しているのが日本である。同じ時代に同種の危機に見舞われて、それを乗り切ることができないまま今日にまで来ている。「平成三〇年間は第二の敗北」という残念な現実だ。何がこの両国の差を生み出したのか。

スウェーデンは戦前から、社会民主党の主軸の政権が続いてきた。しかし社会主義ではなく、経済の現実は社会主義的自由経済と言うべきものである。労働組合と経済界のリーダーの選んだ道が高福祉高負担の国づくりということであった。もともと西欧的な先進国というわけではない、むしろ、一九世紀末に西欧（や日本）よりも遅れて工業化した国だった。ただ日本と異なって軽工業の紡績業ではなくむしろ鉄資源やコークスが豊富であり、最初から重工業としての鋼鉄生産能力を向上させていった。[27] これは日本の近代化や産業革命の状況とは異なる。つまり重化学工業が、日本では日露戦争後（一九〇五年）に本格化する。それは、満州進出によって鉄や石炭資源などを手に入れた産業革命が始まったからだ。[28] スウェーデンと日本ではかなり近代化の事情が異なっていたのである。

第一次、第二次世界大戦にも中立を保ったことも、資源を求めて海外植民地を求めた日本とは異なる。現在はヨーロッパでも有数の工業国である。スウェーデンのある大企業の役員が、税金が高いことを嘆いていた。そこで米国移住を勧められたときの返答が興味深い。「米国に住めば収入ももっと高く税金ももっと安いのではないか」と質問されたことに対して答えた内容だ。「確かに、米国では払う税金はずっと少なくて、給料はずっと高いかもしれない。でも夜七時前に帰宅することはまず無理だろうし、ここで誰もが権利としてもっている休暇をとることも不可能だろう」との印象的な言葉である。[29] 貧富の差がずっと少ないだけでなく、いわゆる労働時間も少ないのだ。かつ女性の働き方において、意識の上でもインフラ整備の上でも進んだ国として有名である。

この、世界一の高度福祉国家の危機は一九八〇年代終わりに始まった。九〇年代になって米ソ対立が終わり、米国的自由主義が一人勝ちになったように見えた。米国への対抗でヨーロッパは経済統合化に進みＥＵができる。その基本はヨーロッパ的伝統を踏まえた上での自由主義である。スウェーデンもＥＵ加盟などでグローバル化、自由化にさらされ、左派政権の社民党は一九九一年に税制改革直前に政権を穏健党など中道右派に奪われた。しかし新自由主義に移行することはなく「第三の道」をとった（英国のブレア政権や日本の民主党政権もこの道を取ろうとしたがスウェーデンほどにはうまくいかなかった）。九四年に社民党は政権に復帰した。このとき、この新たな「第三の道」を引き継ぎ、それがスウェーデンを再生させることになり、依然として今日まで福祉国家、しかも環境問題に対しても優等な「緑の福祉国家」であり続けている[30]（二〇〇六年以降は穏健党など中道右派政権の時代もあったが）[31]。そしてスタインモの言葉を借りればこうだ。「この新しい観点から市場は、福祉サービスのいっそう効率的な提供だけでなく、例えば学校その他の公的機関における官民連携を通じた創造性や起業家精神の育成といった、より複雑な事象を通じての公共価値の提供者、と受け止められる」[32]という状況にある。

ここで「起業家精神の育成」とスタインモが言っているのはどういうことであろうか。それは社会的企業、つまり日本で言う広い意味でのＮＰＯ活動や協同組合運動またはそれを組み合わせた社会的連帯経済活動のことに他ならない（第５章参照）。また「官民連携」とは日本で言えば第３セクターと地方行政との連携を意味している。そして今後の日本が学ばねばならないのは、しかも日本の「働き方」の伝統に合っているのは、まさにこの方向性なのである。ただしこれも自動的になされるのではなく、日本の場合、〝お上〟への抵抗運動なくしては達成されることはないであろう。

ヨーロッパ文明では経済人間のモデルも強固になったのであるが、同時に、社会の伝統的な部分でそれにブレーキをかけるような「倫理人間」のモデルも残っているのである。スウェーデンはじめ北欧諸国、そして西欧諸国にもこれがある。日本人が見落としてしまう点であり、日本の伝統の再発見という視点からも重要な点である。

日本の伝統の話に入る前に、ワークライフバランスについて触れておきたい。それがまさに今日の争点である「働き方改革」すなわち「労働の意味の転換」にあるからだ。働く側の意識だけではなく、働いている人間が生きている社会の仕組みも大きく変えなければならない。それも男性ではなく女性の場合に焦点を合わせると、その問題点が見えてくる。スウェーデンと日本の間の女性の年代別就労のグラフを見るとすぐ分かる。M字カーブと言われているものだ[33]。

女性のM字カーブは言うまでもなく、出産、子育てといった人間の基本的なライフサイクルから来ているわけであるが、ライフ（ファミリー）ワークバランスの出遅れということに他ならない。人間の労働（ワーク）は、本来、人間のファミリー（家族生活）さらにはコミュニティ生活との兼ね合いで営まれているはずなのであるが、日本ではこの有機的、全体的なものの見方がきわめて弱く、ものの見方自体の基本が欠けていて断片化している。総じて生活原理となる哲学がない。経済で閉じていて政治は政治で閉じている。だから、それぞれの専門家と称する人たちの意見が非常に断片的である。

経済学の出現の初期の頃に盛んに言われたポリティカル・エコノミーとは、もちろん政治経済の原理であり、西欧ではここから出発している。「政治」とは人と人のつながりということだ。例えば、スウェーデンでの民主主義のあり方と働き方とは密接に関係していて（選挙での投票率は九〇％近い）、この全体的なものの見方があることが、日本と異なってうまく危機を乗り越えられた理由である。

民主主義は人が集まって自由に議論を戦わすところから出発する。異なる意見をお互いによく聞いて、それらの間で調整していくプロセスである。だから時間がかかる。いや時間をかける必要のある分野だ。そのための時間を社会的につくる努力をしなければ、民主主義という政治形態は成り立たない。もし労働の現場だけに生活の時間を取られたままでいたら、民主主義そのものが機能しなくなる。だから、国会の法律制定の場で「月に一〇〇時間の残業」などという議論そのものが異常である。月に八〇時間を超えたならば過労死ラインに突入と言われている時代に、「月一〇〇時間未満の残業」が法制化され、破られれば企業に罰則を科する、いや科さなければもっと残業が増えてしまう国など、まさに狂気じみた国と言わざるをえない。国民性の中に長く働くことを美徳とする何かがある。

4　長時間労働を是とする理由

日本人の習慣、というよりも価値観の中に長時間労働を是とするものがあるのではないか。単に勤勉であるというだけではない。他国のデータに比較して労働効率が悪いと批判されても、なお労働の効率を緩めてでも職場で仲間と長時間を費やす。いや「職場に長くいた人間が偉い」という不思議な文化をもっている。むしろ、その時間を趣味に使った方がずっとリフレッシュできるはずなのだが……。

長時間労働をやめるとは、裏を返せば労働の手を止めて休む、ということである。しかし日本人の価値観の中に「休息」の深い意味づけがないということであろう。休息の意味は個人の心身にとって、いや家族や共同体にとって甚大である。仕事の手を休め、人と人とが交流し、対話し、余暇を楽しむ、そのことは人間にとって重要なことのはずなのだが、逆に、それに罪悪感をもってしまう、そんな伝統があるのだ。それはなんだろうか。

この伝統は、長い間の島国日本の独立性ないしは孤立性と関係があるだろう。特に、異文化接触を断っていた鎖国の江戸時代にできあがった習慣である可能性が高い。もし、日本の鎖国政策という現代人がほとんど意識の表面に出さない過去が、こんなところまで影響しているとしたら、まさに驚きである。実は、多くが農民であったその鎖国の時代に、その名もズバリ「勤勉革命」と呼ばれた労働形態の習慣ができあがった、という説がある(34)。

人間の労働形態は長い間にわたって農耕牧畜業であり生産物を売るための商業であった、このことに異論はないだろう。ヨーロッパでももちろん産業革命を経験する前の主たる産業は農業、酪農そして商業であった。もちろん、貨幣と生産物を交換する市場経済は紀元前からあったわけであるが、やがて貿易を中心に商業資本主義が発達し、そこから産業資本主義へと移行する。この経済形態の歴史的変化を詳しく分析したフランスのアナール学派のフェルナン・ブローデル（一九〇二〜一九八五）は、ここでのわれわれのテーマの考察に重要な手がかりを与えてくれる。ブローデルによれば人類史における資本主義の出現の時期として、ヨーロッパの一五〜一七世紀が特に重要である。

ブローデルの歴史観で重要なのは社会の三層構造である。社会を下から物質（日常）生活、市場経済、資本主義の三層で捉える。彼自身の言葉を借りると次のようなことだ。

市場経済とは大きな全体の中の一部分にすぎないのである。というのも、その本質は、生産と消費を仲介するということに尽きるからであり、その実際は、一九世紀に至るまで、下に広がる日常生活という大海と、上から繰り返し操作の手を伸ばしてくる資本主義のプロセスとの間に挟まれた、単に一つの層、それも、確かにある程度の厚みと活力をもつとはいえ、時にはごく薄い層にすぎなかったからである。(35)

日常生活と資本主義の間に挟まれて市場経済がある、という理解だ。筆者がこのような観察に興味をもつのは、後に述べるような実在の意味の階層構造を重視している批判的実在論に立っているからである。そしてブローデルが重視したヨーロッパ一五〜一七世紀の時代が、まさに日本では戦国時代が終わって天下統一の安定した江戸時代に入っていく時期に当たるわけだ。実は、日本についてもブローデルはコメントしている。ヨーロッパ中心主義の歴史観に思えるブローデルなのだが、以下のように日本に直接に言及している箇所は興味深い。江戸時代にすでに貨幣経済が浸透していたというのだ。

この点で、日本の社会は（地球上の他の地域と比べて）例外で、ヨーロッパとはほぼ同じプロセスをたどっている。封建社会の崩壊はごくゆっくりと進行し、資本主義社会がそこから出現する。日本は、商人の家系がもっとも長く続いた国であり、一七世紀に誕生した一族が今日もなお繁栄しているという例もある。そうではあれ、比較史的研究によれば、ほとんど自力で、封建社会から貨幣秩序へ移行していった社会の例は、西欧社会と日本の社会をおいて他にない(36)。

世界の歴史学の泰斗が、日本のこのようなあり方に注目しているのは確かに興味深い。ここでブローデルが「貨幣秩序」と言っているのは、彼の先に述べた中層の市場経済のことであり、これがその上に乗っかる資本主義を徐々に形づくっていったということである。ただし資本主義が本格的に始まるのは、明治維新後の国家政策によってではあった。ここに日本とヨーロッパの違いが明瞭に出る。つまり、日本の江戸期の農村の特徴は、この貨幣経済がむしろ下層の物質生活（日常の自然的生活）の方を刺激したというところである。

ここに日本型の農業の労働集約、西欧型の農業の資本集約の違いが出てくる。つまり日本人の長時間労働の原型を見ることができるのではないか。どういうことであろうか。

同じ「貨幣経済」でも西欧と比較して一七～一八世紀の日本では、島国的鎖国下の国内経済への限定があった。しかし同時期のオランダ、イギリスでは鎖国はなく、逆に国を越えた地中海貿易、世界貿易が盛んだった。ここに経済の方向への資本の投下、すなわち農業でも資本主義の傾斜への違いが明瞭になってくる。

このブローデルの記述で、下層部分と称される農家の日常の生産のあり方は、日本と西欧で大そう異なる。そのことを経済史家の齋藤修は次のように表現している。

徳川日本では自家生産と直接消費の比重が圧倒的に大きく、市場を通じての購入へという変化は緩慢であった。家計行動の変容は革命という言葉からはほど遠いテンポでしか進行せず、その領域の中核にあった農家経済の強靭さは際立っていた。しかし、それは農家世帯が市場経済から隔離されていたということを意味せず、また市場経済化が遅れていたというのも適切な表現ではない。生産サイドでの商業化は換金作物を導入するというかたちで、緩やかではあったが着実に進んでいた。生産・消費複合体としての農家世帯は市場に背を向けたのではなく、その進展に柔軟に対応したのである。(37)

しかしながら、たとえ農家世帯が市場に関心をもっていたとしてもどうだろうか。鎖国下の日本での市場はあくまでも国内市場に限定されていた。だから貨幣経済があっても、それは国を越えて貿易する資本主義という方向に発展しなかった。齊藤は続けて言う。

（それに対して）近世西欧では、商業資本主義が経済成長の重要なエンジンの一つであり、農業でも資本主義的な体制が誕生していたからである。ただ、西欧におけるこの二つの資本主義はかなり性格を異にしていた。

「西欧における二つの資本主義」とはどういうことか。それはこういうことである。一つは農業資本主義、もう一つは商業資本主義。農業資本主義というのは農業すらも資本主義的に営まれるということで、日本では見られない。日本では農家が営む農業だから、いわば農業ビジネスとして資本家が資本を投入して労働者を雇用して労働させて賃金を支払うシステムではないということだ（ところが実は今これがＴＰＰ、ＦＴＡなどと呼ばれる農業の自由化政策の現場で、まさに日本でも起こりつつある）。明治以降に農家が単位になって農協が発展していく下地が日本にはあった。この違いに注目したい。西欧では一七世紀頃から農業でも徐々にビジネスとして資本投下が行われつつあったというのだ。

もう一方の商業資本主義とはこういうことである。地中海地域内の国際貿易と、さらに一七～一八世紀になると大西洋を越えた交易へと広がって利潤を獲得していったということだ。西洋の本格的資本主義がスタートしていったのである。

やや説明が回りくどく長引いてしまった。しかし、得られた結論は明らかだ。西欧と比較しても、一七～一八世紀の農業のやり方の違いの中から「日本人の労働集約的な働き方」が特徴づけられる、こういうことである。これは一見すると見逃されてしまいそうな事柄だが、実に興味深い内容を含んでいる。しかもこれが必ずしも否定的な面ばかりではなかった。日常の農業者の生活の中で、大地を耕すということが「汗水たらしてやる苦役」ではない。そうではなく、「人間の生き行く道」として確立していくのである。

江戸期の農書などに見られる「百姓の道」(38)という言葉がある。「道」とは茶道、華道、柔道、仏道といったあの「道」である、いかにも日本的である。西欧の場合は、労働者として雇用され場合によっては農奴化してしまって搾られる、という発想がある（実際にヨーロッパでは一六世紀になってもまだ農奴制は残っていたし、アメリカに至っては一九世紀半ばまで黒人奴隷制度があった）[39]。ところが、日本の場合は小作農であっても「土地持ち」であったところが重要である。

齋藤は日本の特徴をこうも述べている。「肝心な点で西欧の型とは異なっていた。主穀生産地域と農村工業地域とが地理的に分離するという意味での農工間分業は、明瞭なかたちでは進行しなかった。また、農村工業が定着したところでも人口学的農民層分解は起こらなかった[40]」。

西欧では農村工業が定着すると、ここに資本投下が行われたのだ。西欧では、一六世紀終わりから一七世紀初頭にかけて農村から「労働者」が生まれた背景が商業資本主義のゆえであると同時に、実際には彼ら「労働者」が困窮に陥った。

イングランドでは、ヨーマンからの土地の収奪と、耕地の牧草地化への転換が進んだことにより、こうした自由な（働き場のない）労働者の人口が増大した。他方でこうした労働者は、この国ではまだわずかしかなかった工場制手工業者によってただちに労働に駆り出されたわけではなく、上流階級と中流階級にとってはかなり厄介な、なかば浮浪者のような集団となっていった[41]。

しかし、日本ではそうではなかった。齋藤は続けて言う。

農村プロレタリアという意味での土地なし層が出現することはまったくなく、日本農村はソリッドな小農社会であり続けたのである。……どのような組み合わせとなっても、生産の主体が家族労働であることに違いはなかった。[42]

日本農村はこのように「家族労働」が主体であって、大農場であっても西欧のように労働者を雇用するという形にはならなかった、と言うのである。これはきわめて重要な点である。つまり逆に言えば、「家族労働」主体とは、労働時間をいくら増やしてでも、もし家族が豊かになるのであれば苦労をもいとわない、といったことだろう。ここには、〝家族愛〟が働いていたということかもしれない。日本人の労働観の根底に家族愛（場合によっては家父長制！）によって営まれる労働が基本形態である、というのであれば実に興味深い内容だ。

戦後の工業化社会でも、松下幸之助（現パナソニック創業者）の名と共に有名になった〝松下一家〟的な経営形態に通じる点がなきにしもあらず、ということか。高度経済成長を支えた組織の〝身内意識〟という、日本型企業形態の一つの特徴に通じているかもしれない。今日に習慣化した、日本の長時間労働許容の論理につながらないとは言えないだろう。組織の身内意識と長時間労働ということでは、まさに霞が関官庁街の文化でもあり、目的合理性にのっとった近代的官僚システム（マックス・ウェーバー）とは随分異なっている。

長時間労働を許容する労働者の勤勉さ、これが江戸期農民の「労働集約」にあるとの論は説得的である。「資本集約」と「労働集約」の違い。しかしもう一つ、これが明治維新以後の産業革命期にも平均的労働者たちの「働き方」に受け継がれていった。その背景には何か別の要素もあったに違いない。

明治維新期の農民人口は八五％くらいだったが[43]、実は、これら農村から都市に出て工場労働者となっていった庶民には、中央集権化した国家による一律な教育、すなわち小学校時代の義務教育があった。ここでの勤勉さの教育の模範は二宮金次郎であった。全国の小学校に像が立てられたあの「薪を背負って本を読みながら歩いている二宮金次郎（尊徳）」は江戸期のもう一つの「百姓の道」を打ち立てた人物であったのだ[44]。

国民的な勤勉労働観のルーツはこのあたり、つまり伝統的習慣とそれを補強する教育、この二つにあったようだ。しかしながら、実は、明治国家による尊徳の持ち上げ方は尊徳が本来目指していた〝自主〟の方向とはまったく異なっていて、性急な資本主義形成のために下から支える〝愛国心高揚〟に利用された、こういうことであった。

さらにこの長時間労働の習慣と関連して強調しておくべきは、女性の働き方改革である。ヨーロッパ先進国並みに女性の働き方、管理職登用にスムーズに転換していけない文化背景は、日本のこれまでの〝男性優位社会〟の負の結果が、まさに長時間労働是正の困難さと歩調を合わせているということである。例えば、職場で「長くいる方が偉い」という意識、また「早く帰ると気まずい」という同調圧力、これは男は外で仕事、女は内で家事といったすみわけが影響したのであろう。このカルチャーに大きな歴史的問題点が潜んでいる。[45]
男女は法的に平等である。しかし身体的、精神的ないしは生理医学的に異なる、これは自明のことである。したがって真の公正な社会を創ろうとすればこの事実を考慮しなければならない。分断化された現代の知的、学術的レベルでは解決できない。日常生活世界に引き寄せた知の組み換え作業が必要だ。ところが、日本人はこれがきわめて不得手であることが、まさに現代のこの種の問題にうまく対処できない理由である。ヨーロッパ文化に属するスウェーデンとの危機の対処の違いもここにあったのだ。

もちろん、日本で働く人がそれで満足であり幸福であれば構わないであろう。しかし時代はそれを許容しない。外国人労働者が増え、新たな〝移民政策〟が実行に移され、さらには「ロボットやＡＩの導入」などが職場で進めば、従来の同調圧力が前提にしていた同質者のコミュニティはもはやもたなくなる。日本社会が「異質な他者」との共存のコミュニティに変化していくのを避けられまい。日本の伝統の良さを残しつつ、人としての尊厳をもった社会に変える努力をしなければならないだろう。

〝家族愛〟はともかくとして、「個の自立」が逆に人と人を結びつける絆を断ち切るのではなく、「自分を活かし他者を活かす」社会を形成するためにはある種の新しい倫理観が必要だ。これを〝友愛〟のような言葉で呼んできたのが筆者の公共哲学である。日本の特徴、それは労働倫理（勤勉さ）がきわめて高く、政治倫理（正義への希求）がきわめて低いことだ。

だから、たとえ法律（労働基準法三六条）で労働時間を決めたとしても実行できない。今日の「お上」主導の法制改革もあまり期待できないだろう。どうしても、鎖国時代に基本的につちかわれたと思われるこの倫理観・人間観への国民的挑戦が必要だ。戦後日本のリベラルな近代化論はこの辺りの事情をまったく無視してきた。今これと異なる行き方を探究せねばならない。

労働倫理と政治倫理の関係を考えるときに、労働者にとって労働組合が果たす役割が非常に重要である。日本の労働組合の組織率が年々減って、今や「企業別」「企業外」の両方を合わせて全労働者の一七％にまで落ちている。戦後日本の労働組合の中心は大企業の企業別労働組合であったが、そこに属していた正社員の数が減り、非正規社員が増えたことも一つの原因だと言われる。いずれにせよ労働組合がやるべきことは、まずは「労働時間の短縮」を勝ち取ることである。選挙応援よりも足下の労働条件、特に「労働時間の短縮」および「同一労働・同一賃金」を勝ち取ることが最大の政治闘争である。これが「働くこと」を通して見たときの日本を立て直す最短の道である。「労働時間の短縮」によってこそ労働市場に奪われていた時間とエネルギーを人と人との交流と対話、すなわち民主主義を創る時間に費やすことができるようになる。そしてそのための「ものを考える時間」と学習時間を生み出せるようになるからである。

5　「働く意味」と二元論の回避

労働倫理と資本主義

先にブローデルからの引用で「ほとんど自力で、封建社会から貨幣秩序へ移行していった社会の例は、西欧社会と日本の社会をおいて他にない」と記した。この文章の意味を吟味したい。一八世紀以来の、市場経済からの資本主義の発展の違いがある。〝ほとんど自力で〟という意味は、例えば、他の非西欧世界は植民地等によって西欧の支配を少なからず受けたが日本はそうではない、ということとである。それと同時に、労働者における倫理観の違いが、今日の日本での「働き方」改革を考えるときに重要だ。日本では労働には勤勉の倫理観、道徳的な意味づけが与えられた。経営者の側も利益追求と同時にそれが他者利益につながる方向に倫理観が形成された(46)。しかし今や米国型の新自由主義の導入によってそれが失われた。

まずは西欧での労働の意味について根本的なことから始めたい。

先のマンデヴィルの逆説的な表現、「私悪すなわち公益なり」の真意を理解するためには、西洋キリスト教文明におけるプラトン主義の影響を理解する必要がある。つまり、すでに紀元五世紀のアウグスチヌスに出ているプラトン主義的な二元論である。キリスト教の愛の概念に当てはめると「神の愛」と「自己愛」の対比ということになる。

西欧キリスト教の初期に多大な影響を与えたアウグスチヌスの『神の国』(四一二～四二七年)、これは壮大な世界観をもった歴史哲学である。ただ聖書のイエスの説いた「神の国」を主題にはしていない。[47] それでもその後に、歴史の中で教会がたどった歩みを顧みるときに大いに参考になる。『神の国』には「神の国」対「地上の国」という二元論に陥りやすい誤解を与える面があった。確かにアウグスチヌスにはネオ・プラトニズムの影響が強い。

アウグスチヌスの『神の国』が西洋思想の二元論の淵源ともなってしまった理由は、Civitus Dei, Civitus Terra (神の都市、地上の都市) の対比がかなり強調されたからだ。一口で言えば、アダムとエバの原罪による罪の支配、その子カインとセトのそれぞれの子孫たちの歴史、神を崇めるものたちの国と神を否定する者たちの国の対比、という叙述である。この古典的名著は、高度に科学技術の発達した社会にもう一度読み直しを迫られざるをえない。アウグスチヌスの「神の国」の概略は以下のようである。

全二二巻からなる『神の国』、その第八巻以前は異教宗教への反駁、第八巻以降は哲学諸説への言及となる。特にプラトンへの評価がきわめて高い。例えば第八巻第五章「それゆえ、プラトンが、知者とはそのかたにあずかることによって至福となるところの神にならい、そうした神を承認し、そうした神を愛する人のことである、と言っているとすれば、なぜわたしたちは他の哲学者たちを吟味する必要があろうか。プラトン派の人々以上にわたしたちに近いものはないのである[48]」。

神の国と地上の国の淵源と発展をつづり、地上の国は天使の堕落から始まるとする(第一一巻)。

そして歴史は人間の父祖アダムの原罪から始まる（第一三巻）。特にプロテスタントに関心のある箇所、意思の自由、予定論については救いの予定であって地獄への予定はない、と語る（一四巻）。一四巻の末尾二八章は大そう重要な箇所なので一部を引用しておこう。

それゆえ、二つの愛が二つの国を造ったのである。すなわち、神を軽蔑するに至る自己愛が地的な国を造り、他方、自分を軽蔑するに至る神への愛が天的な国を造ったのである。要するに、前者は自分を誇り、後者は主を誇る。なぜなら。前者は人間からの栄光を求めるが、後者にとっては、神が良心の証人であり最大の栄光だからである。前者は自己の栄光としてそのこうべを高くし、後者は、神に向かって「わたしの栄光よ、わたしのこうべを高くするかたよ」と言う。前者においてはその君主たちにせよ、それに服従する諸国民にせよ、支配欲によって支配されるが、後者においては人々は互いに愛において仕え、統治者は命令を下し、被統治者はそれを守る。前者は自分の権能の中にある自分の力を愛するが、後者はその神に向かって「わが力なる主よ、わたしはあなたを愛そうする」と言う。(49)

一言で言えばアウグスチヌスにおいては「神の愛」と「自己愛」の反定立が強すぎるということだ。「神の愛」の自己犠牲の概念すなわち利他主義はあまりに純粋であって、たとえそれに感動してキリスト教に入信しても、俗人である自分がいざ実行しようとするとハードルが高すぎる。こう多くの人が感じて当然かもしれない。家族がいなくて、または結婚しないで単身者としての身軽さがあれば修道院にこもり、祈りと奉仕の日々に生きることにより、「神の愛」を実感できるかもしれない。カトリック教会の二〇〇〇年続いている強みはここにある。自己を捨てた「神の愛」への献身のように見える。

ところがこの禁欲がまた、時として男性修道者の性的醜聞として大きなニュースにもなってしまう。いまだにそうだ。プロテスタントはこの偽善性を避けるためにも、特別の「召命」以外は在家を基本にした（日本仏教で親鸞がそれまでの僧侶の戒律を破って結婚したことと似ている）。しかしいったん結婚して家族への責任を感じたら、他人に優先してでも、ある程度、身内や家族を守る家族愛の行動をとらざるをえない。これを自己保存いや自己のＤＮＡの保存のための行動、すなわち自己愛だと言われればその通りだろう。

西欧においても、人間は純粋に無私の神の愛を実践することはできない、こう思っても無理からぬところがある。こういった純粋にアウグスチヌス的な「神の愛」、これへの反動が起こった。これが自己愛を肯定する、やや極端なまでに自己愛を肯定するマンデヴィルのような逆説（この意味でラヴァルがマンデヴィルをプロテスタント的（すなわち抗議する人）と表現しているのは正しい）[50]となったのはうなずけないわけではない。やがて世界進出を伴う一七〜一八世紀のヨーロッパの激動の政治や経済、そして科学や哲学の変化の中で、経済合理性や効用の名の下に「欲望の解放」すなわち功利主義の哲学となり、「経済人間」の成立となっていった。これはアウグスチヌス的禁欲観からすれば確かに驚くべき逆説ではある。

近代の「経済人間」の概念は資本主義イデオロギーを支え、この方向は地球資源の無限性の概念があるうちはきわめて有効に機能した。そして現実に人類を全体として豊かにした。これを否定することはできないだろう。そしてその到達点として、原子エネルギーの解放をもたらした。これは国家的な科学のプロジェクトとして、大量の資本投下の下に技術的に可能になったからである。

こうして人類は原発をも手にした。すなわち原発というエネルギー生産方法は「人類が自分の手で無限のエネルギーを生み出せる」という夢物語的な楽観論を人々に与えた。ところが、今はこれがあらゆる意味で不可能であることを人類は知った。すなわち地球資源は無限でなく有限である。また放射能を閉じ込める処方箋はほとんどなきに等しい。

したがってアウグスチヌス的な「神の愛」と「自己愛」の強い二元論ではなく、より身体性を備えた実在論（realism）として、生身の人間論を展開しなおす必要がある。西洋哲学では、プラトン主義に由来する二元論の克服という課題である（仏教哲学における身体論の回復も同様である）。

人間性は強靭ではなく弱いものである、そのことをまずは認める。地球も無限ではなく有限であることをまずは認める。ここに登場する人間論と社会論は「経済人間」に対抗する「倫理人間」である。「経済人間」をある領域に限定するために、また「倫理人間」の新たな理解のためにも、アウグスチヌスの描く反定立の強い「あれか、これか」の人間像とは異なり、人間は強くもあり弱くもある現実を承認することから出発したい。

経済人間に対抗する倫理的なるものを重視した人間論は、和辻倫理学の間柄主義の人間論に近いと思われるかもしれない。しかし和辻が経済人間を批判したのは、それがヘーゲルの「欲望の解放」に基づいた市民社会（経済社会）に帰結するからである。そして和辻は経済社会を止揚するものとしての国家に行きつき、それが「公」と「公共」の同一視へと至る。国家に従属した人間である。それは今日の筆者の提起したい市民社会論とはまったく異なる方向である。

二つの「労働の意味」

西洋思想での「労働の意味」に二通りある。労働は「苦役」か、それとも「喜び」かということだ。近代の経済学者たちは、労働を苦役と取る傾向が強かった。

例えばアダム・スミスは労働を苦しみとして捉え、「骨折りと苦労」（toil and trouble）と呼んだことは有名である。ジョン・ロックもそうであったが、スミスは人間の大地への労働が価値の源ととった。すでに労働価値説がとられたわけであるが、「骨折りと苦労」は労働者にとって負の効用になる。したがって労働者はこれを避けるような「利己心」が働くが、雇用者の側は正の効用を目指す、つまり最大限の利益をあげたいという「利己心」から生産性を上げるために、労働者をより効率的に働かせようとする。ここに出てくる近代の自由主義経済学の利己心と利己心のぶつかり合いが、マルクスによって「労働力の商品化」と表現され、最終的には資本家と労働者との間の階級闘争という形をとることになっていくわけだ（第3章参照）。

もっと広く、労働が苦役か、喜びか、という問いは、思想史的には聖書（ヘブライ・キリスト教）

的、もう一つはギリシャ的な違いと言えよう。セドラチェックは「祝福としての労働」と「奴隷的な苦役の労働」ないしは「呪いとしての労働」と題して、この二つを区別している[51]。そして経済学の主流が「呪いとしての労働」観を採用したと説明している。それに対して、セドラチェック自身が、もう一方の「祝福としての労働」から倫理人間と第3セクター論を体系的に引き出していないのは、まことに残念なことである。たぶん、主流派経済学者のセドラチェックとしてはこういった問題意識が弱いのであろう[52]。今、非主流派経済の方向へと歩み出さねばならない。

では「呪いとしての労働」とはどういうことか。ユダヤ人社会哲学者ハンナ・アーレントが重要な示唆を与えている。彼女は旧約聖書（ヘブル語聖書）三章一九節の「地は呪われた」というところを解釈して次のように記している。神に創造されたアダムが、地を「耕す」（ヘブル語で「奉仕する」の意味）すなわち労働することは「神への奉仕＝祝福」であった。しかし神との約束を破ったことにより、「奉仕」の喜びは消え労働は「隷属」となった、こう注解している[53]。労働は、本来は人間にとって祝福であり、喜びであったのだ。これはギリシャ哲学的な「奴隷の仕事としての労働」とはまったく異なる労働観だ（「経済人間」の担う労働は苦役であり「倫理人間」の担う労働は喜びである、と筆者は考えている）。アーレントはアウグスチヌス的な二元論、つまりプラトン主義を克服するためのヒントをいくつも提示している。それはアーレントがユダヤ人であり、ギリシャ哲学に深い造詣をもっているにもかかわらず、その人間論がギリシャ哲学よりも旧約聖書に依拠しているからであろう。一九五八年に上梓された『人間の条件』は、二一世紀の科学技術を十分に考慮していないという制約をもちつつも、なお現代世界の本質を見事に捉えているし、「経済人間」の由来をも正確に言い当てている。

アーレントが問題にしているのは、「人間の本性」ではなく「人間の条件」である。もし哲学のテーマとして「人間の本性」を議論し始めると、それはプラトンの場合にそうであったように、必ず抽象的な「神」の問題が出てこざるをえないからだ。アーレントは語る。「プラトン以来、この神はよく調べてみると、一種のプラトン的人間のイデアとして現れている。だから、もちろん、このような神の哲学的概念は、実のところ人間の能力と特質の概念化にすぎないと暴露することはできる。しかし、そうしてみたところで、別に神の非存在が証明されるわけでもないし、神の非存在を主張することにもならない[54]」。

こういうわけで、地球の外に生きる可能性を探っている二一世紀の人間にとっても、やはり「人間が人間である条件」は切実な課題なのである。この点でハンナ・アーレントの『人間の条件』という視点は重要な課題を与えてくれる。まず彼女が「人間の条件」という言葉で意味していることが大そう印象的である。

地球は人間の条件の本体そのものであり、おそらく、人間が努力もせず、人工的装置もなしに動き、呼吸できる住家であるという点で、宇宙でただ一つのものであろう。たしかに人間存在を単なる動物的環境から区別しているのは人間の工作物である。しかし生命そのものはこの人工的世界の外にあり、生命を通じて人間は他のすべての生きた有機体と依然として結びついている。ところが、このところずっと、科学は、生命をも「人工的」なものにしている。……問題は、ただ、私たちが自分の新しい科学的・技術的知識を、この方向に用いることを望むかどうかということであるが、これは科学的手段によっては解決できない。(55)

ではどのような手段によって解決できるというのか。「それは第一級の政治的問題であり、したがって職業的科学者や職業的政治屋の決定に委ねることはできない」。つまり「この地球上で生きている」ということがまずは「人間の条件」の基本の「き」ということであること。それについてわれわれ市民が自覚して「人間の条件」を守ろうとしない限り、地球文明はきわめて危険な方向に行くということである。そして、この条件の下で言及している労働、仕事、活動という言葉の意味をていねいに説明していくことがこの著作の意義である。

アーレントのキーコンセプトは〈活動的生活〉（vita activa）である。この言葉によって人間の基本的な活動力である労働（labor）、仕事（work）、活動（action）を指している。ギリシャ的なルーツを追うなら、「労働」とはポリス（都市国家）の家父長制の中で主として奴隷の行った肉体労働、「仕事」は自由人による製作（ポイエシス）、「活動」は観照（テオリア）に対する実践（プラクシス）というイメージが近い。

この三つの活動力とそれに対応する諸条件は、すべて人間存在の最も一般的な条件である生と死、出生と可死性に深く結びついている。労働は、個体の生存のみならず、種の生命をも保証する。[56]

生命維持の食料生産も含むこのように重要な「労働」が、主として奴隷の仕事だというところにギリシャ的思考方法の問題点がある。それに対し、仕事とその生産物である人間の工作物は「死すべき生命の空しさと人間的時間のはかない性格に一定の永続性と耐久性を与える」。だから自由人の領分だという。活動の方は「それが政治体を創設し維持することができる限りは、記憶の条件、つまり、歴史の条件を作り出す」。人間の高度な働きそのものであって政治活動の重要な意味である。だから将来にＡＩが人間を追い抜こうが、シンギュラリティーがあろうが、人間が人間である条件はゆるがない。つまり二〇万年前にホモ・サピエンスという種として出発し、労働に従事し、道具をつくり、言語を駆使して協働作業をしてきた動物だ、という歴史的事実はゆるがない。人間が人間である最大の理由の一つはこの〝歴史性〟ということである。

今日では自由人と奴隷の区別はなくなり、すべての人間が自由人でありポリス（地域の共同体）に居住し人と人との関わり、すなわちポリティカ（政治）に関わる。一人で生きるのではなく、協働しつつ生きる。選挙に行くのみならず日常の困りごとの解決のための参加型民主主義に関わる。アーレントから学ぶことはこういうことである。少人数での話し合いから始まる「活動」、すなわち自治の民主主義は最も人間らしい活動だ、ということである。多くの人が賃金労働者として生きている日本社会で、働き方改革を自ら推進し、休息の時間をつくり出し、隣人と共にまずはコミュニティの再生に関わることであろう。自己愛と共に必要なのは隣人愛だ。

ギリシャ的なルーツをもつ労働は、奴隷の仕事それも家族内の生命維持がその目的であった。つまり私的な領域の事柄であった。しかし今日その意味はまったく変わってしまった。労働は公共的な領域の事柄であり、政治的な領域に入ってきているのである。もちろん、この間には産業革命という大きな人類史的な出来事があった。アーレントは言う。

労働の活動力は、最も基本的かつ生物学的な意味で生命過程の永遠の循環の中に閉じ込められたままであった。労働が公的な分野に入り込んできたからといって、もちろん、過程としてのその性格は変わらなかった。それどころかむしろ、労働の過程は循環的で単調な反復から解放され、急速に進む発展に変わった。その結果、数世紀のうちに人間の住む世界全体は全面的に変化した。[57]

現代という時代は労働（labor）も仕事（work）も、民主主義での活動（action）すなわち自治の領域で制御するように変わっているのである。どんな人間も労働に従事すると同時に、人間的な活動（プラクシス）すなわち自治と政治に関わるのである。

労働力と剰余価値の発見者としてのマルクスは「近代における最大の労働理論家だ[58]」と高い評価を与えながらも次のように批評する。「マルクスの主張によれば、経済法則というのは、自然法則に似ており、交換の自由な行為を規制するために人間がつくったものではなく、社会全体の生産条件の機能である。しかしこれは、すべての活動力が、人間の肉体と自然との新陳代謝にまで還元され、交換ではなく消費だけが存在しているような労働社会においてのみ正しいのである[59]」。人間の「人格」の総体を問題にしない「還元主義」を批判するのである。特に人と人とが結びつく政治のあり方が重要だ。最終的には人間にとって最高善は「生命そのものの原理」というところに到達する[60]。この生命の神聖さについて語る。

キリスト教が生命の神聖さを強調した結果、〈活動的生活〉内部における古代人の区別や明確な仕切りが均質化される傾向が生まれた。つまり、労働、仕事、活動は、等しく現在の生命に従属するものと見られるようになったのである[61]。

労働は真の生命を回復する、労働は「骨折りと労苦」(toil and trouble)ではなく「喜びと楽しみ」(joy and pleasure)であるはずだ。

経済人間（ホモ・エコノミクス）から「生命の倫理」へ

先述したように、この「経済人間」という人間観は、西欧近代史において約三〇〇年近くもかかって徐々にできあがった人間の見方である。単に経済学の基礎になっているだけではなく、今日では社会のあらゆるところに浸透し、簡単に廃棄できる人間観ではなくなった。特にこの四〇年ほどのグローバル経済の中であらわになっている。第二次世界大戦後、しばらく欧米では福祉国家論または経済学の用語ではケインズ－ベヴァリッジ主義の方向を採用し、国家が自由市場に関与してその行きすぎを防いでいた。

しかしサッチャー、レーガン政権の頃から経済政策は新自由主義という方向に舵を切り、世界経済はそこに巻き込まれて今日に至っている。人にも企業にもかなり露骨な自由競争を強いる政策で、格差が生まれるのは必然であった。ある経済学者によれば「新自由主義は、建前の世界では富を生産し、成長を追い求めていた。しかし、実際には、富と所得を一％のスーパーリッチに集中させることを追求していた。一九九〇年以降、一％の人々の政策が、アメリカ経済全体を復活させたように見えたのは、ＩＴバブルと住宅バブルがあったからである[62]」。

このバブル崩壊は二〇〇八年のリーマンショックで現実となった。いまだにそこから世界経済は完全に立ち直っていない。各国の中央銀行の金融政策で表面上はしのいでいるだけで、実際に立ち直れるかどうかもよく分からない。しかも世界の中央銀行が出口政策を取り始めているにもかかわらず、日銀だけは（六年経っても物価上昇率二％の目標達成できず）ゼロ金利いやマイナス金利政策を続けていて、日本経済破綻のリスクが日に日に高まっている。こういった日本の無責任な金融政策や経済運営を経済学者・金子勝は、もはや〝出口のないネズミ講〟と化したと批判し、日本社会を崩壊と衰退に向かわせていると警告している[63]。

6 「倫理人間」（ホモ・エティクス）の歴史的展開

一九世紀に資本主義が成立し、その上に乗っかって、今日の新自由主義的な成長経済政策を動かしているミクロな人間観が、まさに「経済人間」である。したがって今日、新自由主義への「対抗軸」として人と人とが結びつく「生命と生活の倫理」として協同組合を位置づける論者もいる。

協同組合の存在意義、今日的役割とは何か。それは、近年の経済・社会の基調である「新自由主義」への対抗軸を示すために、それがもたらす歪みを是正し、一人ひとりが尊重され、農と食にねざしたより良い社会づくりに貢献することであり、また、その中で、国家・行政でも一般の民間企業でもできない役割を果たすことであろう(64)。

しかしこれは言うは易く、行うは難しである。すでに一九三〇年代の世界恐慌以後に先例があった。自由競争経済の歯止めとして、賀川豊彦は「協同組合共和国」の構想で「友愛と連帯」の生命観・社会観を主張した。米国のルーズヴェルト大統領にも招かれて講演したことは有名だ。今、この人間観を哲学的に深めて、これを「ホモ・エティクス＝倫理人間」と呼びたいわけであるが、賀川はこの人間観がすべての社会領域で貫徹されるべきと考えた。しかしこれはもはや人類史のグローバルな現実からして無理である。

むしろ、積極的な意味で、ローカルなレベルが「自らを守る」ために第3セクター（非営利セクター）においてこの人間観「ホモ・エティクス」を公共圏との関係で確立し、第1セクター（政府）と第2セクター（企業）の人間論となっている「ホモ・エコノミクス」への「対抗軸」とすべきだ[65]、というのが本書のアウトラインである。もっとも、このような社会的連帯経済の動きは、単にローカルに終わらず、今日、グローバルネットワークをつくっている現実も第5章で触れることにしたい。

筆者の認識論は二元論ではなくむしろ多元論である[66]。カント哲学の用語を借りるならば、筆者の公共哲学は四世界論と四セクター論という名称の超越論的批判（transcendental critique）を骨子とし、現代哲学的意味では批判的実在論である。

自由主義を背景に成立した資本主義の労働観や国家観との関係でできあがった「経済人間」（ホモ・エコノミクス）、この人間観の危うさに気づいている人もいた。「経済人間」に対抗して、すでに一八世紀頃から、たとえ目立たなくても「倫理人間」の類型も徐々に出てくるからだ。それをジョン・ウェスレー（一七〇三〜一七九一）、ロバート・オーウェン（一七七一〜一八五八）、フリードリッヒ・W・ライファイゼン（一八一八〜一八八八）、ロッチデール先駆者協同組合員たち（一八四四）、ジョン・ラスキン（一八一九〜一九〇〇）、ウィリアム・モリス（一八三四〜一八九六）、アーノルド・トインビー（一八五二〜一八八三）などに見ることができるだろう。

この章の残りの部分では「倫理人間」の例証としてキリスト教的兄弟愛、そして第4章では社会主義的兄弟愛の下でのコミュニティ的相互扶助（コミュニタリアニズム）、この二つの場合を見てみよう。前者としてライファイゼン、後者としてウィリアム・モリスを取り上げる。

F・W・ライファイゼンは、ドイツのラインラント＝プファルツ州ハムで生まれた。熱心なプロテスタント信者の公務員として働き、農村部の連合村長などをしている時代に協同組合運動に打ち込んだ。生年が一八一八年でカール・マルクスと同じ年であることからも明らかなように、ドイツ資本主義の興隆期に危機に陥る階層を目の当たりにし、そこへの対処に意を注いだ。日本の読者に特に注意したいのは、教科書的な説明によればマルクスの登場によって社会思想が一挙に無神論的な方向に傾斜したかのような誤解を与えていることである。そうではなく、民衆的な生の現実のレベルでは、依然としてキリスト教信仰は強く生きていて、ライファイゼンの例に見るように、社会改良に大きく貢献したということである。

マルクスが都市型の労働者とその窮乏に焦点を合わせたのに対して、ライファイゼンは商業、特に農民層の商業的経営に焦点を合わせた。小規模農業者が工業化の進むドイツ国内で、農産物を大量に生産することを求められていた。求められている農産物を商品化していくさいに、都市商人の高利貸しに頼るという慣習では、結局は収奪され没落していかざるをえない階層に転落してしまう。

そこで、この階層の人々が自衛的措置のための金融機関を立ち上げた。生存をかけた相互扶助組織である。そのときの指導者がライファイゼンだ。それは今日、ライファイゼン型信用組合というモデルをつくり、ドイツ国内のみならず世界的に大きく評価されている。[67] 二〇一七年にドイツのライファイゼン協会が提案して、「協同組合の思想と実践」がユネスコの無形文化遺産に登録された、[68]そのことは人々の記憶に新しい。

筆者がライファイゼンに関心をもつのは、二〇世紀になって日本で農協がこれを見習ったからである。特に今日ＪＡ共済と呼ばれる部門の信用組合活動、これに力を入れた歴史的状況とよく似ているからである。[69]このときの日本の指導者は賀川豊彦であった。しかも、都市型商人のためのシュルツ＝デーリッチュ型信用組合と異なり、ライファイゼンがキリスト教の「友愛と連帯」を強調したことも似ている。ライファイゼン自身の版を重ねた著書『貸付組合』（原著、一八八六年）の序章でこれを強調している。日本でほとんど知られていない事実なので、少々長いが以下で引用する。

こうした風潮（文化的享楽や生存競争の一九世紀西欧の風潮）は、いったいどうしたらよいのか。今にして何らかの防止策が取られない限り、われわれはあの恐ろしい危機や動乱に遭遇することとなろう。今こそ道を踏み誤った時代精神を正しい方向へ向け、正しい努力を呼び起こす絶好の時である。ではその方法はどうか。これについては、キリスト者たるもの、何の狐疑するところがあろう。主キリストは山上の垂訓で親しく諭されている。「まず神の国と神の義を求めよ。さらば、かのもの（すなわち地上の必要なるもの）は全て汝らに許与さるべし」（マタイ伝六章）と。何よりも肝心なことは、はかない地上の幸を追い求めることではなくて、永遠の天上の財産（たから）を探し求めることである。このことを、主キリスト自ら教訓と垂範とによって、われわれに指し示し給うているのである。このことを、知ろうとしない者、この世の生が終ればそれで自己の天命は全うしたと信ずるような者には、主キリストの誡めは何らの感動をも与えぬであろう。このような人は相も変わらず地上の幸を得ることで、地上の享楽に耽ることで満足するであろう。[70]

ライファイゼンは当時のドイツの教会の沈滞を嘆いている。アウグスチヌス的な「神の国」と「地上の国」の二元論に陥って信仰が内向化し、社会で起きている問題から目をそらしていたからである。しかしこれを覚醒するのは聖書のイエスの教えるキリスト者の隣人愛の実践であることを強調し、協同組合運動に現実的活路を見出しているのである。続けて言う。

だが、ひっきょう勝利は、神の「愛」を身をもって実証しているところのキリスト教界の側に輝くであろう。「すべて良き実を結ばぬ樹は伐られて火に投げ入れらる。さらばその実によりてそれらを知るべし」（マタイ伝第八章）と、主キリストは言われている。われわれにかかわりのある経済分野において大切なことは、実にこの実なのである。すなわち、キリスト教的な愛の行いの成果なのである。こうしてこそ、より良い社会全体の努力をも個人個人の努力をも徐々にこの方向へ向けさせるようにしたいものである。こうしてこそ、より良い社会関係をつくり出すことができるであろうから。

こういったライファイゼン自身のキリスト教信仰の主張の歴史的背景について、現代のライファイゼンの研究者のＨ・リヒターが書いている。「資本主義の技術化、工場化過程は、資本の集中と結びついているのだが、都市と農村との間の経済的バランスを乱しただけではなく、一方で大工業と大商業間の均衡を、他方で農業と手工業間との均衡をもかなり乱した。こうした変化の過程では、物質万能の時代精神が形成され、道徳的・宗教的力の堕落、および社会秩序の存続を疑問にするような社会的緊張が生ずる」(71)と。続けて次のようにまとめている。

そして何よりも、中小農民に代表される中産階級の地位は、社会、教会、および国家の本来的な担い手として特に危険にさらされる。ライファイゼンの主要な関心事はもはや、全住民層の道徳的、さらにもう一歩踏み込んで、宗教的な再生を導くことである。これは、困窮に苦しんでいる中産階級に包括的な信用助成のための基礎を形成し、同時に平和的な方法で社会的緊張を調整する貸付組合における有産階級の積極的、かつキリスト教の隣人愛の意味における無私の共同労働によって行なわれる。

確かにほとんどの村落共同体でキリスト教会、特にプロテスタント地域の教区を基盤として「無限責任」(自分の土地を最終的に担保として差し出す)などの、いわば後を絶った重い責任を課している。(72)地域住民の間でよほどの「同信の友」としての信頼関係がなければこれはできない。当時、ヨーロッパでキリスト教はリバイバル運動を通じて覚醒し、マルクス主義の台頭に対するドイツ国民教会側の対応がディアコニア運動(社会への奉仕運動)などをスタートさせていた時期でもあった。(73)ヨーロッパの協同組合運動には、このような歴史的背景があったことを付け加えておきたい。

そして一九世紀の経済人間の発想に対抗し、かつ労働者の窮状に立ち上がったもう一方の勢力は社会主義者であり、マルクス主義者でもあった。今日の創発民主主義の展開のためにも社会主義との対話が重要であり、第3、4章でこのテーマを扱いたい。

注

（1）朝日新聞朝刊、二〇一八年一二月二四日。
（2）同、二〇一九年五月二六～二八日。
（3）https://ja.wikipedia.org/wiki/ 世界幸福度報告
（4）Y・N・ハラリ『サピエンス全史』（上・下）柴田裕之訳（河出書房新社、二〇一六年）第一章参照。
（5）今のトルコにあったリュディア王国で貨幣鋳造が始まり、またたく間にオリエントとギリシャに波及した。下田淳『ヨーロッパ文明の正体』（筑摩書房、二〇一三年）二〇五頁。
（6）トマ・ピケティ『二一世紀の資本』山形浩生、守岡桜、森本正史訳（みすず書房、二〇一四年）二九～三〇頁。
（7）Y・N・ハラリ『サピエンス全史』上、三八頁。
（8）二宮尊徳の報徳仕法によると農産物の「余剰」はあったがこれは相互扶助に回された。その発想は江戸時代も明治時代にも生きていた。テツオ・ナジタ『相互扶助の経済』五十嵐暁郎監訳、福井昌子訳（みすず書房、二〇一五年）第四～五章、特に一七八、二二六、二三四頁参照。また江戸時代の農村の商品経済の進展については本書第1章第4節「長時間労働を是とする理由」参照。
（9）クリスチャン・ラヴァル『経済人間――ネオリベラリズムの根底』菊地昌実訳（新評論、二〇一五年）

三八一頁。
(10) 同書、三八四頁。
(11) 同書、二一一頁。
(12) 同書、四五頁。
(13) ハンナ・アレント『人間の条件』志水速雄訳（ちくま学芸文庫、一九九四年）五五頁。
(14) マックス・ヴェーバー『プロテスタンティズムの倫理と資本主義の精神』の一節から引用してみよう。「こうした考え（資本主義的営利の『精神』をみにくいことであると捉える考え）が、わけても資本主義の当事者だった人々自身が抱いていたものであった。というのは、彼らが生涯の仕事とすることがらは、教会の伝統の上に立つかぎり、せいぜい道徳的に無関係だとして寛容されているにすぎず、それどころか教会の利子禁止にいつ抵触するかもわからない恐れがあるので、来世のためにはなはだ危険なものだった。だから、史料の示すところによると、富裕な人々が死んだ場合には莫大な金額が『良心のための貨幣』として教会に寄進され、あるいはまた、不当に奪取した》usura《『利息』として生前の債務者に返却されることもあった」大塚久雄訳（岩波文庫、一九八九年）八四頁。
(15) クリスチャン・ラヴァル『経済人間』五二頁。
(16) 同書、六三頁。
(17) 同書、九六頁。
(18) このような解釈はカール・ポランニーのイギリス時代の講義草稿にある次のような箇所の叙述と一致する。「自由主義的資本主義が社会を支配したとき、キリスト教徒は正統派も含めて、明らかに非人間的であるとしてそれを批判した。システムのおかげによる生産力の途方もない増大に感心して、キリスト教徒は次第に自分たちの態度を容認の方向に変えた。物質的生産の必要はもはやこのシステムの維持を要求していないにもかかわらず、キリスト教徒はその継続に抗議しないという過ちをずっと犯しつづけた」。カール・ポランニー『市場社会と人間の自由』若森みどり、植村邦彦、若森章孝編訳（大月書店、二〇一二年）一二二頁。
（19）B・マンデヴィル『蜂の寓話』泉谷治訳（法政大学出版局、一九八五年）、『蜂の寓話　続』（法政大学出版局、一九九三年）。
（20）トーマス・セドラチェック『善と悪の経済学』村井章子訳（東洋経済新報社、二〇一五年）二五八〜二五九頁。
（21）B・マンデヴィル『蜂の寓話』九一頁。
（22）個人どうしの邪悪さが万人の万人に対する戦争を生み出す、これを阻止するために権力を樹立するというのはよく知られたホッブズの命題であった（拙著『公共福祉とキリスト教』一九五頁）。だからマンデヴィルの人間論は新しいものではないが、国家権力の樹立といった政治哲学的なレベルではなく、その人間論が市民道徳のレベルで公然と語られたことに画期的な意味があった。
（23）クリスチャン・ラヴァル『経済人間』一四六頁。
（24）B・マンデヴィル『蜂の寓話』五頁。
（25）勤勉革命（後述）。
（26）「マンデヴィルの逆説が見事に示した経済領域と道徳領域の断絶は、効用の量的評価に完全に支配される世界において以前の美徳と義務にかんする関心がまったく介入の余地を失ったときに完成する」（クリスチャン・ラヴァル『経済人間』一七七頁）。
（27）スヴェン・スタインモ『政治経済の生態学――スウェーデン・日本・米国の進化と適応』山崎由希子訳（岩波書店、二〇一七年）五五〜五六頁。
（28）山本義隆『近代日本一五〇年――科学技術総力戦体制の破綻』（岩波新書、二〇一八年）一〇〇頁。
（29）スヴェン・スタインモ『政治経済の生態学』九五頁。
（30）広井良典編『福祉の哲学とは何か』（ミネルヴァ書房、二〇一七年）七〇頁。

(31) スヴェン・スタインモ『政治経済の生態学』九三頁。
(32) 同書、八三頁。
(33) 海原純子編『女性医師のワークファミリー・コンフリクトの解決と持続的就労を可能にする要因の研究』(平成二七年度採択科研費助成事業報告書)。二〇一七年一一月二五日に行われた第六回日本ポジティブサイコロジー医学会学術集会の分科会シンポジウム「男女が共に心地よく働ける社会のために」参照（海原五頁のグラフ）。また二〇一八年一一月一〇日の第四回賀川豊彦シンポジウムでの連合・南部美千代のデータより（東京基督教大学共立基督教研究所編）。
(34) 勤勉革命（industrious revolution）という言葉は日本の経済史家の速水融によって一九七七年に導入された。『近世日本の経済社会』（麗澤大学出版会、二〇〇三年）参照。
(35) フェルナン・ブローデル『歴史入門』金塚貞文訳（中公文庫、二〇〇九年）五七頁。
(36) 同書、九三～九四頁。
(37) 斎藤修「前近代経済成長の二つのパターン」大島真理夫編『土地希少化と勤勉革命の比較史』（ミネルヴァ書房、二〇〇九年）三六三～三六四頁。
(38) 徳永光俊「江戸農書に見る『勤勉』と『自然』」前掲大島真理夫編著、一四五頁。また豊後の儒者・三浦梅園については拙稿「福祉と宗教の公共的役割」広井良典編『福祉の哲学とは何か』（ミネルヴァ書房、二〇一七年）所収論文参照。
(39) W・モリス、E・B・バックス『社会主義』大内秀明監修、川端康雄監訳（晶文社、二〇一四年）八五頁。
(40) 斎藤修「前近代経済成長の二つのパターン」前掲編著三五五頁。
(41) W・モリス、E・B・バックス『社会主義』八四頁。
(42) 斎藤修「前近代経済成長の二つのパターン」前掲編著三五五～三五六頁。
(43) テツオ・ナジタ『相互扶助の経済』二四八頁。

(44) 同書、第四、五章参照。
(45) 海原純子編『女性医師のワーク・ファミリー・コンフリクトの解決と持続的就労を可能にする要因の研究』(平成二七年度採択科研費助成事業報告書)。二〇一七年一一月二五日に行われた第六回日本ポジティブサイコロジー医学会学術集会の分科会シンポジウム「男女が共に心地よく働ける社会のために」参照。同報告書三八頁以下のパネルディスカッションの中に、パネラーの分かりやすい会話の中で問題点が網羅されている。
(46) テツオ・ナジタ『相互扶助の経済』第一章参照。
(47) イエスの「神の国」概念についての詳細は拙編『神の国と世界の回復』(教文館、二〇一八年)参照。
(48) アウグスチヌス『神の国』(上)金子晴勇他訳(教文館、二〇一四年)一八四頁。
(49) 同書、下、七二頁。
(50) クリスチャン・ラヴァル『経済人間』一四〇、一四九頁。
(51) トーマス・セドラチェック『善と悪の経済学』二一〇頁。
(52) セドラチェックもプラトン的二元論をキリスト教の解釈に導入している。同書、二〇四頁。
(53) ハンナ・アレント『人間の条件』二一一頁。
(54) 同書、二四頁。
(55) 同書、一一～一二頁。
(56) 同書、二一頁。
(57) 同書、七一～七二頁。
(58) 同書、一四七頁。
(59) 同書、三三五頁。
(60) 同書、四八八頁。

(61) 同書、四九二頁。
(62) 服部茂幸『新自由主義の帰結』(岩波書店、二〇一三年) 一六七頁。
(63) 金子勝『平成経済　衰退の本質』(岩波新書、二〇一九年)。
(64) 北川太一「これからの協同組合」日本農業新聞編『協同組合の源流と未来』(岩波書店、二〇一七年) 二一六頁。
(65) 筆者は第3セクターと第4セクター（家族、宗教団体）が発信すべき人間論がホモ・エティクス（倫理人間）であると考える。
(66) 拙著『実践の公共哲学』(春秋社、二〇一三年) 参照。
(67) 日本農業新聞編『協同組合の源流と未来』(岩波書店、二〇一七年) 一五〇頁。
(68) http://www.iyc2012japan.coop/unesco/
(69) 筆者は「JA教育文化」(月刊誌) に「賀川豊彦シンポジウム」について書いたことがある。二〇一八年四月号、家の光協会。
(70) F・W・ライファイゼン『信用組合』本位田祥男監修、田畑雄太郎訳（家の光協会、一九七一年）三四頁。原著の正式タイトルは『農村の住民ならびに都市の手工業者および労働者の困窮を救済する手段としての貸付組合』(一八八六年)。
(71) 村岡範男『ドイツ農村信用組合の成立——ライファイゼン・システムの軌跡』(日本経済評論社、一九九七年) 六二頁。
(72) 同書、一二六頁。
(73) 拙著『公共福祉とキリスト教』第三章参照。

第2章

身体性と精神性

——唯物論か実在論か

1　人間の身体・理性・感情・霊性

現生人類（ホモ・サピエンス）には飛躍となるいくつかの節目がある。

約一万二〇〇〇年前に始まった農業革命は、人口増大と定住および集落生活に大きく寄与した。しかし、その後も文字や貨幣が発明されるまでは、人間の協力（これは他の動物にはないホモ・サピエンスの特徴）はそれほど広がらなかった。巨大な王国も、広範な交易ネットワークも、普遍的宗教も出てこなかった。しかしここに大きな出来事が起こった。すでに約五万年前に言語の取得という認知革命を経験した人類の中で、およそ五〇〇〇年前にまずシュメール人が文字と貨幣を発明し、協力とコミュニケーションが大幅に拡大した。人間の脳によるデータ処理の限界を打ち破ったのだ。

文字と貨幣の発明は何をもたらしたか。それにより革命的な変化、つまり何十万もの人々の支配と統治が容易になったのである。人々から税を徴収したり、複雑な官僚制を組織したり、巨大な王国を打ち立てたりすることが可能になったということである。[1] 特に労働という面から見れば、貨幣の発明は何をもたらしたか。労働の意味を、まわりまわって納めるべき税を貨幣へと転換させた、こう言っていいだろう。物を生産するという身体を駆使した人間労働の行為が、やがて貨幣価値へと転換されるということで、労働価値説の萌芽となったわけである。

人類史にもう一度大きな変化が訪れる。これが科学革命だ。人類はヨーロッパの一六〜一七世紀の科学革命を経て、それが産業革命を生み出し、今日の資本主義経済とＡＩ（人工知能）にまで至る。身体を使った労働がコンピュータ・プログラムをつくるという知的労働に変わる。身体性から精神性への転換と言っていいであろう。ところが今度はＡＩが、将来の人間社会を過去に考えられなかった形で革命的に変えていく。「人間の脳によるデータ処理の限界」は文字通り完璧に打ち破られた。ところが今回の第二の文字の発明（アルゴリズム）は第二の認知革命ではあっても、こればかりは期待とも恐怖ともつかない感情を現代人に植えつけている。

期待というのは、人間の代わりにＡＩを搭載したロボットが今までの人間のやっていた下働きをやってくれる。恐怖というのは、やがて人間がロボットに使われるようになる。つまり人間はロボットやＡＩなどの奴隷になってしまうのではないか、と。

前章で引用した『サピエンス全史』の著者Ｙ・Ｎ・ハラリは、近年、『ホモ・デウス』という本を著し、歴史の発展の次にくる人間未来のあり方を描き出している。この著者の主張、つまりホモ・サピエンスが地球上に栄えたのは「大勢で柔軟に協力できる唯一の種だから[2]」という主張は前著と変わらないが、今回は本来自由であるべきホモ・サピエンスの運命に焦点を合わせた。

古来からの人類の最大の敵は、飢饉と疫病と戦争であった。科学を手にした人類はこれを克服した、いや克服しないまでも二一世紀初頭までに最小限に食い止めることに成功したという。

例えば疫病。ヨーロッパのルネサンスはいかにも華やかな時代のように語られるが、実は疫病に悩まされた時代でもある。フィレンツェの町は、一〇万人の住民のうち五万人が死に、イングランドでは三七〇〇万に達していた人口が二二〇〇万まで落ち込んだ。感染症は二〇世紀に入っても膨大な人命を奪い続けた。一九一八年一月の〝スペイン風邪〟というインフルエンザは当時の地球人口の三分の一の五億人がかかり、インドでは全人口の五％（一五〇〇万人）が死んだ。

日本でも人口の四割（二三〇〇万人）が感染し、これが原因で四五〜四八万人が死んだと推定されている。一年以内に、合計で五〇〇〇万から一億の人がこの世界的流行病で死亡した。ちなみに一九一四年から一八年にかけての第一次世界大戦の死者、負傷者、行方不明者の合計は四〇〇〇万人であったから、これを超える死者の数だ。(3) しかし今日では、インフルエンザはワクチンで予防可能になっている。これは医学という科学の発展の大きな成果である。飢餓の撲滅も農業や食料生産技術の革新で可能になった。

次にこの成功をステップにして、人間は「科学界の主流のダイナミクス」と「資本主義経済の渇望」を通して、新しい道すなわち不死と幸福と神のような力（神性）を求めるようになるというのだ。キリスト教文化圏から科学革命は興ったにもかかわらず、今度は神を離れて科学を使って自らを神へとグレードアップするという。自らが神のごとく振る舞うとは、すなわち人間中心主義（ヒューマニズム）という宗教が誕生しているということである。ヨーロッパ近代は人類史の上で科学、資本主義、人権思想の普遍的思想を生み出し、グローバルな影響力をもった。本書第3章で資本主義、第4章で人権と民主主義を扱う。

ハラリは『ホモ・デウス』の第五章で「科学と宗教というおかしな夫婦」という章を設けている。

互いに反目し合うようでいて案外に近い両者の関係、そして二〇世紀の宗教的価値となる人間中心主義（ヒューマニズム）が出現した由来、その内容を詳述する。その人間中心主義は、意外なことに、共産主義も含めてきわめて宗教的だという。「共産主義には神がないから熱心な共産主義者は宗教的ではない、と私たちは言いがちだ。とはいえ、宗教は神ではなく人間が創り出したもので、神の存在ではなく社会的な機能によって定義される(4)」。「自由主義者も、共産主義者も、現代の他の主義の信奉者も、自らのシステムを『宗教』と呼ぶのを嫌う。なぜなら、宗教を迷信や超自然的な力と結びつけて考えているからだ(5)」。必ずしも神や超自然的なものと結びつけるから宗教というわけではない、システムの社会的機能が大事だ、と。著者ハラリの立場は明らかであろう。ただこの場合に宗教という言葉を使うことが適当かどうかも問われるべきである。哲学的には宗教は観念論とされてきた。ただ哲学的な観念論vs唯物論、この二項対立も問わねばならない。のちほどこれも労働との関係で吟味していくことになる。

ちなみにハラリの「人間中心主義（ヒューマニズム）という宗教が誕生している」という認識について、まったく異なる立場からだが、似たような認識が半世紀前に日本の哲学者・滝沢克己から出されている。「すべて人間の世界の事は、人間自身によって、人間自身のために産み出された、人間自身のものである、人間こそ窮極始源の主体である、――ということの一点では、自由主義者、マルクス主義者、未来学者等々はむろんのこと、保守反動の政治家たちさえ、あえて反対しようとはしないかのごとくである(6)」。滝沢については第3章で詳述する。

さて、では著者ハラリは単なる相対主義者、多元論者なのかというと必ずしもそうではない。次のようにも言っている。「どの宗教の信奉者も、自分の宗教だけが本物だと確信している。ひょっとすると、どれか一つの宗教の信奉者が本当に正しいのかもしれない」(7)。このような立場は不可知論以上に、むしろ唯一神論的であろう。

もう一つ著者ハラリの指摘で重要なのは、世の宗教がどれもこれも二元論的であるというところである。この問題は「労働の二重性」とも関係するので念入りに見ておく必要がある。

二元論は人々に、こうした物質的な束縛を断ち切り、霊の世界へ戻る旅に就くように指示する。霊の世界は私たちにはまったく馴染みがないが、じつは本当の故郷なのだ。この探求の旅の間、私たちは物質的な誘惑や取り決めをすべて拒まなくてはならない。この二元論の遺産のせいで、俗世間の慣習や取引を疑って未知の目的地に敢然と向かう旅はみな、「霊的な」旅と呼ばれる(8)。

二元論はプラトン主義的中世キリスト教にも、また東洋の仏教にも当てはまる。だから中世キリスト教の弱点を突いた宗教改革者マルティン・ルターを、まさに「霊的(スピリチュアル)な旅」を呼びかけた革命的人物として位置づける。ルターは一つの文書を出した。「その文書には、免罪符の販売をはじめとする当時の宗教慣行に抗議する九五か条の論題が列挙されていた。ルターはそれを教会の扉に釘で打ちつけ、宗教改革を引き起こした。それは救済に関心があるキリスト教徒であれば誰でも、ローマ教皇の権威に反抗し、天国への別の道筋を探すようにと呼びかける革命だった」[9]。ところがこの「霊的な旅」ですらもやがて強固な体制となってしまうのであった。

マルティン・ルターにもそれが起こり、彼はカトリック教会の戒律や制度や典礼に異議を唱えた後、はからずも、自らが新しい戒律の書物を執筆し、新たな制度を確立し、新たな儀式を考案することになった、と[10]。歴史の逆説なのか。個人の自由な「霊的な旅」であったものが「ルター派教会」として「制度化する」とどうしてもこうなる。もっともルターと労働の問題について言えば、彼が後世に与えた大きな功績にも触れなければ公平ではないだろう。それは聖書にも出てくる（Beruf, calling＝召命）という言葉を「職業」と受け取り、修道院的な奉仕から世俗の労働に従事する意義へと転換したことだ。人間にとって神からの召命とは「修道院にこもって救済を祈ること」だけではなく、この世の労働に真面目に打ち込むことである、と。労働することには霊的（スピリチュアル）な意味もあるのだ。この場合、労働は神から与えられた喜びであった。真の市民社会への萌芽である。

本書第4章で議論するように、国民主権すなわち国民こそ主人という発想も「制度化」としての「国家」になると、同じように強固な体制となって国民を縛ってしまう。それに対する筆者の解決法は後述するように、一人ひとりが主人であるような「市民社会論」である。

「宗教団体」と「霊的な旅」とは違う。同様に「国家」と「市民社会」とは違う。この並行性は今後の人類社会にとって大事だ。だから「霊的な旅」も人々の対話空間、公共圏の事柄として「善き市民社会」形成のためになされるべきではないか。これが「友愛と連帯」の創発民主主義の発想である。決して、「宗教団体」や「国家」という制度を否定しているのではない。しかしそれだけでは不十分だ、ということを人類史は教えているのである。
しかし、そうではあっても、むしろ、ハラリは今後の科学時代に宗教の重要性を訴える。

さらに重要なのだが、科学は人間のための実用的な制度を創出するには、いつも宗教の助けを必要とする。科学者は世界がどう機能するかを研究するが、人間がどう行動するべきかを決めるための科学的手法はない。科学は人間が酸素なしでは生き延びられないことを教えてくれる。とはいえ、犯罪者を窒息させて処罰するのは許されるのだろうか？　科学はそのような疑問にどう答えたらいいか知らない。宗教だけが、必要な指針を提供してくれる。(11)

明らかに、人間のモラルや倫理基準に対して科学はほとんど寄与できないのである。(12)これは近代科学は人類史に一つの方法論を与えたのであって、新たな世界観を与えたわけではない、ということから当然のことだ。ハラリは宗教が倫理基準を左右するという。したがって今日に流布した「人間中心主義（ヒューマニズム）という宗教」も、やはり宗教であるならば、今後の科学の方向を決めるであろう。(13)

人間中心主義、ないしは人間至上主義の教義の基本は何か。それは経済成長である。経済成長とそのための投資は人々の日々の行動様式を決めている。(14)これは第1章で見たように近代の人間観がホモ・エコノミクスであり、同時に第3章に詳しく見るように近代の社会観が資本主義であることから当然であろう。世界の意味の源泉は「人間」である。世界の意味の源泉は中世のように神ではなく、今日では個人なので、個人中心の感じ方から他の行動様式も決まってくる。すなわちこういうことだ。

政治では「有権者がいちばんよく知っている」、経済では「顧客はつねに正しい」、美学では「美は見る人の中にある」、倫理では「快感があればそれでよい」、教育では「自分で考えろ！」というわけである。[15] ただし正確に言うとこれは人間至上主義の主流派（自由主義）の考え方であり、これには分派もあるのだ。分派には共産主義と進化主義の二種類がある。これらは人間至上主義であることに変わりはないが、共産主義は共産党と職種別組合という強固な集団的組織を中心にもってくる。[16] 進化主義は自民族優越の国家主義とほぼ同等である（ナチズム、ファシズムはその典型）。[17] 二〇世紀の大きな戦争や紛争はこの人間至上主義の主流派と分派の間の宗教戦争であった。しかしながら、最終的に主流派の自由主義が勝利したように見える。果たして本当はどうなのか。[18]

人間至上主義という名の宗教的信念が現代の主流である。ではそのうちのどの分派（宗派）が今後の高度な科学技術を導くのか、予断は許さないとハラリは言う。

一九世紀には技術者たちは機関車や無線通信機や内燃機関を発明した。だが、二〇世紀が立証したように、人はまったく同じ道具を使ってファシズムの社会も、共産主義独裁政権も、自由民主主義国家も生み出せる。宗教的な信念がなければ、機関車はどちらに進めばいいか、決められない。[19]

今後の高度な科学技術、これを導ける宗教的信念とはいったいどんなものなのだろう。勝利したはずの自由主義という名の人間至上主義以外に答えはないはずだ。にもかかわらず、この自由主義自身が、実は、矛盾をはらんだ考え方であり、自らを袋小路に追い詰めているのである。[20]

2　人間中心主義（ヒューマニズム）という名の宗教

自由主義の栄光

自由主義は、因習に縛られない自由で合理的な科学技術を生み出した。そして二一世紀の時代は生物科学の時代だ。この科学は、生物体としての自らの限界を打ち破るために生物工学、サイボーグ工学、非有機的生命工学に向かっている。iPS細胞を使った再生医療や人工知能（AI）などすでに今日の日本でも最新の話題となっている。これらの生命操作技術はわれわれの人生をより充実して意味あるものにするのだ。これが誇り高き人間至上主義の主張である。ところが、この主張の線上でまさに矛盾が飛び出すことになる。なぜなら現代脳科学は極論すれば「人生に意味などない」、こう告げるからなのだ。

興味深い事例を挙げてみよう。われわれが人生に意味を見出していた、と思わせていたのは単に脳がつくり上げた「物語る自己」のゆえであった、というのだ。それも左脳にこの機能が強いようだ。Ｍ・Ｓ・ガザニガらの脳科学者のチームの実験結果が有名だ。それによると、左右両半球をつなぐ神経が断たれた患者の場合に「脳の左半球は言語能力の座であるばかりでなく、内なる解釈者の座でもあり、この解釈者が絶えず人生の意味を理解しようとし、部分的な手掛かりを使ってまことしやかに物語を考え出すのだと結論した」[21]ということだ。

もちろん健常者の場合は右半球の音楽的・絵画的機能がこれを補い、左右両半球が統合された解釈者となって自己を物語る。もう少し正確に言うとこうだ。脳そのものが解釈者というよりも、脳の働きから意識（心）が創発して「自己」というものが形成され世界を解釈する。これは心脳問題と呼ばれているものだ。この心脳問題は今日の最大の難問であるが、メカニズムはほとんど分かっていない（後にこれについて筆者の考えを明らかにする）。

いずれにせよ、脳は生理的物質であり身体の一部である。それにもかかわらず現代脳科学では、これを主としてコンピュータとの類比で理解している。コンピュータは動物生命体としての身体をもたない。筆者はこの脳科学の風潮に反対の立場なのだが、今日の主流派はそのように考えている。脳から意識が生じるメカニズムは難解だ、だからブラックボックスとして手を付けない。そうなると、脳というコンピュータは外部からのプログラムと操作によって動いているとされるので、したがって精神（心）の特徴である意思の自由もない、と短絡させる。

自分が自分の意思で自由に選択したと思っていたことも、外部環境によって決定されていたことを「自分の意思で選択した」と脳がまことしやかな物語を考え出すのだ、と。こうなると自由主義も人間至上主義もどちらも虚構だ。意思の自由も人生の意味も存在しないということになるわけだ。

この種の還元主義は、最終的には遺伝子レベルのアルゴリズムにまで還元する。こうして生物体をアルゴリズムと見なしたときに、すべてをシリコンのアルゴリズム（すなわちＡＩ）に置き換えていくことになる。[22]

ＡＩがやっていることと言えば、結局はデータ処理である。だから第二の認知革命によってホモ・デウスは新しい段階に達する。[23] 現代のＡＩ研究は二つのことが際立っている。一つは、生物はアルゴリズムであり、もう一つは、生命はデータ処理であるというものだ。アルゴリズムとは「計算し問題を解決し決定に至るまで利用できる一連の秩序だったステップのこと」と定義されている。[24] データとはビッグ・データの名で今日におなじみのものだ。つまるところ、生物とは精密なコンピュータと同じということだ。

もちろんここで、再度、素朴な疑問が提起されるだろう。人間には他の動物と異なる心があるではないか。そして心が意思の自由を生み出しているのではないか。しかし唯物論的なＡＩ研究は心など存在しないという、徹底した還元主義の立場に立っている。

人間が自らを神のようにアップグレードする基準は、人間そのものである。つまり、先述したように、人間至上主義であり、この主義が唯一の宗教ないしはイデオロギーとなる。この現代人のイデオロギーは自由主義と呼ばれた。ところがこのようにして神性の獲得を目指すホモ・サピエンスは意味ある人間としては終焉を迎えざるをえない。「生命科学は自由主義を切り崩し、自由な個人というのは生化学的アルゴリズムの集合によってでっち上げられた虚構の物語にすぎないと主張する」[25]。誇り高き人間至上主義の主張は、この主張の線上でまさに大きな矛盾を抱えたことになる。

もう一度この種の物語を整理してみよう。およそ以下のようなものだ。

まず、現代の自由主義が個人主義を奉じていられる理由を単純化してみる[26]。

1．私は分割不能の個人である。つまり私には、さまざまな部分やサブシステムに分割できない単一の本質がある。たしかにこの内なる核は幾重にも外層に包まれている。だが、もし努力してこれらの外殻を剥ぎ取れば、自分の奥深くに明瞭な単一の内なる声を見つけることができ、それが私の本物の自己だ。

2．私の本物の自己は完全に自由である。分割不能性と本質、これら二つの前提から、私は自分自身に関して他人に発見しえないものがあることを知りうる。なぜなら、私だけが自分の内なる自由空間に到達することができ、私だけが自分の本物の自己のささやきを聞くことができるからだ。「われ思うゆえにわれあり」（デカルト）と。

3．だから近代の自由主義は個人にこれほどの権威を与える。私は自分のために他人を信頼して選択をしてもらうことはできない。私が本当は何者なのか、どう感じるか、何を望んでいるか、これらを、他人は誰一人知りえないからだ。だからこそ、有権者（としての私）がいちばんよく知っており、顧客（としての私）はつねに正しく、美は見る人（私）の目の中にあるのだ。

こうして人間至上主義という宗教が出現したというわけだ。まさに現代先進国に行きわたったものの考え方、捉え方である。

生命科学の挑戦

ところが、現代の生命科学はこれら三つの命題すべてに異議を唱える。つまり生命科学によれば、以下のようになる。[27]

1. 生き物はアルゴリズムであり、人間は分割不能の個人ではなく、分割可能な存在である。つまり、人間は多くの異なるアルゴリズムの集合で、単一の内なる声や単一の自己などというものはない。

2. 人間を構成しているアルゴリズムはみな、自由ではない。それらは遺伝子と環境圧によって形づくられ、決定論的に、あるいはランダムに決定を下すが、自由に決定を下すことはない。

3. したがって、外部のアルゴリズムは理論上、私が自分を知りうるよりもはるかによく私を知りうる。アルゴリズムは、私の体と脳を構成するシステムの一つひとつをモニターしていれば、私が何者なのか、どう感じているか、何を望んでいるか、これらを正確に知りうる。そのようなアルゴリズムは、いったん開発されれば、有権者や顧客や見る人に取って代わることができる。そうすれば、そのアルゴリズムがいちばんよく知っており、そのアルゴリズムがつねに正しく、美はそのアルゴリズムの計算の中にあることになる。

　こうして誇り高きホモ・サピエンスの築いてきたもの、民主主義や芸術ひいては創造的な科学や技術といった人間的な営みは終焉し、すべてはアルゴリズムの自動機械に帰着する。個人の価値は著しくおとしめられると同時に、外部のアルゴリズムすなわちシステムの価値が高くなる。特に経済と政治のシステムの上に立つ一部の人間の役割が高まる。「彼らは人口の大半ではなくアップグレードされた個人という新たなエリート層を構成することになる」[28]。エリートも個人だから知能も意識もある。彼らにとって知能と意識のどちらが重要なのか。「少なくとも軍と企業（のエリート）にとっては、答は単純明快で、知能は必須だが意識はオプションにすぎない」[29]。

　本書の最後でハラリは次のような疑問を出している。「意識は持たないもののそれ自身高度な知識を備えたアルゴリズムが、私たちが自分自身を知るよりもよく私たちのことを知るようになったとき、社会や政治や日常生活はどうなるのか？」[30]。一部エリートが大衆の脳に知らずのうちにチップスを植え込んだり、他の操作技術を自由に操れる時代や国が出現したらどうなるのか。答えはこういうことだ。このアルゴリズムを操れる一部のエリート集団が、それ以外の人々を奴隷のように酷使する社会になるであろう、と。つまり超近代は古代奴隷制社会に戻るのだ！

　人類がこちらの可能性に引っ張られることも可能である。しかし、本章の目的は、このような悪夢のような現代人の物語に「ノー（否）」を突きつけることである。

　飢餓、疫病はどうにか克服できると言えたとしても、戦争の恐怖はいまだ去っていないし、これからも去らないであろう。核兵器廃絶の人々の声をよそに、戦術核、つまり小型化した使える核の開発を一部エリートは始めたのである。どこまでも邪悪な人間性は権力支配の誘惑からいまだ逃れられない。今後も無理であろう。この点の認識は、ハラリの楽天主義と筆者とは大いに異なっている。それゆえに人間的な文化や平和的な文明を築くためには、科学技術を自滅の道具にしないで、人間が人間としての基本的なモラルと相互信頼を取り戻すこと、そのためになすべき道筋を共に探るということを提案したい。そのためにも本書を書いている。

まず著者ハラリ自身が、心と心の流れを構成している主観的な意識の方が知能（計算能力等）より勝るとしている、そのことに注意したい。なぜ彼がそう考えるのか、理由はよく分からない。そしてハラリは、主観的意識的経験はAIやロボットにはないということを認める。[31] そして主観的な心の働きが脳神経ネットワーク以上のものであることも認める。

科学者は、脳の電気的信号の集まりがどうやって主観的経験を生み出すのかを知らない。それ以上に重要なのだが、そのような現象にはどのような進化上の利点がありうるのかも、科学者は知らない。それは生命についての私たちの理解にとって、最大の泣き所だ。[32]

主観的意識がどうやって現実に出てくるのか。これを循環論法以外の方法でハラリは説明できていない。[33] さらにこの主観的経験の上に政治や倫理の体系があること、そのことも説明できていない。例えば拷問や強姦が悪いことである、と認めるのだがその理由はよく分からない。[34]

以下で筆者の立場から、このハラリの提起している未解決のテーマすなわち主観的意識と心脳問題に挑むことにしよう。大きな枠組みでは身体性（脳）と精神性（心）の関係である。

順序立てて論じていこう。

生き物は本当にアルゴリズムにすぎないのか？　そして、生命は本当にデータ処理にすぎないのか？[35]

まず還元主義の誤りについて。特に五頁の「脳の左半球は言語能力の座であるばかりでなく、内なる解釈者の座でもあり、この解釈者が絶えず人生の意味を理解しようとし、部分的な手掛かりを使ってまことしやかに物語を考え出すのだと結論した」という表現が問題である。ハラリはこの表現を「単一の自由なる自己」は存在しない、と主張する人々が出してくる物言いの説明に使っている。しかし、まず第一に、この主張は、健常者の場合に左脳は右脳とも脳幹で交差して脳全体の働きの一部にすぎないこと、さらには脳全体が絶えず「世界と交流している身体の神経ネットワーク全体」とつながっていること、これらを無視した還元主義なのだ。脳神経科学の専門家ウォルター・J・フリーマンはまったく異なる見解を出している。「神経集団の相互作用が、各半球が分かち合う大域的な振幅変調パターンを作り出す。……二つの半球に存在するモジュールの全集団は脳幹、脳梁、および半球間の交連線維を介して協調している」[36]、と。

のちにこのフリーマン理論の内容について詳しく説明する。また、個人とは他者や世界とつながっていてこそ、初めて「個人」であることも説明する。

次に、還元主義はまったくの誤りだということである。人間は自由意思をもつ。人間の脳はアルゴリズムではなく、生物学的な多数のニューロンによって構成された複雑系である。脳があまりに複雑だからと、それをブラックボックスと見なしてインプットとアウトプットだけを問題にする、これがＡＩ（人工知能）の発想である。しかしこの発想は誤っている。

脳は身体の一部である。多数のニューロンが手足の指先まで行きわたってたえず外界と刺激をやり取りして脳とコミュニケーションしている。脳神経系は身体そのものである。そして脳から心（意識）が創発してくるメカニズムもきわめて複雑な様相を呈している。どの段階でも単純に要素に還元してはだめなのだ。その道筋は、たとえ素人であっても以下のような説明で十分に理解できる。

３　ＡＩから心脳問題へ

まず複雑系について、本書を手にする人々にはやや不案内な事柄と思われるので、その簡単な説明から入ろう。

複雑系の概説

人間と社会に関わることは、科学という学問分野の方法論を超えて哲学と交渉をもつようになる。その詳細な議論は第3章に譲ることにして、ここでは科学の方法論に限定して考える。

生物が担う遺伝情報にしろ、ＩＴ革命でいう情報にしろ、ＡＩにしろ、人間の脳神経系にしろ、今日、哲学との関係で問題になっていることは、全体的なシステムのあり方である。今日、政治も経済もシステムと化してしまったことも見てきた。そのシステムと、人格の交わりとして存在している生活世界との関係を解きほぐしていきたいのである。

これまで科学の方法は全体を見るというよりも、分析的に見る、つまり部分々々に分けていくという発想が主流であった。どんどん細かく分解して要素に還元していくやり方である。しかし生物が対象の場合に明らかなように、このやり方では限界がある。生物体を細かくバラバラに分けてしまえば、当たり前であるが、もう生物ではなくなってしまう。「生物はアルゴリズムである」などという主張はあまりに粗雑な仮定的な発想だ。要素還元主義の典型である。部分々々に分けるのではなく、全体的にものを見る見方、それが重要だ、との認識が科学の内部から出てきている。われわれはこのような科学の見方を重視したい。

要素に還元してしまうと見えるべきものが見えなくなる。つまり要素還元主義に対して、全体論的（ホーリスティック）なものの見方の重要性である。複雑系の科学の台頭はまさにそのことを強調する。二〇世紀初頭の相対性理論や量子力学以上に科学の見方の概念を変えた、それを認識してほしい。今や複雑系の科学の発想は自然科学のみならず、社会学、経済学、環境学さらには総合的な人間学にも応用されてきている。(37) 本章の目的はそれを、人間の心脳問題にも応用することである。

複雑系、その中の特に「創発」（emergence）の基本のアイデアは、物理学における相転移ないしはもっ

図 2-1　3 次元ローレンツ・カオスのストレンジ・アトラクター図

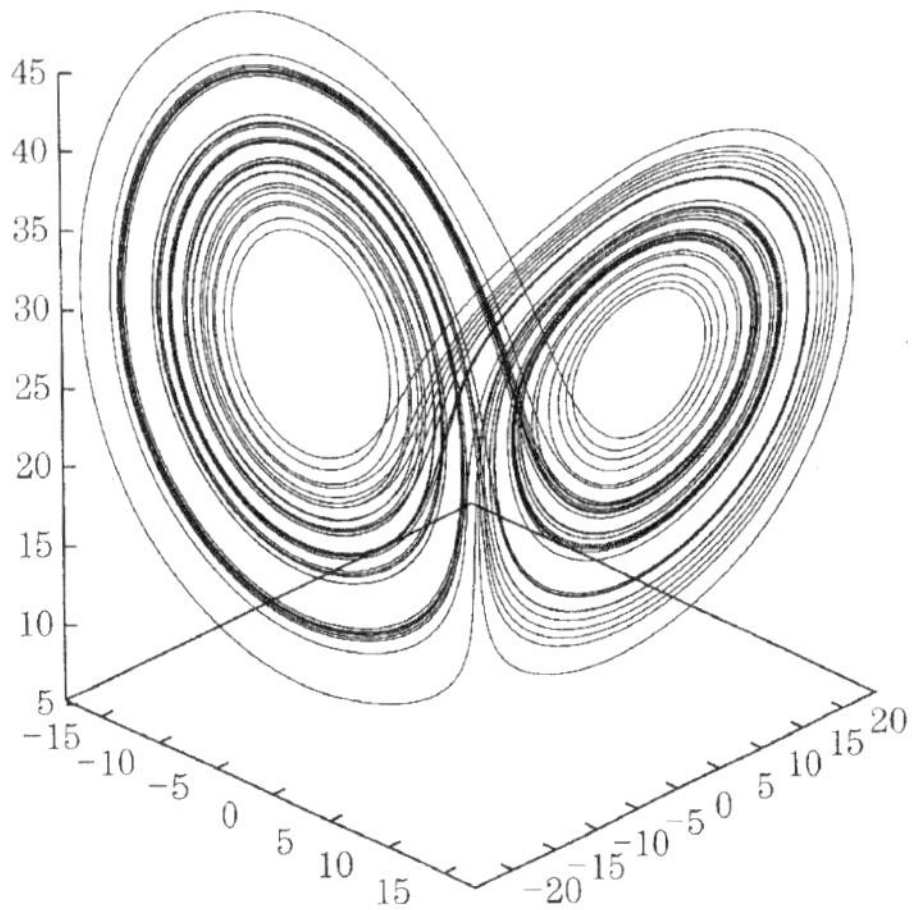

出所：　『岩波講座　科学／技術と人間 4』岩波書店、1999 年、190 頁。

と一般的に新しい階層（意味のレベル）の出現である。

筆者が「還元主義の否定」と並んで、複雑系の科学に注目するもう一つの理由は、「初期条件によってその後の解がすべて決定される」といった類の決定論とは正反対に、非線形性のゆえに解が予測不可能になること、それにもかかわらず、全体として見ればある〝ゆるい秩序〟が出てくることである。これは例えば、三次元カオスの位相空間に出てくるローレンツ・アトラクターのような図形に見られる、蝶のような形をした〝秩序〟の出現を意味している（図2―1参照）。これがあとで見るウォルター・J・フリーマンの「脳と心」の理論を理解するときに大切な意味をもつ。

秩序形成を行うシステムに擬人化された

表現であっても、〝自由意思〟を見ることはそれほど不合理ではないであろう。そして、このような自生的秩序は別の見方をすれば当該システムがある〝目的〟を指し示す、とも言える。つまり複雑系とは、隠喩的（メタフォリカル）にある目的因を含んでいるシステムである、いや含まざるをえないシステムである。

機械的決定論といった思考の経路は、確かに西欧近代社会が歴史的にたどった道であったが、実は、近年の複雑系の科学の出現により、もう少し注意深い考察を要することとなった。なぜなら、例えばカオス力学系では、初期条件に鋭敏に反応し、しかもその後の振る舞いは初期条件で与えた情報が急速に失われることが分かってきたからだ。もっとも、カオスにおける情報の生成と損失は、カオスの何に着目しているかによっている。初期条件のような情報に着目し、軌道を追いかけていくと（ラグランジュ的観測）、確かに情報損失が起きている。それに対して、位相空間の任意の場所で区別できる軌道の増えだかを観測すれば（オイラー的観測）、情報生成が起こっているということができる。[38] 実はこの後者の見方が後に見るように脳カオス理論で重要な意味をもつ。[39] つまり類比的に表現すれば「下から見れば神経生理学という科学言語の記述、上から見ると自然言語的な意味の伝達であるような構造は脳カオス理論によって達成されている」と考えられる。なぜなら「心脳問題」の場合、後述するようにカオス・アトラクターの軌道の形が意味そのものだからである。「情報」から「意味」へのスムーズな転換である。ここで科学言語と日常言語が「創発」の概念を通して入り組んで使用される。世界１から世界２への界面的な創発の現象と表現してよい（後述）。

いずれにせよカオス力学系では、最終的には結果が予測できない。ここで設計者の意図は消えてしまうように見える。だから、初期条件の喪失と同時に目的因が排除されたのか、というと、そうではない。実はもっと明白な形で目的因が入ってきたのであり、それは力学系の外から与えられるコントロール・パラメーターという形においてである。[40] コントロール・パラメーターというのはいわゆる境界条件とは異なる。境界条件もシステムの外からの与件ではあるが、単純系ではシステムの解は予測可能である。しかしコントロール・パラメーターはカオスを引き起こす与件ではあってもシステムの解は予測できないからである。

このレベルにおいては下からの予測不可能性に対し、たえずコントロール・パラメーターによる上からの統制（意思、志向性）が働いている。このシステムの特性は、複雑系としての人間の心にあてはめた場合、人間が単なる物質に接する「物理的態度」から、機械、生物に関わる「デザイン的態度」、さらにその上に人間の予測不可能性をはらんだ「志向的態度」への階程を説明する。「志向的態度」は下から見れば人間の自由意思、上から見ればスピリチュアルな世界からの神の導き、と表現するフリーマンのような脳科学者すら出てきている。[41] これは唐突な考え方ではない、そのことを明らかにしていこう。

フリーマンにおける脳と心の関係

以下、このような立場からわれわれが示したいのは、実際に、人間の脳と心の関係、人間の自由意思にカオス・ダイナミックスが重要な役割を果たしていると告げる、近年の脳科学研究および哲学理論の最先端である。

今日の心脳問題の中心テーマはこういうことである。脳とは神経細胞（ニューロン）の数百億から一〇〇〇億にわたるネットワークの塊である。脳は生理的物質であり神経ネットワークを通じて体の隅々の全体とつながっているが、そこから非物質的な心がどう創発するのであろうか。二一世紀科学の最大の問題の一つである。

もし「生物はアルゴリズムにすぎない」といった決定論的因果論を適用すれば、人間に自由意思はない。心脳問題の場面においては脳という生理的物質が遺伝的、環境的にすべてを決定していて人間の心（意識）の側に自由意思などないということになる。自由に決定しているように見えて実は条件づけられたものでしかない、と。自然選択に基づく機械的進化論はほとんどこの立場である。しかし、「決定論的因果論」が問題なのである。

ウォルター・J・フリーマンの「脳と心」の理論の最も重要な点は、まず何よりも、脳が心に影響するだけでなく心が脳に影響することが説明できることだ。これは、ある意味で、複雑系の特徴でボトムアップとトップダウンが相互作用として同時に入ってくることによる。従来の脳科学の範囲では脳は心に影響しても心は脳に影響できない。薬が脳に影響してそれによって人間の心（意識活動）が影響を受けることは抗鬱剤その他で（シナプス間の神経伝達物資に影響を与える等々）日常に誰もが経験している。しかし心という無形のものが、今度は脳という生理的物質（少数および多数のニューロン）にどう影響するというのであろうか。言うまでもなく、例えば日常生活で、われわれは「腕を上に上げよう」と意図すれば、腕を上に上げることができている事実がある。しかしこれを科学的に説明できない。

以下に説明していくように、鍵は志向性という概念にある。動物は世界に突き出した身体を志向性として働かせている。要約的に表現すればこうだ。外に突き出た感覚受容器のミクロ・レベルの数本のニューロンではなく数万本からなるメゾ・レベルのニューロン集団運動がカオスをつくり（これが増幅してやがて意識、心と理解されている）、それが逆にミクロのニューロンの各要素（脳）に影響するし、その逆も然りということである。これがフリーマン理論である。(42)

まずフリーマンは哲学と心理学からの理論的枠組みを三つかかげている。

① 唯物論：いわゆる物質一元論のこと。分子、遺伝子、酵素のような原子からできている化学物質が、脳と身体の働きを物理的に媒介する。脳は物質とエネルギーを操作することによって情報を処理する。今日の脳のＡＩモデルも物質一元論に他ならない。

しかし、「外界刺激→生体の応答」というきわめて単純な現象ですら、一元論的決定論では、例えば痛みを予想して注意することはできない。外敵から自らを守る行為はすべての動物に共通したことであろう。では、危険や痛みという刺激が身体に入る前に痛みに対処できるのはなぜか。それは記憶を通して注意することである。つまり「このような場面は何を意味しているか」を意識が記憶を通してこの場面の危険性を察知して、痛み刺激が入ってくる前に決定するからである。そして意識が特定の記憶を探し出して働かせ得るのは意識が場面ごとの意味を区別できるからである。これだけの事実を挙げただけで、一方通行の機械的唯物論は破たんしていることが明らかである。「意識が場面ごとの意味を区別できるのはなぜか」という問いにはもう少しあとで答える。

②　認知主義：　心はエネルギーと物質からできているのではなく、シンボルやイメージを構成する表象の集合であると考える。いわゆる二元論のこと。プラトンはイデアの世界を考え、デカルトは思惟の優越性を主張し、カントは直観の理想的な形式は世界ではなく、心が生得的に有する能力であると主張した。心を表現する心理学的用語と脳を表現する神経生理学的用語は、前者は自然言語、後者は科学言語という具合に、どこまでも二元的な平行線である。いわば「心」の言語と「物」の言語、唯心論（idealism＝観念論）と唯物論（materialism）が並行して交わらない。フッサール以後の志向性の議論でさえも「～についての意識」という対象との関係で心理学的にしか定義されていない。これらはすべて二元論である。この「～についての意識」という志向性モデルでは、特定の対象をもたない意識が主導権を取って、あれこれ試行錯誤したり無意識が作動したりすることはない。

③　プラグマティズム：　これに対してフリーマンは自分の理論に第三の立場としてプラグマティズムという用語を使う。これは一方通行ではなく双方向が可能なモデルでしかも心（意識も無意識も）が主導権を取りうる。

フリーマン理論によれば三つの要素が重要である。複雑系のカオス、カオス・アトラクター、そ

図 2-2　マクリーンの三位一体脳

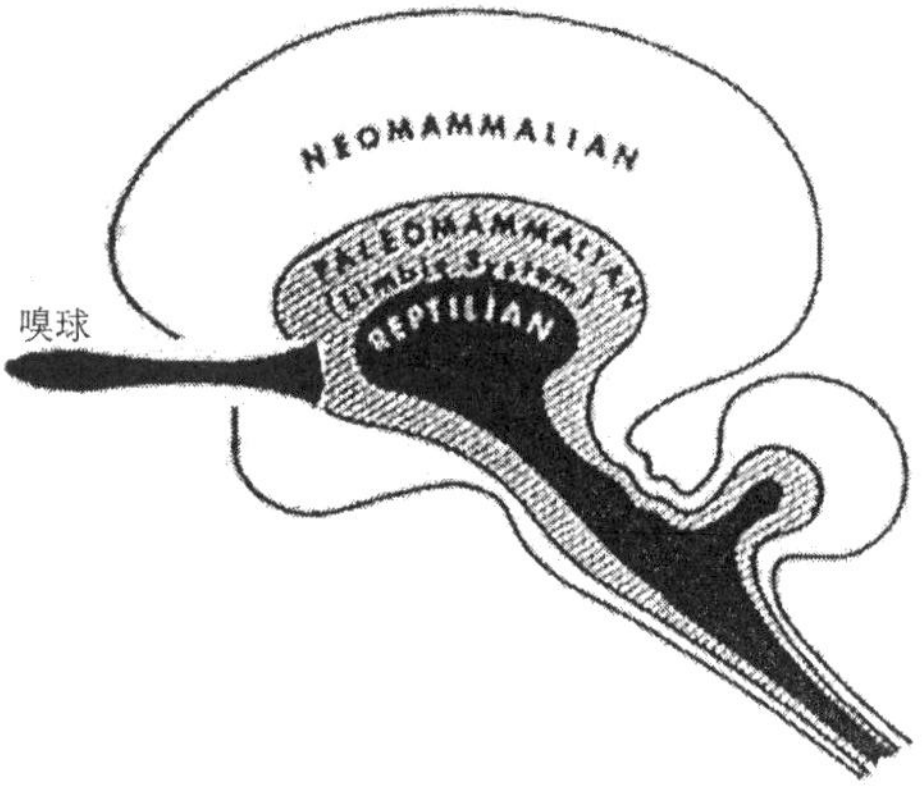

出所：　浅野孝雄注（21）48 頁。

れに志向性という三つの概念である。カオスやアトラクターは物理的発想であるが志向性は生物現象である。これらの三つの概念が複雑に絡みあって脳から意識（心）が創発するのである。

まず、生理的な脳内のニューロン集団に「意味」を担うさまざまな無数のカオス的アトラクターが形成されこれが意識（＝心）と解釈される。どういうことであろうか。

つまり、カオス的アトラクターの出し入れする「情報」（科学言語）が心理学用語で表現すると「意味」なのである。[43]「意識が意味を区別できるのはなぜか」という問いはカオス的アトラクター（＝意識）の形が意味そのものだからである。

フリーマンはウサギ、ラット、猫などの小哺乳動物の嗅覚を使った実験で、その脳波内にカオスが生じることを実験的に確かめた。[44]これら

図 2-3　嗅球システム内の構造

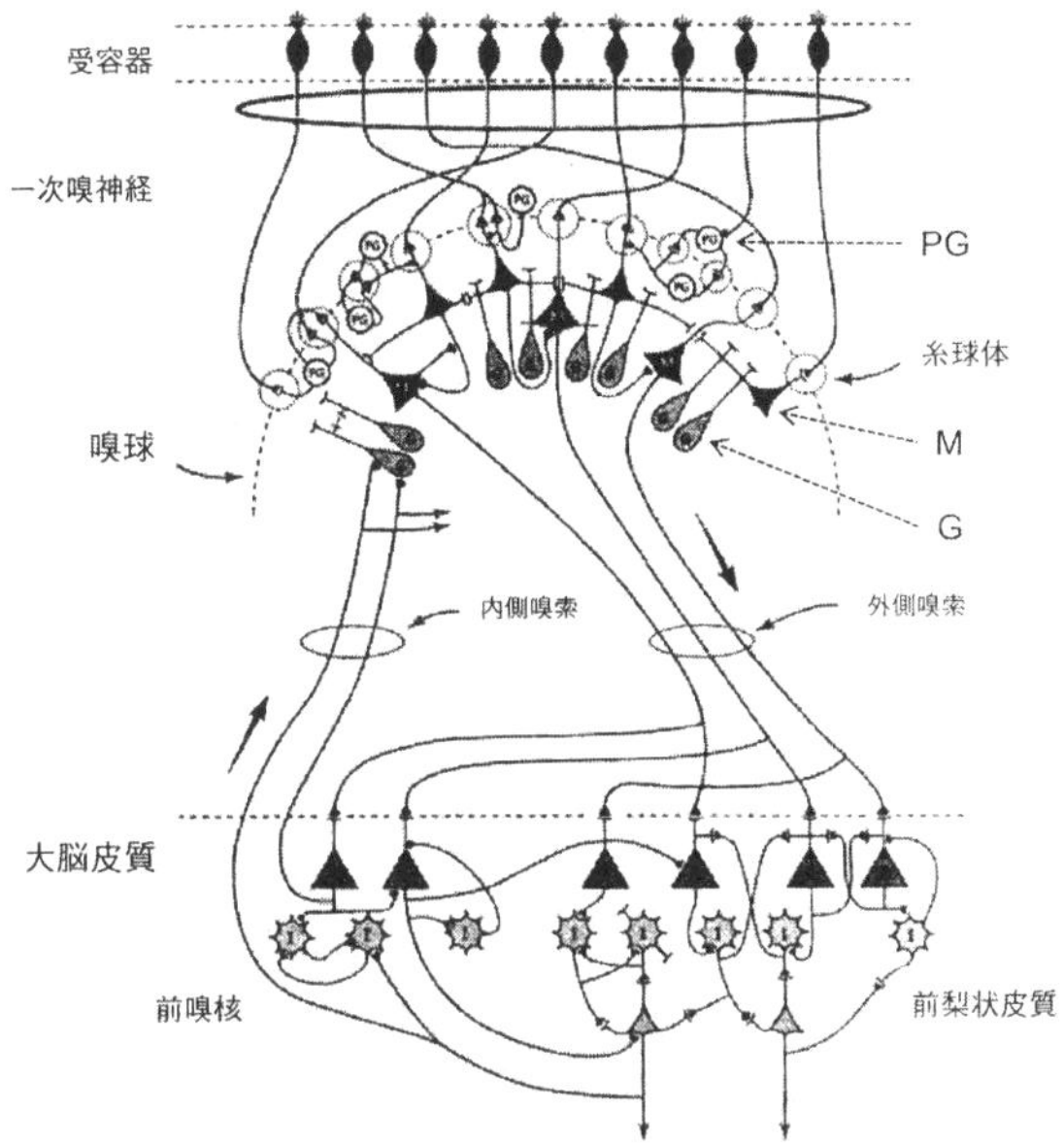

出所：　フリーマン注（36）88 頁。

は技術的にも困難な実験であったが大きな発見であった[45]。まず「三位一体脳」と言われている図を見てほしい（図2―2）。脳幹（視床・中脳・延髄）および小脳は、身体機能の維持に直接関わる最も古い脳の領域であるので「爬虫類脳」と呼ばれる（黒い部分）。哺乳類においてはそれをおおう形で旧哺乳類脳（斜線部分）と新哺乳類脳（白い部分）が新たに発達した[46]。旧哺乳類脳は視床下部（体温維持、内分泌機能・自律神経系・生殖機能維持）と大脳辺縁系からなり、辺縁系は爬虫類脳と新哺乳類脳の間にあって、それらをつなぐ役割を果たしている。新哺乳類脳はヒトの場合に広大な大脳皮質を有している。ちなみに恐怖、怒りなどの情動は爬虫類脳に、愛や思いやりなどは新哺乳類脳に深く依拠しているという研究がある。[47]

ここで、嗅覚の中で外に「突き出した」嗅球は大きな役割を果たしているのだが、フリーマンの得たイメージはどういうものだったか。

このイメージは、感覚から知覚への移行に関して神経生物学者や認知主義者が一般的に抱いていたもののときわめて異なっています。彼らは匂い物質からの情報は、嗅球の一握りのニューロンに集中していると考えています。……（しかし）それには、この活動を脳に伝達する少数のニューロンのみならず、その周辺のはるかに多数のニューロンが共に関与しているのです。[48]

このようにして嗅球から出たり再び嗅球〈に向かって〉入ったりする結果、「一握りのニューロン」ではなく「多数のニューロン」が関係して、振幅変調パターンとしての多くの脳波の形が観測された（図2－3に簡略化された構造内での現象）。

この〈～に向かって〉という動物の生命特有の「志向性」[49]という性質が重要だ。これがニューロンの多数の塊のレベルで起こっている。「志向性」は辺縁系から発出するとされている。こうしてできた脳波のパターンを図示して分析した後に、カオスの生じる理由を結論づける。

背景に存在するカオス的アトラクターは、嗅球単独ではなく、嗅覚システム全体が有する特性です。そのミクロスコピックな要素（ニューロン）とメゾスコピックなモジュール（嗅球、前嗅核、前梨状皮質）はある状況においてはカオス的活動を示しますが、それぞれ単独の状態においてそれを生じることはありません。すなわち、各モジュールは点アトラクターと、特有な周波数を有するリミットサイクル・アトラクターのみを有しています。これら三つの異なるモジュールのカップリングから、カオス的活動が生じるのです。これらから三つの異なる周波数を生じるので、システムはそのどれか一つに落ち着くことができません。(50)

この三つのメゾスコピックなモジュールのカップリングの示す「落ち着くことができない」カオス的活動を「神経的三角関係」と呼ぶ。まさに男女の三人が同居して互いにつかず離れずの落ち着かない「三角関係」に入り込んでしまった状況にたとえている（neural ménage à trois）。この嗅覚でのカオス的アトラクターの独自の形（物理科学言語）が、主体的自己によって独自の「匂い」という意味（心理学的言語）として受け取られるのである。感覚はこのようにして生じる。ここで注意すべきはカオスが生じている空間は、ニューロンがある三次元の生理・物理的空間ではなく別の一種の情報空間だということである。

ここまでの説明は実験結果の説明だ。

心の理論へ

そこで、次にフリーマンはこの考え方を、小動物の嗅覚のみならず他の知覚のメカニズムと、ひいては脳全体の主要機能として拡張するような大きな仮説を導入したのである。[51] したがってここからは科学実験を基にしつつ、帰納的に理論を組み立てていく作業である。ただ現象が複雑すぎて、将来的にも科学実験によってはどうしてもある部分的検証しかできない。したがってフリーマンのもっている哲学が強く影響せざるをえない。

一方で、実験で確認された脳のニューラル・ネットワークから創発するカオスと、そのカオス的遍歴がある。他方でそのカオス的遍歴が情報（意味）を出し入れしているのが「意識」だ、という具合に解釈される。意識を担っているのは本人だが、解釈しているのは実験をして理論を立てている研究者だ（ここにもすでに研究者の志向性があるのだが）。このカオスはニューラル・ネットワーク間のフィードバック（出たり入ったり）から生じているので双方向となり、上から下へと下から上が同時に進行している。単純な因果関係ではなく双方向のループをなしている。これを「志向性の弧」と呼んでいる（モーリス・メルロ＝ポンティの用語を借りている）。「志向性の弧」を一回転するのにヒトと動物の反応時間の計測によると四分の一〜四分の三秒かかるとされている。これは単純動作で刺激と学習された行動との発現の時間であり、これを単純な学習を必要としない痛み（報酬刺激）から応答までの反応時間（一〇分の一秒以下）と比べるとかなり長い。[52]

人間の場合も、知覚は注意と期待の構えから開始する能動的プロセスである。この志向性においい

図 2-4　生理・物理的空間（左）と意識空間（右）

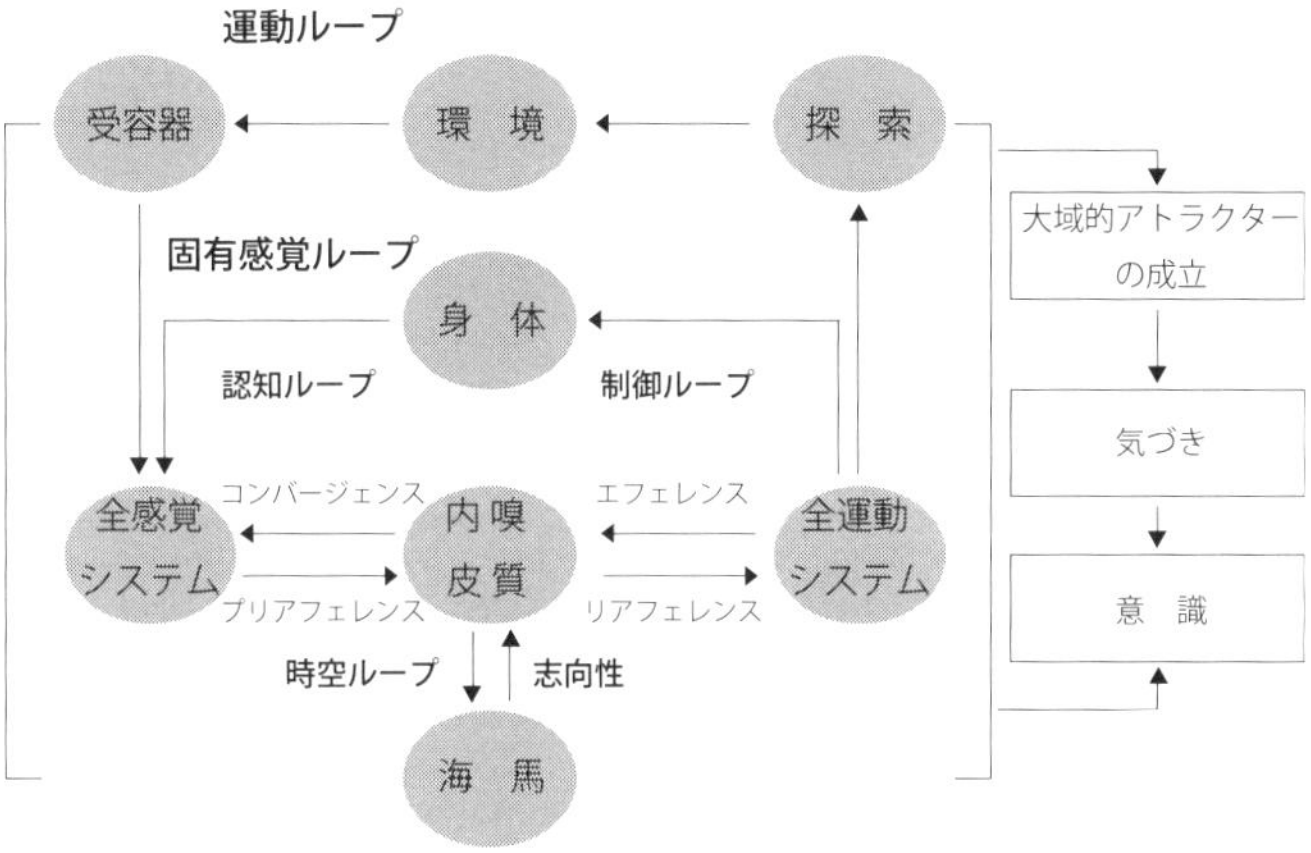

出所：　フリーマン注（36）131 頁と注（51）「創発」16 頁を基に作成。

て中心的な役割を果たすのは、前述したように視床下部や前頭葉ではなくて旧哺乳類脳の辺縁系である[53]。こうした、辺縁系における志向性のダイナミックスから開始され、脳内に生じるカオス・アトラクターが増幅して、次々と大局的アトラクターのカオス的遍歴を多数生む。これがすでに身につけている言語機能や記憶機能と結びついて意識（＝心）となる、というのがフリーマンの理論である。ここで再度、強調するが、「脳内に生じるカオス・アトラクター」といっても、それは脳のニューロンが属している三次元の生理・物理的空間に生じているのではなく、カオスやカオス・アトラクターが生じている空間は別の多次元情報空間であり、意識空間とでも名づけるべき空間である（図2－4）。

確かに興味深い首尾一貫した説明ではある。しかしまだ、人間のみに特有な宗教意識は説明されていない。そこで注意すべきことがある。フリーマンは、哲学的にはフッサールやハイデガー的な志向性を評価しつつもその不十分性を指摘したのであったが、いずれにせよいまだ全体として「世界内存在」という段階にとどまっていた。しかし、もともとフリーマンは、一三世紀の神学者トマス・アクィナスの志向性の理論から大きく刺激されこれを使用しているのである。

そして、トマスの場合には言うまでもなく、世界外の神から与えられた魂と身体（imago Dei＝神の像）の議論であった。超越即内在と言えるだろう。トマスは人間自己の能動的知性（active intellect）[54]を意思（善悪の選択）と志向（生命体の力を発揮させるメカニズム）とに分けた。知覚とは能動的プロセスであってプラトンやアリストテレスにおけるような形相の受動的受容ではなかった。身体は外部からの刺激を吸収するのではなく、脳内部から発出した志向が外部に引き起した結果として生じる刺激の形に似せて、自らの形を変えていくのである。自己組織化（self-organization）という言葉こそがこのような見方に適切な用語である。これに人間自己に特有な言語機能、記憶機能が作用し意思的な「善悪の選択」もなされる。ただしここで外部と内部の交流はすでに存在している。「脳を直線的因果性に埋没したものとして見ることが、自由意思の否定につながる」。この見方を断ち切れば「自由意思と決定論的因果論の二律背反」もここで解消する。[55]このような仮説的な理論によって人間の心の正体と「自由意思」は科学的に納得のいくところまで了解された。

しかし、フリーマンの場合、「われわれの志向的行動は連続的に世界に向かって流れ出し、世界と、それに対するわれわれの身体の関係を変化させます。このダイナミックなシステムが、われわれ一人一人の自己（the self）なのです」[56]というところにとどまる。そこで最終ページで彼が以下のように結んでいることを受けて、われわれとしては宗教意識まで説明可能な第四のモデルを主張していこう。

しかし、自己はそれ自体をどのように知覚するのでしょうか？　そこには、志向性の統一性の内で相互に結び付けられた経験の想起以上のなにがあるのでしょうか？　「自己への気づき」は、意識のそれとは異なるレベルの組織化を意味しています。[57]

「自己への気づき」ないしは自己意識、これは「異なるレベルの組織化」としていまだフリーマンにも謎であり科学的および哲学的探究では未解決に終わっている。われわれは「経験の想起以上のなにがあるのか」、という疑問に答えたい。自己意識ないしは「私」意識とは何か。これは科学的方法論をもっては答えられない、純粋に哲学的問いになる。

「私」とは何か。人間のみがこの問いを問う。動物はふつう集団生活をしている中で、種としての「われわれ」意識はあっても「私」意識はないという。人間のみに他の動物と違って、一人称単数の「私」という個人の意識が存在する。「私」はもちろん志向性としては母体内の胎児にもあるであろうが、意識としては成長のある段階で現れる意識であり、父母、友人、仲間関係さらには文化と歴史の中に現れる。この「歴史的存在としての個別的自己」が「私」である。

「私」とは、他者とは異なる一人称単数の各自の自己に固有の内面のあり方である。この点において哲学と心理学の「私」の扱いは異なる。前者は哲学者自身が内面的な心の動きを凝視する姿勢を捨てないが、後者は「心理」を客観的・外面的に観察し、実験しようとする。そして哲学と心理学の中間にあるのが精神医学である。精神医学者のカール・ヤスパースの課題は、他人である患者の意識内にある「精神現象」を正確に言語で分節して固定して記述することであった。ただ心理学と違って、患者の意識を記述するために「患者と親しく話を交わすこと」によって、その様子を「自分の心にはっきりと思い浮かべようとする」。ここで患者との間に成立している「親密なわれわれ」という、一人称複数への「私的内面の個人を超えた拡大」が行われるのだが、ただ彼の場合、これを概念化する段階で「学問」の名の下に私的内面的性格を取り払ってしまっている、と木村敏は言う。「学問」的態度ないしは科学的態度の限界と言うべきであろう。日常生活世界においては、「私」は「われわれ」への共感とコミュニケーションの力を最大限に伸ばして親密圏の形成に努める他はないであろう。このような人への人格尊重の訓練が公共圏での「異質な他者」との真摯な対話的態度を生み出していく。

「自己意識」の中でも、特に宗教意識の元になるスピリチュアルな意味がどうして入るのか、もう少し科学哲学と心理学的説明が必要である。そこで、フリーマンの三番目のプラグマティムズのモデルの次に四つ目のモデルを導入しよう。複雑系からさらにシステムの外部性を強調するポスト複雑系へとステップを踏み出す。

唯物論即唯心論としての創発的解釈学

まずその前に、自己が実在する（リアルである）という哲学的自己認識が、世界が実在するという哲学的問題と深くつながっていることに注意したい。人間は自己の内と同時に外にいるかのように考えられる。私は私の顔を目で見ることは鏡でも使わない限りできないが、私は自分の鼻ならばなんとか見ることができる。[59] つまり、経験的に私の自己意識がリアルであることは世界がリアルであることと呼応している。世界のリアリティ（実在性）について、例えば『世界はなぜ「ある」のか？』という本の著者ジム・ホルトは冒頭でこんなジョークとも真面目な哲学的問いともつかないような〝証明〟を挙げている。

たとえば、何もないとしよう。すると、法律もないことになる。なぜなら、結局のところ法律も何かだからだ。法律がなければ、何もかもが許される。何もかもが許されるならば、禁じられることは何もない。つまり無は禁じられる。つまり、何もないとすると、無は禁じられる。ということは、無は自己を禁じることになる。したがって、何かがあるはずなのだ。証明終わり。[60]

言い換えればこういうことだ。私が「『何もない』という言明が真である」と信じるならば、私は「『何もないという言明はない』という言明が真である」と信じなければならない。すなわち私は、「『何かがある』という言明が真である」と認めなければならないのだ。

今日の科学は宇宙がビッグバンによって始まった、としている。そこでよく出てくる問いは、誰がビッグバンを生じさせたのかという問いだ。だから宇宙の始まりにこの言明を適用すれば、「何か」の代わりに神を代入して『「神がいる』という言明が真である」と認めなければならない、といっても荒唐無稽になるわけではない。

必ずしもビッグバンの前に神がいて宇宙を創造した、と信じなくても、世界の存在は科学的、哲学的、神学的にいまだに問題であり続けていることは確かである。ユダヤ・キリスト教で言う神の場合は私との関係で内在的であると同時に外在的である。

4 ポスト複雑系としての脳と心

そこで四つ目のモデルである。

「意味」を担うカオス的アトラクターとカオス的遍歴は、心理的意味の次元以外にスピリチュアルな意味の次元を担うと主張する。なぜそのように言えるのか。なぜなら、このカオス的アトラクターは「世界内存在」ではなく「世界内超越」という性格をもてるからだ。システムは開放系だからアトラクター内の意味（情報）のやり取りのみならずアトラクター外との意味（情報）のやり取りが可能だからである。

これは人間が世界に突き出した身体を志向性として働かせたときに、その心はアウグスチヌスの言うように「私の魂は神を見出すまで安らうことがない。永遠への思い、魂の不滅……」といった（「世界内存在」ではなく）「世界内超越」の志向性をもつことから明らかである。なぜなら歴史的にそういう問いをホモ・サピエンスが実際に繰り返し出してきたし、今も出しているからだ。これをわれわれの認識論は取り入れて、心脳問題を整合的に説明できなければならない。そうでないと人間とその歴史を説明できるリアリスティックな理論とはならない。

トマスの志向性の場合も、もともと神学の理論であったのだから世界の創造者なる神という概念は前提になっていた。創造者は明らかに被造者の外にいる。現代の科学の言葉でこれを表現してみよう。システムの外部性を考慮しないでは、当該システムは整合的に説明できないのである。ここに自然科学と人文科学をつなげる鍵がある。

イギリスの物理学者で神学者のジョン・ポーキングホーンは『科学時代の知と信』の中で複雑系の科学の存在論的解釈を独自の仕方で行っている。

もしわれわれが先に述べたように、人間を心身相関的な存在として捉えるなら、神は世界の物理的過程との相互作用なしに精神と関わることはできないことになる。なぜなら人間は肉体をもった存在であるからである。神の摂理が実現する、二元論的一元論の世界において身体・精神的実在から離れた、完全に分裂した精神的な出会いの場というものは存在しない。神は、われわれの心に働きかけると同時に、それと不可分に何らかの方法で、われわれの脳にも働きかけているはずである。(61)

ポーキングホーンは、複雑系の特にカオス理論に注目している。カオスの先述した蝶のような形のストレンジ・アトラクターの通る軌道がすべて同じエネルギーに対応しているために、われわれは新しいエネルギーの因果関係に関心を払う必要がない、ということを指摘している。つまりエネルギーの出し入れなしに、「そのエネルギーの中身は、何が起こっても影響を受けないのである。位相空間を通る軌道が異なることによって違ってくるものは、それが示している活動的な発展の中で展開していく形式である」[62]。ここでその形式を支配しているのはまさにある種の「情報」なのである。この情報の出し入れはエネルギーの出し入れなしに継続する。先述したようにアトラクターの軌道では初期値からの情報喪失は起こっているが、位相空間のある場所に注目すれば情報生成が起こっているのである。これはカオス理論の際立った特徴である。位相空間を通る軌道の「形」の変化が「意味」の出し入れである。「形」が意味を指示しているというのはきわめてメタファーとして分かりやすいであろう。

このようにして、脳内で活動電位差という「情報」が現象変換によってカオス・アトラクターの「形」へと変換される、そのことを通して意味が生成される。これらのカオス・アトラクターが無数に大域的に重なり合ったもの、しかもこれが外部性にさらされていることが、まさに神によって与えられたスピリチュアルな意識の起源としての「自己」意識だ、こう解釈できるのである。

さらにポーキングホーンは続けて書いている。

「このように、実在論者によるカオス体系の認識論的な予測不可能性の再解釈が、存在論的非決定性の仮説を導いていくわけである。そこにおいては、新しい因果律が将来のふるまいの形式を決定し、かつ全体論的な特徴を有する作用に適用されることもある。ここでわれわれは、自らの意図したことをいかに実行するか、そして、神は被造物とどのように摂理的な相互作用をしているのか、という問題をおぼろげながらも理解したことになる[63]。「自らの意図したこと」すなわち「志向性」である。人は意思の自由をもってこれを行動に移せる根拠がある。「神の被造物との相互作用」はエネルギーではなく「情報」を通してであることが確認できる。この場合の「情報」は工学的な情報理論でいう情報というよりもずっと広く、むしろ「意味」と表現できる内容のことである。すなわち情報の出し入れとは意味の出し入れ（コミュニケーション）ということである。

さらに続けて次のように書いている。「人間は、エネルギー的かつ情報的に行動するように期待されている。純粋な霊としての神は、その情報を通してのみ行動することが期待されているだろう。この考えの新しい見解を要約すると、それは「行為的情報」(active information) を通して働く上から下への因果律という考え方になっている[64]」。「行為的情報」(active information) とはトマスの「能動的知性」(active intellect) と対になった概念の現代的表現である。神が働き人が応答する、と同時に人が呼びかけ神が応答するという双方向の志向性である。神即人である。こうして第一人称的な人すなわち「私の自由意思」の根拠や神と人との交流にカオス・ダイナミックスが働くことが示唆されている。人間が意味を求めて祈るというスピリチュアルな行為がごく自然に説明できるわけだ。祈りとは神との意味の交流だからである（人間が何万年も祈ってきたのは当然というわけである）。このよう

図 2-5　四世界論としての創発的解釈学

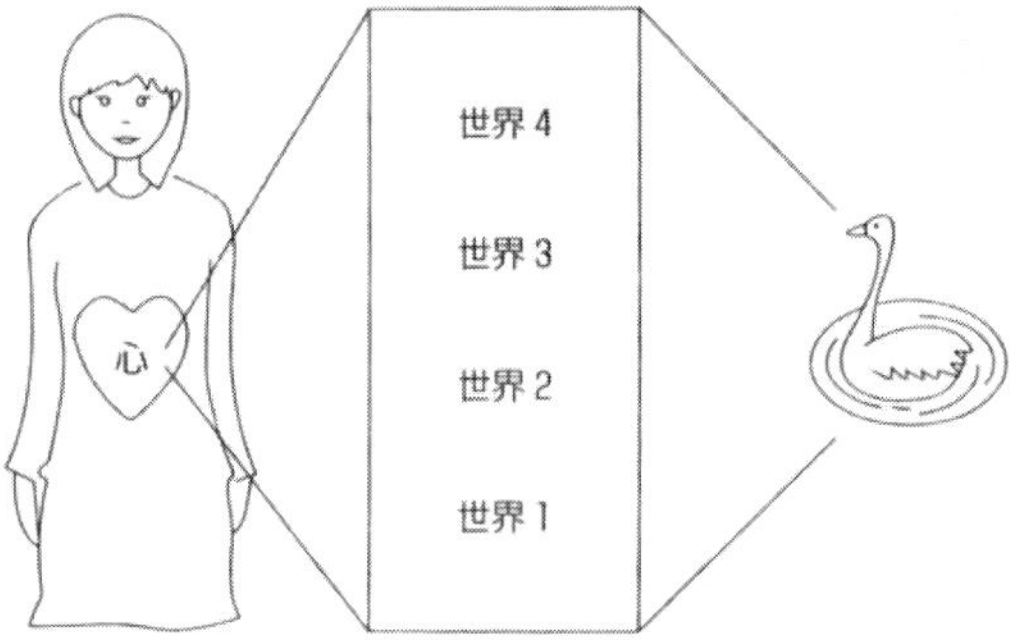

注：　主観が実在（リアリティ）を認識する仕組みを筆者は創発的解釈学と呼んでいる。世界 1（自然的・身体的意味の世界）、世界 2（心理的意味の世界）、世界 3（社会的・倫理的意味の世界）、世界 4（スピリチュアルな意味の世界）。
出所：　稲垣久和『宗教と公共哲学――生活世界のスピリチュアリティ』東京大学出版会、2004 年、62 頁。

にして人間はスピリチュアルな存在であるが、しかしＡＩはそうではない。

　ここで今までの議論をまとめておこう。心脳問題の解決に四つの立場があった。私の心のリアリティを説明できるのは四番目の立場であった。自然科学の結果を尊重し、人文科学そして人間特有の宗教意識までを説明可能にする哲学的立場であり、これをわれわれは批判的実在論と呼んだ。これを唯物論即唯心論と表現してもよい。

　また認識とは私が世界を意味づけるところから始まる。日常の生活がこのことの繰り返しである。自然的な意味の世界から始まってスピリチュアルな意味の世界まで至る。例えばこういうことである。私は公園の池の前で子どもたちが鳩にエサをあげているのを見ている。この鳩は地面に落ちたエサをついばん

図2-6 「私」が生かされている世界

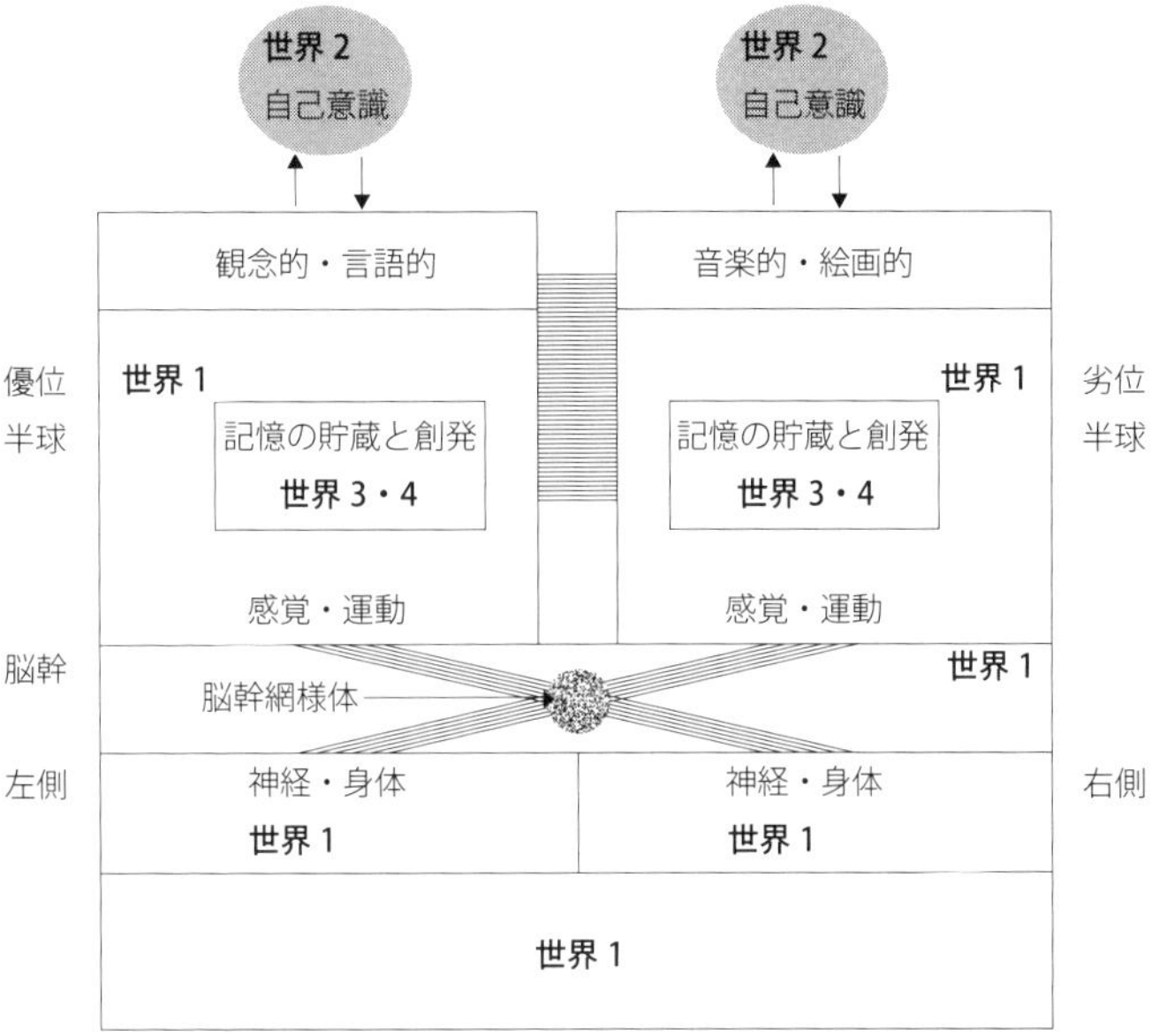

出所：　注（51）「創発」21頁を基に作成。

でいる（自然的な意味の世界＝世界1）。子どもたちはきっと幼稚園で〝はとぽっぽ〟の歌を習って鳩に親しみを感じているのだろうなどと連想した（心理的な意味の世界＝世界2）。子どもたちはいつまでも戯れて遊び半分に交代で鳩を追いかけ回している（社会的な意味の世界＝世界3）。新約聖書にこんな記述があるのを思い起こした、「イエスは神の霊が鳩のようにご自分の上に降って来るのをご覧になった（マタイ福音書三章一六節）」（スピリチュアルな意味の世界＝世界4）。

しかし違う意味をそこに読み取る人がいても不思議ではない。

この日常の平和な光景から、公園に咲いている蓮の花に目をやって「お浄土の世界はなんと至福に満ちたことか」と感慨深く思う人もいるかもしれないからだ。私とこの人の眼前には同じ風景が横たわっていても、特に世界4において異なるもの〝として経験している〟(experiencing ~ as) のである。これが世界を意味づけるということであり、人はまさに異なる世界観に生きている。筆者はこれを四世界論と読んでいる（図2－5）。

筆者の四世界論とこれまでの脳科学との関係を図示すれば図2－6のようになる。世界3も世界4も日常の脳の働きの中に記憶としてまた感覚として侵入しているのである。

5 「友愛」の哲学へ

福祉、介護、看護、スピリチュアルケア

人間には意識、特に自己意識がある。だから人間は自分を気づかい人を気づかう。人間は気づかう（ケアする）動物だ。

今日のケアは単に個人的なものではなく、国の行政の領域にも移されて福祉的ケアとなっている。福祉のケアの倫理の基本は家族にあった。これは人類の歴史を通して洋の東西を問わずに普遍的な事柄であったろう。家族が福祉、介護、看護に従事してきた理由は家族愛があったからである。家族愛は生物学的にはＤＮＡから、社会学的には互酬性から推論しても自然なことであった。今日

では福祉、介護、看護の分野においてもこの「家族愛」が「社会化」され専門職の手にわたっている（医療の場合は高度な科学的知識と医療機器とを必要としているので、早い時期から専門職が分化していた）。しかしこのときに倫理学的に重要なことは「愛」が「社会化」されるということである。「友愛」はその一つである。

医療の場合は科学的知識がしっかりしていて腕さえ良ければケアの実践者（caregiver）の人格はあまり問われなくてもすむかもしれない。しかし福祉、介護、看護はそうはいかないだろう。そのことと、今日に必要とされているスピリチュアルケアという専門職が身に付けるべき教育内容とは結びついている。ただスピリチュアルケアの場合は、特に相手（ケア対象者）が死を目前にしている（すなわち本能的に死への恐怖がある）ときには、一般の福祉、介護、看護とは異なる状況にあるに違いない。そういう意味では複雑度は増しているのではあるが、「愛の社会化」という出来事の基本は変わらないと考える。そしてここに筆者の言う三世界論ではなく四世界論[65]が必要になる理由がある。

人類史には愛の社会化はいつでもあった。つまり家族やムラ社会での相互扶助は「親密な共同体内で互いに助け合う」ということであったからだ。友愛や信頼は親密圏の特徴であろうが、この場合の愛は互酬性と置き換えてもよい。つまり、もらったり与えたりということだ。普通は、幼いときに育ててくれたお返しに親や祖父母、隣のおじさんおばさんの面倒をみるのは当たり前であり、それほど苦痛にはならない（程度問題かもしれないが！）。

もらったりあげたり、ないしは、与えたらお返しを期待する、という互酬性を乗り越えるのは倫理学的には容易ではない。そのためには改まって言うと三つの方法がある。つまり報酬制（貨幣との交換＝市場）と強制（権力作用＝国家）と自発性（ボランティア）である。ボランティアとは「与えるばかり」でよいという発想になるということであり、これが四セクター論の公共圏に必要とされる。文字通り真の giver に徹することである。相手からお返しを期待しないことである。それでも満足と喜びを味わう訓練をするということである。このような内容を哲学的には「互酬」に対して「贈与」と呼ぶ。だからスピリチュアルケアは宗教との接点が出ても不思議ではないのである。宗教を排除する、という発想からは自由になった方がよい。だからと言って、既成宗教が従来のように公共圏に対して哲学的に翻訳する言葉を持ち合わせていないのであれば、宗教者が安易に宗教を持ち出して他者配慮を欠き、「善意の押し付け」をしていくことも慎まなければならない。

また「贈与」が「国家」に取り込まれるという論や、「交換」に還元されるという論を展開することも可能ではあろう。(66) しかし、筆者の立場はこの三〇〇年間の近代化以上に長いスパンでものを見ることによって、これまでとは違った価値のフェーズに人類史が入ったと考えているので、そのような論と価値中立的な学問論には与しない（後述）。

ハイデガー哲学と現象学

田村・河・森田の『スピリチュアルケアの手引き』は現場で用いられた貴重な文献であった。そこでの理論ではハイデガー哲学が援用され、ハイデガーの時間論からの「現在・過去・将来」を紹介する。[67] そのあとに、将来に可能性の開けない死に対する痛みの対処として、現在の「関係性」の再構築といった意味あいでスピリチュアルケアが言われている。[68] ただしハイデガー哲学は四世界論を必要としないことに注意すべきであろう。

そもそもハイデガー哲学はスピリチュアルなもののリアリティを必要としていないから、「死」の問題を扱ってはいても、どうしても三世界論の内部の議論で閉じてしまう。[69] その理由の一つは、ハイデガーはデカルト的な近代への批判のさきがけをつくった哲学者ではあったが、その「存在」の捉え方自体がまだ現象学的には不徹底だったからである。

近代以降の哲学ではデカルトの物質―精神の二元論、そしてカントの二元論が主流となった。しかしながら、実は、すでにデカルトの同時代人のパスカルのパンセに見られる「三つの秩序」（物質、精神、愛）が、物質に対して精神の優位を主張していた。さらにはそこに「愛」を付け加えて、各々の秩序には「無限の隔たり」があるという卓見を示していた。

物体すべてを合わせても、そこからひとかけらの思考を生み出すこともできないだろう。それは不可能だ。別の次元に属しているのだから。物体と精神のすべてを合わせても、そこから真の愛の働きを引き出すことはできないだろう。それは不可能だ。別の次元、超自然に属しているのだから。[70]

ここでパスカルは「愛」、特に神の愛（アガペー）を指していることは前後の文脈から明らかである。

それにしても愛を「精神とは別次元[71]」と表現するところに筆者はパスカルという科学者のきわめて現代的な意味、すなわち「複雑系における創発」の発想を見出すのである。[72]パスカルが物体的（自然的）、精神的（心理的）次元と超自然的（スピリチュアル）な次元との区別すなわち世界1、2、4のリアリティを明確に区別していることに驚くのである。もっとも、彼が一七世紀の人間であり、科学者でありかつモラリストとしての古典である「パンセ」の著者として、世界3への表立った関心を示していなくてもなんら驚きではないだろう。筆者のスピリチュアルケアへのアプローチは、このパスカルの「愛」の発想を現代哲学との対話の中でさらに推し進めることである。[73]

ハイデガー哲学が現象学的に不徹底な理由は主として二つある。まず「存在」（ウーシア）を根本と考えるからである。主著『存在と時間』は人間の現存在（Dasein）の分析で終わっていて存在一般を予定していた下巻はとうとう書かれなかった。それは彼自身がその著作の欠陥を了解したからである。[74]現存在の分析が主である「世界内存在」の個人主義では、個体の「死」が究極と考える時間論にならざるをえない。[75]これが第一点。次に現象学の本来の発想から言えば、西洋形而上学の問いをも現象学的還元に付して形而上学批判をすべきであったのにそれをしなかった。つまり、「存在」をも「カッコに入れて」もう一段階、現象学的還元をする必要があったのである。いわば「存在」の脱構築である。そうすると「存在」も「与えられているもの」であることに気づくのである。

「心」の超越論性

筆者はかつてフッサールの「純粋意識」(超越論的自我)の分析の中で、「心」の占める位置の二重性を指摘したことがある。フッサールは、「心」は生活世界において、あらかじめ超越論的に〝与えられているもの〟であるとしている。[76]より正確にフッサールから引用すると以下のようである。「その(心理学が役に立つ)ためには、明らかに、われわれがカントを話の糸口にした以前の講義で遂行したのと似たような、あらかじめ与えられてある世界についての考察や分析が必要であった。その講義において、われわれの視線はまずもって、生活世界のうちに物体があらかじめ与えられてあるその仕方によってみちびかれたのであるが、ここで要求されている分析においては、生活世界において心というものがあらかじめ与えられてあるその仕方に出発点が求められることになろう[77]」。

ここでフッサールが「あらかじめ与えられてある」という言葉を現象学的哲学の要所となる短文の中で三回も使用していることに注意したい。現象学の根源に「与え＝贈与」という概念がはらまれているのが見て取れる。ここにわれわれがハイデガーの不徹底を批判すべき理由の一つがある。

先ほど、「宗教を排除する、という発想からは自由になった方がよい」と書いたのは、「存在」の現象学的還元(脱構築)をすることによって、さらにギリシャ哲学のスタートであった始源(アルケー)に至ったはずだからである。存在(ウーシア＝パルメニデス)よりも始源(アルケー＝アナクシマンドロス)が先だ。そして始源(アルケー)への衝動は哲学のスタートであると同時に宗教のスタートである。[78]

ここに筆者が他の動物と異なる人間(ホモ・サピエンス)の特徴としてのスピリチュアリティを考え

ざるをえない理由がある。[79] 始源（アルケー）は人間の思考のスタートつまり「あらかじめ与えられてある」ものに他ならず、すなわち「贈与」が出てくる根拠ということである。われわれの思考のスタートは「存在」ではなく「贈与」である。存在が「贈与」であれば、当然、時間も「贈与」になる。

ここでジャン＝リュック・マリオンの最近の現象学に目を転ずる。興味深いのは、彼が全き「贈与」が「愛」であることを明言していることである。全き「贈与」は神の愛ゆえということではあるが、その神は「存在なき神」であり脱構築された神は愛のみを贈与している神である。[80] したがってマリオンの「存在なき神」は仏教の「慈悲」とも深く通低することになる。また近年の八木誠一の「はたらく神」[81]とも通低するし、日本文化に特有の「祖先への敬慕」（生命の贈与）を考慮するならば「近親者のお迎え現象」とも通底する。[82] これが、まさに世界4がリアルであるということの哲学的意味である。もっともケア対象者がこの神の愛、仏の慈悲、神の働きを拒む自由はあるだろうが、そのときには自らの生が「与えられてあった出来事＝贈与」ということを拒むときであろう。ただそれでも人、すなわち「他の動物を食して生きている動物」（他の命を犠牲にして生きている動物）であったことを拒むことはできないのではないだろうか。

医学（科学）との関係では、「志向性」の脱構築という問題がある。

ハイデガーやフッサールの現象学の用語では「志向性」の意味が重要だ。ただしハイデガーやフッサールの「志向性」は「意識の明証性」を要求している。しかしわれわれは意識をも脱構築し、「意識」に固執しないで「無意識」をも考慮すべきである、いや意識、無意識を超えた人間自我のあり方そのものを考慮すべきである。

このようにして「志向性」とは「与えられた心の何かの目的に向けた丸ごとの応答」と考えられるのである。そして、このような「志向性」のあり方がすでに述べた近年の脳神経科学によって、大脳皮質から脳幹に至るまで、理性から情動に至るまでの志向性の理解と一致しているのである。問題はまさに人間の「現存在」(Dasein)にとどまらず生命一般の存在、生命を生み出した長い宇宙の歴史へと移行する。宇宙における物質から生命への創発の意味を問わねばならないのである。

宇宙目的への応答

フリーマンにとって心脳問題の研究から、現象学以前の意識に上る前の志向性が重要であった。[83]そしてフリーマン自身は生命一般の創発を広く「志向性」(統一、全体、意図)と関係づけていた。[84]宇宙における人間の「心」の創発は「志向性」において際立った出来事であり、筆者としては第1章で言及した賀川豊彦が晩年に『宇宙の目的』を著したゆえんでもあると考えている。[85]そこで筆者はスピリチュアルケアを「宇宙目的への応答」と定義したいと思っている。人間は他の動物と違ってその応答が自覚的にできることに「人間の尊厳」の根拠を見出したいということである。

キリスト教のみならず仏教でも深い人間理解が展開されてきた。キリスト教の愛に対応するのは「慈悲の心」であるが、二世紀のインドの仏教僧・龍樹は慈悲の心を「衆生縁」(衆生を縁とするもの）、「法縁」（法を縁とするもの）、「無縁」の三つに分けた。そして、最後の「無縁」こそ「諸法実相の智慧を得た慈悲」でありここに最上の意義を認めた。

中村元は後世の経典の解釈を考慮して、衆生縁は個々人の対立を意識しつつ慈悲を施すこと、法縁は他人に物を与えて奉仕すること、無縁は空（＝如来）を観じて行う慈悲、と解説している。[86] 脳科学者・浅野孝雄は、衆生縁は血縁的利他心、法縁は互恵的利他心に対応するとした上で『衆生縁』や『法縁』である進化的利他心は、ホモ・サピエンス以前からのホモ属が社会生活を営むようになって以来の数百万年の間に徐々に発達し、生得的機能として脳の構造に定着するに至った」と書いている。

一方、「無縁の慈悲」はこのような脳科学の方法論的自然主義ではどうしても捉えられない。単なる唯物論はここで破綻する。このような「慈悲」の利他心について浅野は以下のように結論する。「（この心理的）利他心は、脳の言語機能と、それを用いた抽象的思考能力が現世人類のレベルにまで発達した枢軸時代において、ようやくブッダの慈悲やキリストの愛として創発したものである。それは進化的利他心よりも高い次元の、全人類的な普遍性を有するメタ大域的アトラクターであるが、それを生み出した脳のモジュールは、いまだすべての人間の脳に遺伝的に定着するには至っていない。つまりそれは、人類の心と社会の将来あるべき姿を先取りするものとして、我々に示されているのである」[87]。「メタ大域的アトラクター」とはカオス的遍歴の考え方を人間の社会集団に隠喩的に表現した謂である。

現代脳科学を尊重する立場であっても、「ブッダの慈悲やキリストの愛」が枢軸時代に特別に「与えられた」ものであり、将来に「人間の脳に遺伝的に定着する」可能性を認めている。遺伝的に定着するかどうかはともかくとして、いずれにせよ「ブッダの慈悲やキリストの愛」を、脳科学を尊重する科学言語の中で理解しつつ、これを超えて道徳的に崇高であることは直観しているわけである。現代の諸宗教は伝統を重んじるだけでなく、新しい時代の科学とも対話しつつその責任を果たすべきであろう。

そこで筆者としてはスピリチュアルケア、そしてそもそも人間がスピリチュアリティをもった動物だという点を、より広く捉えたい。今日、枢軸時代と似た「定常状態」に人類史が入ったという視点から、[88]社会生活の中で「ブッダの慈悲やキリストの愛」が定着する努力をする。具体的に「異質な他者」との対話を重視しつつ次世代教育の中で平和、寛容、喜び、親切心、誠実、柔和、節制を実践的に教えていくことだ、このように考えるのである。

人間は身体と精神の統合体として万物の霊長だ。だから他の生命体と地球環境に責任をもっている、人間、社会、自然環境へのスピリチュアルケア、これは「宇宙の目的」の根底にあった人間観「ホモ・エティクス」、ここからの世界の根源的存在への応答に他ならない。

注

（1）Ｙ・Ｎ・ハラリ『ホモ・デウス』（上、下）柴田裕之訳（早川書房、二〇一八年）上、一九六頁。

（2）同書、一六五頁。
（3）同書、一五〜一九頁。
（4）同書、二二三頁。
（5）同書、二二五頁。
（6）滝沢克己『現代への哲学的思惟』（三一書房、一九六九年）一三頁。
（7）Y・N・ハラリ『ホモ・デウス』上、二二六頁。
（8）同書、二二八頁。
（9）同書、二三〇頁。
（10）同書、二三〇頁。
（11）同書、二三一頁。
（12）同書、二四二頁。
（13）同書、二四四頁。
（14）同書、下、一九頁。
（15）同書、六五頁。
（16）同書、七一頁。ハラリはこれを社会主義という言葉を使っているが、社会主義は自由主義の長所を取り入れた場合が多いのでハラリの説明の内容上、共産主義の用語をあてた。
（17）同書、七六頁。
（18）同書、八七〜八八頁。
（19）同書、九〇頁。
（20）同書、一〇〇頁。
（21）同書、一一七頁。浅野孝雄『古代インド仏教と現代脳科学における心の発見』（産業図書、二〇一四年）

四九頁も参照。

(22) Y・N・ハラリ『ホモ・デウス』上、一四九頁。

(23) 同書、一九〇頁。

(24) 同書、一〇七頁。

(25) Y・N・ハラリ『ホモ・デウス』下、一三〇頁。

(26) 同書、一六〇頁。

(27) 同書、一六一頁。

(28) 同書、一三二頁。

(29) 同書、一三八頁。

(30) 同書、二四六頁。

(31) Y・N・ハラリ『ホモ・デウス』上、一三四〜一五二頁。

(32) 同書、一四〇頁。

(33) 同書、一四三頁。

(34) 同書、一四七頁。

(35) Y・N・ハラリ『ホモ・デウス』下、二四六頁。

(36) ウォルター・J・フリーマン『脳はいかにして心を創るのか』浅野孝雄訳、津田一郎校閲（産業図書、二〇一一年）一七二頁。

(37) 例えば複雑系の台頭の初期の頃の著作であるI・プリゴジン、I・スタンジュール『混沌からの秩序』伏見康治、伏見穰、松枝秀明訳（みすず書房、一九八七年）。クラウス・マインツァー『複雑系思考』中村量空訳（シュプリンガー・フェアラーク東京、一九九七年）など参照。

(38) 津田一郎『カオス的脳観』（サイエンス社、一九九〇年）六八頁。

(39) 津田一郎『ダイナミックな脳』(岩波書店、二〇〇二年) 七四〜七五頁。「物としての脳の適切な言語は、レベルによって、ゲノムであったり、タンパクであったり、電気パルスや電位であったりするだろう。また事としての心の適切な言語は、自然言語の部分集合かもしれない。しかし私たちはこの二つを分離したものとは捉えず、ある種の統一体として捉えたいのだ。そのための適切な言語は何かという問題だ。生理学的用語は認知的現象に対して説明力をもっているとは考えられない。一方、心理学的用語は生理学的現象に対して予測力をもたない。私たちは脳と心を記述する第三の言語を望んでいる」として津田は数学的〈カオス言語〉を提起するが、それについて「このとき、私たちは内的状態に対して神経活動〝以上〟のものを求めたい。そこで、それを表現するものとして数学を用いたいのだ。注目しているのは、高次元カオス力学系で現れる高次元の遷移過程なのだ」と述べる。ただ、筆者は数学的言語はその抽象度のゆえにリアリティの一面しか捉えられないと考えるので数学的科学的言語と日常言語の両方を使用する。
(40) 池田研介、津田一郎、松野孝一郎『複雑系の科学と現代思想・カオス』(青土社、一九九七年) 六四頁。
(41) W. J. Freeman, *Societies of Brains*, Lawrence Erbaum Associates Publishers, 1995, p.17.
(42) ウォルター・J・フリーマン『脳はいかにして心を創るのか』浅野孝雄訳、津田一郎校閲 (産業図書、二〇一一年)。特に二九頁、一〇八〜一一一頁参照。
(43) 津田一郎『ダイナミックな脳』一六六頁。
(44) ウォルター・J・フリーマン『脳はいかにして心を創るのか』九九頁。
(45) 同書、一〇八頁「ミクロスコピックな活動は実際ノイズに他なりませんが、メゾスコピックな活動はカオスです」。同書一一一頁には視覚、聴覚、触覚にもカオスを見出している。
(46) 浅野孝雄『古代インド仏教と現代脳科学における心の発見』四七頁。
(47) 同書、二七三頁。
(48) 同書、八九頁。

(49) 同書、三三五頁。
(50) 同書、一〇九頁。
(51) これは数学的にはＫⅢモデルと呼ばれるが、津田一郎の場合は嗅覚の場合の知覚のメカニズム（ＫⅢモデル）を他の知覚にまで拡張することは普遍性を欠くとして、より抽象的な〈カオス言語〉を確立するために数理的モデルを提起している。しかし脳にカオスが重要な役割を果たしているという見方では一致している。『ダイナミックな脳』七〇〜七一頁。また「脳神経科学とポジティブ心理学Ⅰ」「創発」Vol.XIV, No.1（東京基督教大学共立基督教研究所編、二〇一七年）参照。
(52) 浅野『心の発見』六一頁。
(53) ウォルター・Ｊ・フリーマン『脳はいかにして心を創るのか』一二五頁。
(54) 同書、ｖ、三四〜三五、一五五頁。
(55) 同書、一七八〜一七九頁。
(56) 同書、一七九頁。
(57) 同書、一七九頁。
(58) 拙著『宗教と公共哲学』一〇四頁。
(59) 津田一郎『ダイナミックな脳』一五頁。
(60) ジム・ホルト『世界はなぜ「ある」のか？』寺町朋子訳（早川書房、二〇一三年）九頁。
(61) ジョン・ポーキングホーン『科学時代の知と信』稲垣久和、濱崎雅孝訳（岩波書店、一九九九年）七六頁。
(62) 同書、八五頁。
(63) 同書、八六頁。
(64) 同書、八六頁。
(65) 再度確認するが、世界１は自然的意味の世界、世界２は心理的意味の世界、世界３は社会的意味の世界、世界4はスピリチュアルな意味の世界である。拙著『実践の公共哲学』（春秋社、二〇一三年）一〇三頁以下参照。

(66) 仁平典宏『「ボランティア」の誕生と終焉――〈贈与のパラドックス〉の知識社会学』（名古屋大学出版会、二〇一一年）。ただし本書の立場は「価値を含意する「本質」という前提を措かず、〈本質がある／ない〉という問い自体にも関与しない」ということであるので、「価値」そのものに関与している筆者の立場とは大きく異なっている。

(67) 田村恵子、河正子、森田達也『スピリチュアルケアの手引き』（青海社、二〇一二年）七頁。

(68) 同書、一一七頁。

(69) ただし同書の第五章では「（患者が）明確な宗教をもたずとも、超越的存在とのつながりのニーズがあることを示す内容」「患者が他者や超越者との関係性における〝つながり〟〝和解〟を進めていくことを支援すること」（一〇九〜一一〇頁）とはっきりと語られていて実践の場でハイデガー哲学から一歩進めているように見える。

(70) 「パンセ・三〇八」『パンセ』上、塩川徹也訳（岩波文庫、二〇一五年）三七五頁。

(71) 『パンセ』の新たな訳（ラフュマ版を参考）を行った注(70)の邦訳者の塩川徹也は従来の訳である「三秩序」(trois ordres) について次のような注釈を加えている。「本断章で問題になる三つの ordres は、それぞれ、人間の身体を基礎とする物質界、人間知性の領域である精神界、愛の領域である超自然界である。この三者は互いに「無限の隔たり」で隔てられており、比較を絶しているが、それは各々が所属する存在領域が、類あるいは次元を異にしているからである。ここでは、以上の事情を踏まえて、ordre を「次元」と訳すことにする」（同書三七六頁）。

(72) 「創発」は科学の方法論に固執すれば一種の相転移にすぎないが（方法論的創発）、論理的・哲学的に突き詰めれば「システムの外部性」を考慮せずには首尾一貫した議論にはならない（存在論的創発）。郡司ペギオ幸夫「世界に亀裂をいれる者」（二〇一五年一一月東京基督教大学共立研究所研究会「創発」XIV, No.2）。

(73) 西洋哲学史のみならず東洋哲学史との比較の意味もここで考慮している。例えばすでに中村元はバートランド・ラッセルの『西洋哲学史』におけるニーチェ批判を取り上げて次のように言っている。「ラッセルは、愛の精神を説いたという点でゴータマ・ブッダとキリストには一貫する共通のものがあると確信し、これはニーチェと正反対だと説いている」。中村元『慈悲』（講談社学術文庫、二〇一〇年）二一九頁。

(74) 木田元『ハイデガーの思想』（岩波新書、一九九三年）一四一〜一四二頁。「なぜこの（下巻を書くという）企ては挫折したのであろうか。この企てそのものにいわば自己撞着がひそんでいたからだと思う。つまり、この企ては、現存在がおのれ自身を本来性に立ちかえらせることによって果されるものであり、その転回の主導権をにぎっているのはあくまで現存在である。だが人間中心主義的文化の転覆を人間が主導権をとっておこなうというのは、明らかに自己撞着であろう」。

(75) 同書、一三四頁。

(76) 拙著『知と信の構造』（ヨルダン社、一九九三年）九七頁。

(77) E・フッサール『ヨーロッパ諸学の危機と超越論的現象学』（中央公論社、一九七四年）三〇〇頁。

(78) 拙著『知と信の構造』九六頁。

(79) 小西達也が caregiver の教育を語るプロセスの中で「共通の素の自分／真の自己」に到達するのは一種の現象学的還元の実践であろう。同時に小西は「始源なるもの」とスピリチュアルケアとを関連づける試みをしている。「『一』↓『多』的人間観・世界観に基づいたスピリチュアルケア序論」The Basis 武蔵野大学教養教育リサーチセンター紀要第四号（二〇一三年）一三八〜一四〇頁。

(80) ジャン＝リュック・マリオン『存在なき神』（法政大学出版局、二〇一〇年）一九〇頁。「ひとり愛だけが存在する必要がない。そして神は存在なしに愛するのである」。

(81) 八木誠一『〈はたらく神〉の神学』（岩波書店、二〇一二年）。

(82) 奥野修司『看取り先生の遺書』(文藝春秋、二〇一三年)第五章。

(83) 浅野孝雄『古代インド仏教と現代脳科学における心の発見』一四～一五頁。浅野は本書でフリーマンのカオス・アトラクター理論やヤーク・パンクセップらの情動理論に従って「それ(志向性)は意識に上る前、換言すれば意識下において既に発現されている脳の働きである」と記している。

(84) ウォルター・J・フリーマン『脳はいかにして心を創るのか』二三頁。

(85) 拙稿「宇宙の目的再考(一)(二)」明治学院大学キリスト教研究所紀要第四七、四八号(二〇一五、二〇一六年)。

(86) 中村元『慈悲』一一四～一一六頁。

(87) 浅野孝雄『古代インド仏教と現代脳科学における心の発見』三四〇頁。

(88) 稲垣久和、佐々木炎『キリスト教福祉の現在と未来』(キリスト新聞社、二〇一五年)九〇頁。

第3章 「労働の二重性」をめぐって——人間主体の二重性

1 労働は苦役か喜びか

日本の生産年齢人口が減っていく。外国人労働者や移民がかなりの率で増えなければ当面の逆ピラミッドに近づきつつある人口動態に対処できない。どうすればいいのか。

ＡＩ（人工知能）やロボット、インターネットを組み合わせて、本格的に産業やオフィスに生かしていくのも一つの方向だ（ＩｏＴ）。かつて駅の改札口には駅員がいて、切符切りをしていたし、銀行の窓口には店員がいて現金引きおろしに応じていた。今ではすべて自動化しＡＴＭ等で機械化されていて人手はその分減っている。道でタクシーに乗ろうと待っていて、なかなか捕まらない場合でもスマホで簡単に呼び寄せられる。それだけでなく、自動運転装置が普及して無人タクシーを呼び寄せる時代になれば、現在のタクシー運転手は大量に失業する。

教育すらも、教材にＡＩを使用するだけでなく、あらかじめ講師の話と生徒の質疑応答を画像撮りして配信する。こうすれば、インターネットのみで各人の好きなときに好きな場所で学習もできる時代になった。教師の半分はいらなくなるのであろうか。

社会全体がデジタル化される時代、ＡＩやロボットにできないことだけを人間がやるようになれば、生産に携わる人口が減っても生き延びられる国になる。ただ、人間労働は軽減されるのは朗報だとしても、今度は、仕事にありつけなくなれば、生きていく糧を稼ぐ手段がなくなっていく。

労働の意味、生産の意味、貨幣経済の意味が問われてくる。

人間は自由意思をもつ、しかしロボットに自由意思はないし意識すらない。これを前章で人間についての心脳問題の重要性と同時に確認した。したがって今われわれが考えるべきは、では人間らしい労働とは何か、ということだ。そして人間らしいコミュニケーションおよび社会とはどういうものなのか、ということだ。総じて、人間の生きる意味を問うということにならざるをえない。

本書第1章で、労働は苦役であるか、それとも喜びであるか、という問いを出した。スミス、リカードら初期の経済学者たちは前者であり、これに対して賀川豊彦は芸術評論家ラスキンの影響を受けて、後者が人間にとって本来の労働観であると説いた。今日、環境問題と農業問題、さらに人工知能の発達と人間のすべき役割と労働形態の変化を経験している時代に、より詳細な人間労働と経済の哲学的吟味をしておく必要があろう。

労働が人間にとって苦役なのか、喜びなのかという問い、これは広い意味で「労働の二重性」というテーマと関係している。すでに第1章でマルクスにも触れたのだが、実は、マルクスはその主著『資本論』の中でこの「労働の二重性」という問いを冒頭に出している。ただそこでの議論は、商品との関係で議論されていて、われわれがここで言っている内容よりもずっと複雑である。マルクスにとっては、労働者が資本主義体制の中で搾取されている実態を明らかにすることが生涯の主題であった。一〇〇年以上も前に書かれた古典であるが、繰り返し読まれてきたし、今日では、新自由主義の下で貧富の格差が広がる中で再び『資本論』への関心も高まっている。

マルクスについて膨大な文献が書かれている中で、ここで何を語るべきか。筆者の関心は「労働は苦役か、喜びか」という問いにあり、これに生前のマルクス自身の手になる『資本論』第一巻がどんな答えを与えているのか、という点にある。そういった視点からこの古典を読み解いていくことも決して無意味ではないだろう。経済学者の中には『資本論』は経済学として限定して読まれるべきだとの主張もあるが、ここでの議論は経済の哲学、ひいては人間の営みの全体に関わるものとして読解していることをあらかじめ断っておく。マルクス自身が哲学批判をしていることもよく知られたことである。哲学の歴史上、マルクスは唯物論者の典型とされているので、本書第2章の現代の心脳問題を踏まえた上で、唯物論（materialism）と唯心論（idealism＝観念論）の接点についても議論したい。

2　マルクスの『資本論』

今日でも学べること

マルクスにとって「労働の二重性」はきわめて重要なテーマであった。したがって『資本論』の最初で扱うテーマとなった。第一編「商品と貨幣」から見ていこう。第一章「商品」の第二節に出てくる。その標題は「商品に表された労働の二重性」というものだ(1)。マルクスが商品経済を背景に議論を展開し、商品に使用価値と交換価値を区別したことは有名である。その商品との関係における「労働の二重性」の議論である。その限定自体をわきまえないではないが、なんといっても「価値」というのはその形態を色々変えるとはいえ、源泉は人間の労働にある（労働価値説）。だから第二節の最後の部分に次の文章が出てくる。

「すべての労働は、一方において、生理学的意味における人間労働力の支出である。そしてこの同一の人間労働、または抽象的に人間的労働の属性において、労働は商品価値を形成する。すべての労働は、他方において、特殊な、目的の定まった形態における人間労働力の支出である。そしてこの具体的な有用労働の属性において、それは使用価値を生産する」[2]。

分かりやすい文章ではないが、主語は「すべての労働」である。この箇所でマルクスは（注）を付けていてそこでアダム・スミスを引用して次のように指摘する。スミスは「この（労働力の）支出をまた、ただ安息、自由および幸福の犠牲とのみ解していて、正常な生活活動とも解していない」。「正常な生活活動（正常な生命活動とも翻訳できる）」とはまさに「自由と幸福を犠牲にしない」労働の喜びであり、労働こそが自由および幸福の源泉であるということだろう。マルクスが「労働は苦役か、喜びか」という問題意識を出発点にもっていたことの証拠である（このマルクスの「労働の喜び」については第4章第7節で再考する）。そうではあるが、「一方において商品価値」「他方において使用価値」と区別しているところでやや複雑な「二重性」をマルクスは表現している。

人間が身体をもち、その生理的機能をいかんなく発揮して労働をする。それ自身、確かに喜びであろう。ただそれが自由意思で思う存分に労働して満足感をもって一日を終えられれば、それに越したことはない。しかし現実には雇用され職場でやりたくない仕事に回され、身体機能をすり減らし疲労感ばかりがたまる、これも現実に労働者が日々経験することだ。しかしこれは賃金をもらうためにやむをえないこととして、多くの場合、耐えて労働をしてその後にある製品すなわち商品を生み出すわけだ。「生理学的意味における人間労働力の支出である。そしてこの同一の人間労働、または抽象的に人間的労働の属性において、労働は商品価値を形成する」とはそういうことだ。「抽象的に」という意味は具体的でないこと、例えばAさんはこの労働、Bさん、Cさんはこの労働、あの労働という具合に「具体的」な労働をあてがわれるだけではない。職場の配置換えでAさんがやっていた労働を今度はCさんがやるということも起こるだろう。しかし雇われている労働者は文句を言えない、「はい、分かりました」と雇用主（最終的には資本家）の指図通りにやる他はない。どんな仕事でも、たとえそれが自分に不得手なことでも従う他はない。自由意思は殺される。どんな仕事でもやるとは、仕事自身が具体的に決まっていないことでも、つまり「抽象的な仕事一般」を雇用の現場で人間はこなせる能力をもつ、ということ。それがここで意味されていることである。

後半の「他方において」以下はどういうことだろう。ある目的が定まった労働であれば「だれ、かれに役に立つ」ということは見やすい。例えば、ある裁縫師があの人に頼まれたから、世話になった人だし、喜んでもらえる服をつくってあげましょう、という場合もある。生み出された商品はまさにあの人にピッタリ、というわけで「具体的な有用労働の属性において、それは使用価値を生産する」は理解しやすい。

この第二節全体のマルクスの叙述を読んで特に筆者が興味をそそられたのは、中程の部分の説明に出てくる単純労働と複雑労働の区別である。[3]これも「労働の二重性」の表れとみてよい。単純労働はいわゆる肉体労働がその典型だ。複雑労働は「強められた、あるいはむしろ複合された単純労働」である、とマルクスは言う。ただこの後の記述は上衣と亜麻布を商品化するプロセスの中で二倍の労働時間、二倍の生産量等々で量的なものに還元して議論が進められる。せっかく「複雑労働」という概念を導入しながら、しかも「裁縫と機織りとは、質的にちがった生産的活動ではあるが、両者ともに人間労働である」[4]としているにもかかわらず「質的にちがった」ということが十分に考慮されていない。マルクスの業績はむしろ人間の労働の複雑さをよく理解しながらこれを実に見事に単純労働に還元し、次々と新しい用語と概念を提起することにより、人間の経済活動、特に資本主義の概念の論理的整理ができたことであろう。ここにマルクス経済学の強みと同時に弱みが出ることになるのではないか。もう少しマルクスに則して「労働の二重性」の行き先をみてみよう。

第二編は「貨幣の資本への転化」である。特に第4章「貨幣の資本への転化」の部分に注目したい。ここにマルクス経済学にとってきわめて重要でかつ有名な記述が出てくる。まずW－G－WとG－W－Gの公式。ここでWは商品、Gは貨幣である。最初の公式は昔ながらの古代社会、封建社会の経済や職人・商人の仕事であり、分かりやすい。職人が製品をつくりこれを商人を介して商品（W）として人に売り、そこで得たお金（G）で自分の生活必需品（W）を買う。資本主義的な生産はまだない。地中海資本主義の時代であればアジアまで出かけてコショウやコーヒーなど貴重な品（W）を安く手に入れ、ヨーロッパに帰って高く売り儲けを出す（G）、そのあとでヨーロッパの品物をもってまたアジアに商品（W）として売りに行く、ということも可能になる。もしこれを繰り返せば、間に入るGは相当に増えるかもしれないがまだ産業資本主義ではない。二番目の公式がまさに産業革命が興り、商品経済の流布した資本主義時代に典型的な公式になる。貨幣から始まり貨幣に終わるのだが、ただし間に商品が入る。最後のGは当然G′として始めのGより増えているわけでG′＝G＋ΔGとなり、ΔGが儲け（剰余）である。マルクスの説明はこうだ。

すなわち、最初に前貸しされた貨幣額プラス増加分である。この増加分、すなわち最初の価値をこえる剰余を、私は――剰余価値（surplus value）と名づける。したがって、最初に前貸しされた価値は、流通において自己保存をするだけでなく、ここでその価値の大きさを変化させ、剰余価値を付加する。すなわち、価値増殖をなすのである。そしてこの運動が、この価値を資本に転化する。(5)

資本主義の特徴はこの資本が増殖するところであるが、われわれに今日に見慣れているのは素人でも行う投資活動であろう。初期投資をして何年後かに増やして回収する。例えば投機用にマンションを買い、頃合いを見計らって売りに出すと買ったときよりも高く売れれば剰余価値は目に見える。しかしマルクスは、あらゆるものが商品化される商品経済社会で人間までもが商品化される、ということを見破った。第三節「労働力の買いと売り」に出てくる。今ここに、ある商品を探すある貨

幣所有者がいたとする。その貨幣所有者が探している商品について、

その商品の使用価値自身が、価値の源泉であるという独特の属性をもっており、したがって、その実際の消費が、それ自身労働の対象化であって、かくて、価値創造であるというのでなければならぬ。そして貨幣所有者は、市場でこのような特殊な商品を発見する――労働の力または労働力がこれである。(6)

これは驚くべき発見だ。普通の商品は消費すれば使用価値を終えて消える、消えないまでも消耗していく。しかしこの商品（G－W－G'の真ん中のW＝労働力商品）は特別だ。なぜならその使用価値自身が価値を創造するからだ。この人間労働力が商品化されるあたりは、今日に、ロボットがどこまで人間に置き換えられるか、などの関心がある時代に、マルクスの鋭い分析を念入りに見ておくことは無駄ではない。

労働力商品という考え方が成り立つためには二つの大きな条件がある。まず第一に、自由ということ。商品の買い手のみならず売り手も同じ人間なのであるから、平等な自由な人格であることが前提とされる。古代奴隷制社会ではなく、封建的な主従関係もなく、近代の産業革命後のヨーロッパの価値観の下でこそ資本主義が成り立つという前提だ。当時のヨーロッパの価値観とはこういうことだ。

その所有者が労働力を商品として売るためには、彼はこれを自由に処理しえなければならずしたがって、その労働能力の、すなわち彼の一身の、自由な所有者でなければならない。彼と貨幣所有者とは、市場で出合い、お互いに対等の商品所有者としての関係にはいる。一方は買い手であり、他方は売り手である、したがって両者は法律上平等な個人であるということで、区別されるだけである。この関係が存続するためには、労働力の所有者が労働力を、つねに一定の時間の間だけ売るということが要求される。[7]

すでにマルクスは「一定の時間の間」すなわち労働時間に制限をもって契約すべきだ、と主張している。今日の日本人の労働時間の長さ、しかもサービス残業などという名の〝滅私奉公〟の習慣、改めてマルクスに労働者が「自由な人格」であることの意味を聞かねばならないだろう。そして第二の条件だ。

貨幣の資本への転化のために、かくて、貨幣所有者は、自由なる労働者を商品市場に見出さなければならぬ。二重の意味で自由である。すなわち、彼は自由な人格として、自分の労働力を商品として処置しうるということ、彼は他方において、売るべき他の商品をもっていないということ、すなわち、彼の労働力の現実化のために必要なる一切の物財から放免され、自由であるということである。

この表現は奇妙に思うかもしれないが、ある意味でここにも「労働（者）の二重性」が出ているとも言える。つまり労働者側が自分自身を処理できる自由意思の持ち主であると同時に無一物の無産者ということである。これでは自分自身を商品として「売る自由」はあっても「売らない自由」はないということだ。これは労働者が労働力を商品として売るための条件である。そうではあっても、たぶん、この条件は、近代的個人主義なるものを純粋な形で経験していない今日の日本の多くの労働者には当てはまらないだろう。自分の身体や思考力以外に、物財を何ももたないなどという人は見つけにくいからだ。例えば親や家族がいて、その甘えや愛情の中で生きている（または家族に結び付けられていて自由ではない！）等々。

家族については唯物論者らしく抑制的な調子でこのようにも言っている。

労働力の所有者は不死ではない。したがって、市場に現われることが、貨幣の資本への継続的転化の前提とするように、継続的なものでなければならぬとすれば、労働力の売り手は、永久化されなければならぬ、「ちょうどすべての生ける個人が永久化されるのと同じやり方、すなわち生殖によって」[8]。

すなわち雇用主の支払うべき賃金には「労働者に生まれてくる子どもたちの生活手段」も含むということである。これはマルクス経済学が成り立つ外的条件としてあとで考察する（人口法則）。

次に第三編「絶対的剰余価値の生産」であるがここで一日二四時間の範囲内で労働時間の長さを

決める話が出てくる。次の第四編「相対的剰余価値の生産」が、一時間内の労働の生産性を上げて得られる剰余価値の内容であり、絶対的剰余価値と対比されている。第三編第八章「労働日」に注目したい。労働日というのは労働時間のことだがまさに資本家（マルクスが資本家というとき人格化された資本を意味する）[9]と労働者の間の大きな葛藤の問題になる。

資本はただ一つの生活衝動を、自己を増殖し剰余価値を創り出す衝動を、その不変部分、生産手段をもって、能うかぎり多量の剰余労働を吸収しようとする衝動をもっている。資本はただ生きた労働の吸収によってのみ、吸血鬼のように活気づき、またそれを多く吸収すればするほど、ますます活気づく、死んだ労働である。[10]

〝吸血鬼のように活気づき〟という表現は、マルクスの資本家への敵対心が見られる表現だ。「彼はすべての他の買い手と同様に、彼の商品の使用価値から、能うかぎり大きい効用を打ち出そうとする」[11]という表現は近代自由主義経済学の効用主義とホモ・エコノミクスの前提と同じである。そして「ここに一つの二律背反が、ともに等しく商品交換の法則によって、確認された権利と権利との対立が生ずる」[12]と語ったあとに次のような言い回しが飛び出す。

同等な権利と権利との間では、力がことを決する。かくて、資本主義的生産の歴史においては、労働日の標準化は、労働日の諸制限をめぐる闘争として現われる――全資本家、すなわち資本家の階級と全労働者、すなわち労働者階級との間の一闘争として。(13)

緻密な経済学上の分析のあとの表現としてはやや短絡だ。「力による闘争」ということがストライキ実行ということならともかく、階級闘争としての暴力革命を意味しているのか。ただ、今日の民主主義国では当然に国家が介入する。国家権力の役割として、立法や司法による解決を目指すであろうし、階級闘争も現代の修正資本主義においては、福祉国家論として社会保障制度の導入による緩和がなされるだろうからだ。マルクスの時代にまだ資本主義がそのような「段階」に行くとは見通せていなかった。「原理論」としてはそうだということだ。

何よりも西欧には「資本家階級」対「労働者階級」の二元論ではなく多様な中間的市民層も存在した。マルクスのこの中間的市民層無視の部分の短絡的な叙述は、その後の西欧マルクス主義陣営から出てきた論者たち、例えばユルゲン・ハーバーマスのような人物によって徹底的に再考される。市民的公共性および権力と民主主義理論の緻密な分析によって批判されざるをえない、こういう宿題として残されたわけである（本書第4章参照）。

それにしても筆者が思うのは、一種の「段階論」と言うべきかもしれないが、歴史と文化への洞察の必要性である。長時間労働に甘んじる日本人が、マルクスが挙げている西欧の時代考証には今でも真剣に耳を傾ける必要があるということだ。第三編第八章第六節「標準労働日のための闘争。

労働時間の強制法による制限。一八三三〜一八六四年のイギリスの工場立法」に出てくるところは傾聴に値する。

一八三三年の法律が宣言するところでは、普通の工場労働日は朝の五時半に始まって晩の八時半に終わるべきものとされ、またこの制限内、すなわち一五時間の周期内には、少年（すなわち一三歳ないし一八歳の人員）を一日のいかなる時間に使用しても、若干のとくにあらかじめ定められた場合を除き、同一の少年を一日のうちに一二時間以上労働させさせなければ、適法であるとされる。(14)

少年に労働させるという点はさておくとしても、一日に「一二時間以上労働させる」というところに注目させられる。現在の日本の残業時間の長さを思うとよく吟味すべきところだ。というのは「一日一二時間労働させる」とは今日の労働基準法でいう八時間労働に対して四時間の残業だから、一か月の労働日が二五日間とすると一〇〇時間残業になる、こういう計算であるからだ。二〇一八年、日本の労働組合が政労使交渉で妥協した残業時間が一か月に一〇〇時間未満なる決定だった。これは産業革命当時のイギリス並なのか。この労働時間の長さ、これが自称〝経済大国〟日本の、「国民幸福度世界ランキング五八位」の意味しているところではないのか！

また一時間当たりの労働効率を上げることによる剰余労働の増え高、という『資本論』のテーマは今日のＡＩの導入で大きくクローズアップされる。つまり新たな働き方改革の必要性である。その分の残業時間を減らすなり労働時間を減らすならばＡＩやロボットの導入の意味があるし、そうでないなら資本家を儲けさせるだけ、ということになるからだ。

最後に第一巻の最終編に当たる第七編「資本の蓄積過程」を見てみたい。第二二章「剰余価値の資本への転化」第三節「剰余価値の資本と収入とへの分割。節欲説」に興味深い叙述がある。資本家個人の葛藤が描かれているからだ。資本家にとって儲けすなわち剰余価値の使い方はどうなるか。一部は自らの収入として消費し、残りは蓄積され再び資本となる。その分割の仕方は資本家の自由意思による(15)。大金を浪費すべきか、否か。そこでファウスト的な魂の葛藤が起こる。

蓄積せよ、貯蓄せよ！　これがモーゼであり、予言者である！　「勤勉は貯蓄によって蓄積される材料を供給する」。ゆえに貯蓄せよ、貯蓄せよ！　すなわち、剰余価値または剰余生産物の能うかぎり大きな部分を資本に再転化せよ！　蓄積のための蓄積、生産のための生産、この公式において、古典派経済学は、ブルジョア時代の歴史的使命を表明した(16)。

マルクスは、当時の自由主義的古典派経済学への批判の手をゆるめることはない。「古典派経済学にとってプロレタリアは、ただ剰余価値生産のための機械としてしか考えられないとすれば、資本家もまた、ただこの剰余価値を増加資本に転化するための機械としか考えられないのである(17)」。このように表現される資本主義は強大な機械的システムとして立ち現れる。まさに「私悪すなわち公益なり」の行きつく先がここにあった、ということであろう。

そしていよいよ結論部分だ。マルクスはこの章で、そもそも産業資本主義なるものが西ヨーロッパで興ってくる由来を語る。第二四章「いわゆる本源的蓄積」は七つの節からなる。まずは「本源的蓄積の秘密」という第一節。ここは、どのようにして初期の資本が蓄積されていくかといった、いわば「資本主義の創世記」のようなものだ。

実際に、旧約聖書の創世記をたとえ話として出してくるところが興味深い[18]。旧約聖書の場合はアダムが善悪を知る木の実を取って食べたところで「原罪」が入り込むわけだ。これはアダムが自由意思をもっていたために起こった、つまりアダムは木の実を食べない選択肢もあった。しかしアダムは（エバが）蛇に誘惑されたとはいえ、実際に取って食べた。これはあくまでもアダムの自己責任に帰することであり、他者への転嫁はできない。その結果はどうか。労働の苦役が始まった、というわけである。

では資本主義創世記の方はどうなのか。マルクスの解釈によれば労働者が苦役に陥ったのは自分の責任ではなく、資本家のどん欲さによる。『資本論』の大前提はここにある、と言っていいだろう。だから資本家階級と労働者階級の階級闘争になる。そしてついには暴力革命、という順序になるわけである。しかし、今日、果たしてそのようにマルクスを、いやマルクス主義を受け取ってよいのであろうか。

現代人のマルクスへの関心への高まりはもう少し別のところにある。つまりケインズ－ベヴァリッジ的な資本主義の修正の方向にいった西欧諸国で、基本的人権の概念が確立し、生存権も一般化してこれらは憲法にも書き込まれる時代になった。いわゆる福祉国家論も登場した。しかし欧米型福祉国家論が行き詰まりを見せた。そのところで新自由主義の時代に入った（レーガン、サッチャー時代）。また資本家自身、単純な資本家という一個人よりも「資本の人格化」であることはその通りであるにしても、株式会社のような法人という人格そのものがごく普通の形態になっている。しかも経営側も複数の取締役がいてまた中身が複雑化してきていて、儲けも株主に配当しなければならないし、株主主権という言葉すらある。[19]労働者も単純ではなく、場合によっては、株主になれる時代だ。もっとも、貧困の問題は、すでに見てきたように新自由主義の時代に決して解決の方向に向かっていない。

別の面でマルクスの指摘がリアルに聞こえることがある。マルクスを正しく評価しその限界を知るためにも、先走りする前にまずはマルクスの説明を聞いてみよう。

資本家と労働者、この二つの階級が分かれたのは、一方では勤勉で利口で倹約の美徳があった側、他方で怠惰で浪費癖の悪徳があった側、という牧歌的な調子で片づけられない。現実の歴史では「征服、圧制、強盗殺人、要するに暴力が、大きな役割を演ずる。ものやさしい経済学では、初めから牧歌が支配していた。正義と『労働』とは、初めから唯一の致富手段だった」[20]。労働力商品の契約に基づいた売買という視点で見ればこうなる。買い手は貨幣、生産手段、生活手段の所有者、売り手は労働力以外に所有していない「自由な労働者」（または農奴のような奴隷的立場の人間）がいて、両者の出会うところで売買が成立する。「この商品市場の両極分化とともに、資本主義的生産の基礎条件は、与えられている。資本関係は、労働者と労働の実現諸条件の所有との分離を前提とする」。そしてこの分離は決してとどまることなくますます増大する。マルクスは自由主義経済を前提にしている。

資本主義初期

資本制的生産の発端は一四、一五世紀の地中海沿岸都市で部分的に始まり、はっきりするのは農奴制の廃止された一六世紀である。特にイギリスで典型的な形で見られる。いわゆる囲い込み運動だ。牧羊地確保の第一次囲い込み運動、換金穀物栽培地確保の第二次囲い込み運動（一八世紀後半から一九世紀前半まで）により、土地を追い出された農民がプロレタリアートとなっていった。こうして産業革命の同時進行と共に産業資本家階級とプロレタリアートたる賃金労働者は分極化する。これはイギリスの海外貿易拡大と覇権の確立と軌を一にしている。[21] よく知られているように、囲い込み運動では第一次は民間人主導、第二次は議会の立法化を伴っている。マルクスの総括はこういうものだ。

無保護なプロレタリアの暴力的創出、彼らを賃金労働者に転化する血の訓練、労働の搾取度とともに資本の蓄積を警察力によって高める元首や国家の卑劣な行為、これらを考察した後に、次に問題となるのは、資本家とはいったい最初はどこから来た人たちなのか？ ということである。[22]

これに対するマルクスの答えはひとまずこうである。「産業資本家の生成は、借地農業者のそれのように、漸次的に進行したのではなかった。多くの貧弱な同職組合親方と、さらに多くの独立小手工業者が、あるいは賃金労働者さえも、小資本家となり、そして賃金労働搾取の漸次的拡大とそれに対応する蓄積によって、資本家らしい資本家となったことは疑いない」[23]。

そうではあるが、中世のギルド的小親方は「賃労働の搾取」を目指さないから、それ自身が貨幣の自己増殖を推進する人ではない、またそこから小規模な資本家となった者もたまにはいた。しかしそれは近代的資本家ではない。近代的資本家の始まりとはこうである。

アメリカにおける金銀産地の発見、原住民の掃滅、奴隷化、鉱山内への埋没、東インドの征服と掠奪との開始、アフリカの商業的黒人狩猟場への転化、これらのものによって、資本主義的生産時代の曙光が現れる。[24]

こうして植民地化政策、また中国へのアヘン戦争なども含めて、「いずれの方法も、社会の集中され組織された強力である国家権力を利用する」人、これが「資本の人格化」の本質である。[25] このような方面の詳細な歴史的記述は近年のI・ウォーラーステインらの「世界経済システム」研究にも受け継がれている。[26]

さて、こうして第二四章第六節までは丹念に歴史資料に沿って比較的抑制的に記述してきたマルクスであるが、本章の締めくくりとなる第七節において次のように感情を込めた義憤を爆発させている。引用するに値する。

この（資本制的な）生産様式は、破壊されねばならず、破壊される。その破壊、個人的で分散的な生産手段の社会的に手中された生産手段への転化、したがって多数な人口の矮小所有の、少数の人の大量所有への転化、したがって、民衆の大群からの土地と生活手段と労働用具の収奪、この怖るべき苛酷な民衆収奪が、資本の前史をなすのである。それは、一連の暴力的方法を包括するのであって、われわれは、そのうちの画期的なもののみを、資本の本源的蓄積の方法として、考察したのである。直接生産者の収奪は、全く仮借するところのない野蛮をもって、もっとも陋劣、醜悪、卑怯な憎むべき激情の衝動の下に、遂行される。[27]

さらには資本主義への最後通牒となる有名な言葉が出てくる。

資本主義的私有の最期を告げる鐘が鳴る。収奪者が収奪される。[28]

このレトリックを駆使した表現は何なのか。マルクスが本当の解決は暴力革命以外にない、と考えていたのか。そうではなく晩年のマルクスは異なる考えであったのではないか。

近年のマルクス研究者から出ている別の解釈がある（本書第4章参照）。つまり、マルクスの労作を国家社会主義でなく穏健な共同体社会主義の方向で継承するということである。マルクスの表現を注意深く見てみよう。

資本主義的生産様式から生ずる資本主義的領有様式は、したがって資本主義的私有は、自己の労働に基づく個別的な私有の第一の否定である。しかし、資本主義的生産は、一種の自然過程の必然性をもって、それ自身の否定を産み出す。それは否定の否定である。この否定は、私有を再興するのではないが、しかしたしかに資本主義時代の成果を基礎とする、すなわち、協同と、土地および労働そのものによって生産された生産手段の共有とを基礎とする、個別的所有をつくり出す。(29)

つまりこの文脈での「否定の否定」が、マルクスが資本制の歴史的末路とその葬りを述べている箇所に出てくるので、歴史的に解釈されてよいということである。最初の私有財産の「否定」とは農民が自分の土地を奪われたこと、ギルド職人が自分の生産手段を奪われたこと（つまり資本主義社会の成立）、次の「否定」とは歴史の進行の中で土地や生産手段を再び自分たちに取り戻すこと。これは協同組合的生産形態にするという意味で、本書第4章で述べるように共同体社会主義の方向性として受け取れる、と。

結語

さて長々とマルクス自身の手になる『資本論』を見てきた。その理由は、最初に問題提起した「労働の二重性」へのヒントを得たいからであった。もう一度、冒頭の引用を思い出そう。「すべての労働は、一方において、生理学的意味における人間労働力の支出である。そしてこの同一の人間労働、または抽象的に人間的労働の属性において、労働は商品価値を形成する。すべての労働は、他方において、特殊な、目的の定まった形態における人間労働力の支出である。そしてこの具体的な有用労働の属性において、それは使用価値を生産する」。

最後の「有用労働」ということでマルクスは何を意味していたのか。品性ある人間の労働を回復したかったのではないか。いずれにせよ、単純労働と複雑労働の区別がまずあった。人間労働を単純系で見れば、唯物論的には、生理学的意味で身体性を駆使して力仕事となるだろう。精神性は二の次だ。いくら近代性を主張したところで、身体性のみの駆使は、それ自身は奴隷にでもできる労働で終わり、単なる商品価値（交換価値）と使用価値で尽きてしまう。

しかし本書第2章で見たように、人間そのものを複雑系として見れば、精神性と身体性は切り離せないのである。ましてや人間社会はそれ自身、本来、複雑系で見なければならない。つまり世界1～4の相互浸透の中での労働である。このとき、複雑系の意味はむしろ協働労働によって新たな使用価値を生産する、という可能性を探るべきである。資本家―労働者という二項対立は、今日では労働の現場でもあまりに単純だ。「目的の定まった有用労働」とは労働者本人にとっても有用でなければならない。

すでに見たように、哲学のタイプとしては、単純系は脳と心の関係において唯物論的な決定論に導く。複雑系はそれを超えたカオス的遍歴による人と人の交流の意味、品位ある友愛と慈悲も包含できる。精神的働き、道徳的働き、感情的働きも含む批判的実在論となる。第2セクターを否定しているのではない。そうではなく人間の経済活動において「自己利益のみの追求」の人間観を否定しているのである。生産、消費、流通、その他で自由、自主、自治の下に協同組合的な協働労働の社会にすること、第3セクターを強固にすること、これが極端な資本主義の方向を和らげる。市民社会を有機的に豊かにし、労働する喜びと国民生活の幸福度を上げていく。

また労働に「人間と自然との間の物質代謝」「労働はその父であって、土地はその母である」という面があるということが重要だ。[30] 労働に「人間と自然との間の物質代謝」というコスモロジカルな面で見れば今日の環境問題につなげて、積極的な生命活動として労働者本人にも（労働力を購入した）雇用者にも大いなる精神的・人間的・生態学的な使用価値をもたらす、ということだ。

芸術作品であれば商品としても価格で交換された以上に何十倍もの使用価値がある。協働労働が自分たちで雇用し自分たちで労働する形態ならば「使用価値」の意味はよりはっきりするが、そうでない雇用形態の場合でも可能であろうし、またそれを四セクター論が目指したいことである。ある意味で「労働の二重性」の矛盾を解消する方向だ。これは批判的実在論に立つ公共哲学で可能になる。第5章で詳述したい。

3　宇野経済学の「経済法則」

宇野弘蔵はマルクスの『資本論』研究で独創的な地位を保持していて、宇野学派と呼ばれる後継者たちがいる。専門の経済学の分野で多くの業績があるが、ここでは「労働の二重性」について筆者が読み取ったことを記す。さらにマルクス経済学とマルクス主義の区別の問題、そこから出てくる社会科学と自然科学の「法則性」の理解が特筆に値する。以下の叙述は主として『資本論の経済学』(宇野弘蔵著作集第六巻)に依拠している。

「資本論」の経済学

人間の生活一般には「最少の労費をもって最大の効果を上げる」という面がある。場合によっては文化・学問や芸術にすらこういう面があるかもしれない。この発想は広い意味で経済の原則と呼ばれるもので経済学、特にマルクス経済学とは直接の関係はない。例えば「領主と農民の関係のもとに営まれる農村の経済とか、あるいは今日の大部分の家庭内の経済生活など」もこういった経済原則に支配されているであろうが、これはマルクス経済学の直接の対象ではない。(31)

ではマルクス経済学わけても『資本論』全三巻の対象とは何か。それは近代に成立した商品経済の法則である。ただし、少なくとも一社会が根底から商品経済化するということは、近代の資本主義社会になって初めて実現された。もちろん値段のついた品物が行き来している社会はそれ以前の経済生活にもあったとしても、いまだ、商品経済が根底から支配する「資本主義社会」とはなっていなかった。今日、「商品」の範囲はマルクスの時代に比べて無制限に広がっている。いわゆる財やサービスのみならず「金融商品」というものまでが売り買いされる時代なのである。「商品に表された労働の二重性」も無制限に広がってもおかしくないだろう。

こうして『資本論』全三巻をテキストとして、ある場合には批判を加えつつも現代の商品経済なるものを正確に読解することが宇野経済学の内容である。したがって『資本論』の一言一句を教義的に公式化するのではなく、科学的に理論化していくという態度を貫こうとする。そこから資本主義を規制する三大経済法則とでも言えるものを抽出する。宇野によって「資本家商品経済の法則」として挙げられているものは以下の三つである。①価値法則、②人口法則、③利潤率均等化の法則。いずれもマルクスによって発見されたもの、と宇野は言う。これは自然科学の法則と似ているようでいて、後に述べるように多くの点で異なっている。

まず「価値法則」について。

マルクスは「労働の二重性」について商品との類推で次のように商品価値と交換価値を区別していた。「すべての労働は、一方において、生理学的意味における人間労働力の支出である。そしてこの同一の人間労働、または抽象的に人間的労働の属性において、労働は商品価値を形成する。すべての労働は、他方において、特殊な、目的の定まった形態における人間労働力の支出である。そしてこの具体的な有用労働の属性において、それは使用価値を生産する」。ここで「すべての労働」は主語になっていて価値を規定しているのは明らかなのだが、だれにとっての価値かは必ずしも明らかではない。資本の側に立った場合（資本家的商品経済の価値法則）、労働力商品というのは購入した後にどう使うかという自由度がある。具体的なあれ、これに使用するという使用価値以前に、労働力商品は色々な生産過程に役立てられる自由度がある。「抽象的に人間的労働の属性」をもっとはそういうことだ。

資本家にとって物と人間では使い勝手に雲泥の差があり、労働者という人間から生み出される生産物につける剰余価値は資本家の側に相当の自由度がある。例えば、長時間労働を課して大きな剰余価値をつけることも可能だが、あまり剰余価値をつけすぎてしまうと、今度は他の資本家の側から生み出された生産物との間の競争力に勝てない、したがっておのずとある所に剰余価値は落ち着くことになる。ここには商品価値と無関係に使用価値の間でも「労働の二重性」がある。つまり労働者自身が自らの自由意思ではどうにもならない労働時間ではあるが、労働者が疲弊しすぎないように配慮した資本家側の自由意思が強く働くからだ。もっとも「労働力の商品化」という事態を容認すること自体に問題はあるのだが、これを仮定してしまえばあとは「資本家的商品経済の価値法則」は受け入れざるをえないだろう。商品の価値形態は論理的順序としては「簡単な価値形態」、「一般的価値形態」そしてついに「貨幣形態」として価格を付けられる[32]。

次に人口法則についてである。

労働力は資本の生産物ではない。では、労働者はどのようにして資本家の前に現れるのか。言うまでもない、人間として生まれるからだ。どこで生まれるのか。常識的には家庭であろう。労働力商品が自由に売買されるためには労働者人口は絶えず供給されていなければならない。これは大前提だろう。そうでなければ経済学など学問として成り立たない（今日の日本で、各家庭で生まれる子どもの数が減ってきて、人口減少が大きな社会問題になっている）。マルクスが暴いたように一九世紀イギリスの工場での例えば劣悪な環境下では、人は生まれてもすぐ死んでしまう。だから、産業循環過程で決まるような賃金という循環概念も、もっと人口法則との関係で考えるべきだ。

労働者の生活状態について単に自然的な条件で決定されるものではなく、歴史的にも決定される。「この歴史的に決定される条件なるものが、マルクスの明らかにした人口法則によって決定される」。「資本主義は必要労働時間を短縮して得られる相対的剰余価値の生産をなすことが特性であり、マルクスも協業、分業、機械的大工場としてその発展過程を明らかにし、産業革命によって資本主義の確立を説いているが、それは資本主義に特有な人口法則を展開する基礎になる[33]」と宇野は言う。

特に重要なのは、人が生まれるのは経済法則の外にある家族生活、ここにおいて誕生するので、「労働者は与えられる[34]」という認識である。「与えられる」というのは与件、つまり、自然科学との類比で言えば、当該システムにとっては法則性を成り立たせる外からの境界条件のようなものだ。ここで「労働の二重性」は自由な近代的個人として自由に自分を労働力として売る面と、家族からは自由になれないので家族のために労働するという別の面の葛藤ということとしてもあらわになるだろう。

三番目に「利潤率均等化の法則」について。

宇野は経済主体を人間ではなく資本としているので、ここに経済法則を見えやすくしている。つまり、これは裏を返せば、人格を商品経済の外におくことによって経済学を理論化して非人格的な物理学に近づける、という手法のように筆者には思える。そうすれば科学法則として確立しやすいだろう。ただしこのような法則は自然科学の法則と異なり実験によって決して再現できないし技術として応用もできない（後述するスターリン論文の誤り）。

産業によって資本の構成には相違があり、生産手段にあてられるそれ自身は価値増殖をしない資本（不変資本）がある。資本は剰余価値の生産の多い方を選び、剰余価値の生産の低い産業を避け、「価値から離れた生産価格を導入することにより、資本は社会的に受容される生産物を、全社会の資本の生産する剰余価値が、各資本に平均的に分けられるようにする」[35]という、資本主義に特有の利潤率平均化の法則を明らかにした。「資本家はもちろんいろいろと仕事はしても自ら物を生産するわけではないので、労働者の生産する剰余価値を資本の額に応じて分配するということになんらの不平も不審もいだくはずはない。ただ、できればより多くの分配を得たいと競争するだけで、結果が平均的利潤を得るということになる」[36]。「労働の二重性」は資本家が剰余価値を自らのものにしたいにもかかわらず、現実には他の資本家に分配されてしまう、という矛盾としてあらわになるであろう。

さて、これら資本主義的生産を規制する三大法則を挙げたあとに、宇野はこれらが自然法則とどのように違うかを記している。

経済法則の特殊性

価値法則が貫徹する関係があるためには、商品は価値を表す価格によって売買されなければならない。しかし現実には価格の変化があり、商人資本的な利益追求があって、価値法則は貫徹しない特殊な法則である。自然法則のような客観的なものとはならない。スターリンはこれを客観的な自然法則のように見たために技術化して社会発展過程に利用できるとした。これは完全な誤解である。資本家的商品経済の価値法則は、自然法則のように人間の行動の外にあるのではない。

商品の価値を貨幣で計るといっても、それはモノサシで物の長さを計ったりするのとはまったく違って、商品の売手のつけた値段で貨幣の持ち手としての買手が買うか、買わないかという形で行われる。もし売れなければ値段を下げ、売れれば値段を上げ、それによってその商品の供給を需要に適応せしめることによってその商品の価値を尺度することになる。

これは無政府的に生産される商品を社会的にしかも法則的強制をもって規制しているということである。いわば個人的利害関係をもって、社会的経済性を強制的に確保しようというのである。商品経済の無政府性はこういう意味でその裏に法則的規制をもっているのであって、決して無法則性ではない[37]（筆者はこれを法則性よりもむしろ規範性と言うべきだと考えるが――後述）。
したがって利潤率均等化の法則もそうであるが自己の発展過程の内にその法則を強制して貫徹せしめることになるのであって、法律や政治のような意思的な人為的イデオロギーによるものとはまったく異なる。人類社会の進歩をもたらす科学技術の発達、応用は経済法則の外にあることは確かであるが、資本主義社会ではそれが特殊な経済法則を通して実現される。

資本主義はあるときには過大に、あるときは過小に、あるいはある産業部門では過剰に、他の産業部門では過少に生産しながら、またそれを自ら訂正させられてゆくという、いわゆる無政府的生産を通して、その「諸法則」を展開するのであって、その「法則」自身を明らかにする場合にも、価格の運動によって訂正させられたものとして考察しなければならないということである。

逆に価値法則がそういう価格の運動を支配していると言ってよいのであるが、自然科学の実験室の場合のように、「法則」が客観的に「純粋に展開される」ということはない。たとえ資本主義の発展が完成して「以前の経済状態の残りのものによる資本主義的生産様式の不純化や混和が除かれ」てしまったとしても、「純粋に展開される」ようにはならない[38]。宇野はスターリン論文を批判して書いている。

「客観的法則を認識」し、これを「たくみに応用する」といっても、それは「資本家的生産方法」と共に「価値形態も価値法則も消滅」せしめる以外に方法のないことで、たとい一時に全面的に商品経済を除去しないにしても、基本的な点でこれを廃棄し、そこに計画化を可能ならしめる拠点を維持しないかぎり、「商品流通にかわって生産物交換を導入する」ということも出来ない[39]。

なぜこうなるのだろうか。そこで、宇野の議論からしばらく離れるが、筆者なりの方法で、社会科学の法則と自然科学の法則の違いをもう少し詳しく見てみたい。自然科学のよく知られた法則、中学生でも知っているニュートンの重力の法則と比較してみよう。

ニュートンの万有引力の法則 $F=G\cdot mM/r^2$ が一七世紀の時代に発見された。もう一つニュートンの運動法則 $ma=F$ と組みあわせて、微分方程式を解けば物体の間の運動の形態が得られる（a は位置すなわち r の時間による二回微分としての加速度）。太陽系の惑星運動などの形はこれで予測できる。ただしここで初期条件や境界条件が必要になる。これはいわばシステムの外部から課す条件で、しいて類推をきかせれば経済法則では人口法則に相当するであろう。

ただ価値法則のようなものはシステム内部の関係のみで決まってくるので、このことを考慮すれば、経済システム自身がいわば複雑系の典型となる。当然であるが、第2章で述べたように人の志向性や自由意思等が介在して、複雑度が強く上がりシステムの正確な予測は不可能になる。ただ、ある種の秩序が現れてくる可能性があるので、そして実際に現れているので、これを宇野が〝法則〟と表現したと考える。自然科学の場合の法則性と紛らわしいので、筆者は経済法則ではなく経済規範と呼んだ方がよいのではないかと考えるわけだ。

さらに四つのことを注意したい。

1．ニュートンの法則ですら「近似的」法則である。今日では重力の法則はアインシュタインの一般相対性理論によって〝置き換えられる〟。一般相対性理論は、特に重力の大きな「マクロな世界」で重要な役割を果たす法則だ。二〇一九年四月にブラックホールの撮影に人類が初めて成功し、多くの人々が宇宙的にマクロな強力な重力の作用している問題に、一般相対性理論の有効性を実感した。なぜならブラックホールという解はニュートン力学の範囲内では出てこない解だからである。地球から約五五〇〇万光年（一光年は約九兆四六〇〇億キロメートル）離れた、おとめ座の「M87」という銀河の中心部にある巨大ブラックホールだという。

またニュートンの法則が一般相対性理論に〝置き換えられる〟という意味は、ある近似的な手法でニュートン力学に戻れるということである。しかし実はこの「近似的」が大問題である。大きな内容の転換がここにある。言ってみれば物の見方ないしは自然哲学、つまりは広い意味で世界観の転換のレベルで違いが起こっている。ニュートン力学は遠隔作用論であり、一般相対性理論は近接作用論（場の理論）だからである。光速度（c）を無限大にすれば遠隔作用論すなわちニュートン力学に移行する、とはいっても光速度が有限（c＝三〇万キロ／秒）と無限大（c→∞）では数学的に質的差がある。この違いは哲学的にはまったく異なる世界観と言わざるをえない。

2．「ミクロな世界」での量子力学の発見と観測の理論についても同様のことが言える。これも原子という「ミクロな世界」にニュートン力学は成り立たず量子力学に〝置き換えられる〟。ただし等身大の世界では依然としてニュートン力学は近似的に成り立ち、弾道ミサイルの軌道計算もこれで十分である。もっとも、ミサイルの先端に搭載する核爆弾になると量子力学の原理を知らずして設計すらできない。量子力学が人文・社会科学に大きな関心の的になった理由は、観測のさいの観測者の役割であろう。観測者が観測するかしないかで（人文学的には主体が関わるか関わらないかで）結果が変わってしまうという点である。だから科学でも主体依存性が生じ、単純な客観的法則はなりたってはいないのではないか、と。しかしそのような通俗的理解は間違いである。

観測という行為なくして実験データを収集できない、という点では古典力学も量子力学も同じである。電子は古典的には粒子であり量子力学的には波動である。E＝hνというエネルギーと波動の振動数の関係式が物理学の教科書に出てくるが、ここでhが有限な小さな定数（プランク定数）であることが古典論と量子論の間をつなげる。ニュートン力学に移行させるにはh↓0という極限操作が必要で、やはりニュートン力学と量子力学に世界観の違いがあると言える。

ただし、量子力学は波動力学として表現されているので、観測という行為がなされたときに波動（波束）の収縮が起こり、電子の位置等々が確率としてしか予測できない、という点が異なるだけである。それでも確率論的な計算値は予測できる。だから観測主体が関わるかどうかで理論内容に変更を受けるわけでも何でもない。予測困難さという面で言えば、むしろ複雑系の方が物理学の発想に革命的な変化をもたらしたのである。予測可能性という自然科学の基本的な発想は〝決定論〟からきていたのだが、複雑系の基本は〝非決定性〟にあるからである。

3．検証ということ。自然法則は数学的表現に解が得られれば、またはコンピュータ・シミュレーションを行えば、実験室や自然界で条件さえ整えば検証できる。しかし経済法則は検証ができない。近代経済学で数理的モデルをつくってシミュレーションしたところで、予測はほとんど外れている。なぜなら宇野によってすでに言われているような理由からである。換言すれば、経済の対象が人間の集団であり、そのシステムが高度の複雑さをもっているからである。

それ以上に重要な違いは、経済法則は資本主義社会によって造られている「規範」であって、自然科学の法則は人間社会が造ったものではなく、それ自身が人類出現以前から「与えられている」ということである。また経済法則は人口法則という人間の営みを外部性にもっているために、例えば西洋近代と日本近代で成立する〝強度〟に違いが出てくる、その違いは社会の文化・歴史的条件によっている、ということである。宇野理論では段階論[40]ということである。例えば日本社会には〝滅私奉公〟という著しい特徴があるので（終身雇用、年功序列などの外部条件が入り）、西欧近代の「自由な個人による契約」というような前提が成り立たず、経済法則を弱める可能性が多分にあったのではないか。

4．哲学との関係。一つは普遍と特殊ということ、つまりニュートン法則は特殊であり、一般相対性理論はより普遍的に成り立つということである。またニュートン力学にしろ、一般相対性理論にしろ、物理法則を認識することが唯物論を採用することではないように、経済法則を認識することもやはり唯物論を採用することにはならないということだ。これらは哲学的フレームワークとしての批判的実在論から説明すれば、主体である私が世界を認識する場合に意味の世界として階層的に世界1〜4を整合的に受け取っているわけだが、唯物論という場合には世界全体が世界1に還元されているということである。そしてそもそも自由意思をもった「私」ないし主体とは何か、という問題が残るのである。

さて、マルクスの議論では唯物論から唯物史観が出てくることになっている。そこで、以下では宇野による唯物史観の要約(41)とその批判的検討である。

① 人間は、その生活の社会的生産において、一定の、必然的な、彼らの意思から独立した諸関係を、つまりかれらの物質的生産諸力の一定の発展段階に対応する生産諸関係をとり結ぶ。この生産諸関係の総体は社会の経済的機構を形づくっており、これが現実の土台となって、そのうえに法律的、政治的上部構造がそびえたち、また一定の社会意識諸形態は、この現実の土台に対応している。物質的生活の生産様式は、社会的、政治的、精神的生活諸過程一般を制約する。人間の意識がその存在を規定するのではなくて、逆に人間の社会的存在がその意識を規定するとされるのである。

② 社会の物質的生産諸力は、その発展がある段階に達すると、今までその中で動いてきた既存の生産諸関係、あるいはその法的表現にすぎない所有諸関係と矛盾するようになる。これらの諸関係は、生産諸力の発展諸形態からその桎抗へと一変する。このときから社会革命の時期が始まるのである。経済的基礎の変化につれて、巨大な上部構造全体が、徐々にせよ、くつがえる。このような諸変革を考察するさいには、経済的な生産諸条件に起こった物質的な、自然科学的な正確さで確

認できる変革と、人間がこの衝突を意識し、それと決戦する場となる法律、政治、宗教、芸術、または哲学の諸形態、つづめて言えばイデオロギーの諸形態とをつねに区別しなければならない。ある個人を判断するのに、彼が自分自身をどう考えているかということには頼れないのと同様に、このような変革の時期を、その時代の意識から判断することはできないのであって、むしろこの意識を、物質的生活の諸矛盾、社会的生産諸関係との間に現存する衝突から説明しなければならないのである。

③　一つの社会構成は、すべての生産諸力がその中ではもう発展がないほどに発展しないうちは崩壊することは決してなく、また新しいより高度の生産諸関係は、その物質的な存在条件が古い社会の胎内で孵化し終わるまでは、古いものに取って代わることは決してない。だから人間が立ちむかうのはいつも自分が解決できる課題だけである、というのは、もしさらに詳しく考察するならば、課題そのものは、その解決の物質的諸条件がすでに現存しているか、または少なくともそれができ始めている場合にかぎって発生するものだ、ということがつねに分かるであろうから。

④　大ざっぱに言って、経済的社会構成が進歩してゆく段階としてアジア的、古代的、封建的、および近代ブルジョア的生産様式を挙げることができる。ブルジョア的生産諸関係は、社会的生産過程の敵対的な、といっても個人的な敵対の意味ではなく、諸個人の社会的生活諸条件から生じてくる敵対という意味での敵対的な、形態の最後のものである。しかしブルジョア社会の胎内で発展しつつある生産諸力は、同時にこの敵対関係の解決のための物質的諸条件をつくり出す。だからこ

の社会構成をもって、人間社会の前史は終わりを告げるのである。

以上のマルクス的な史的唯物論に対する宇野の批判は以下のようである。

①で土台となる経済的機構の下部構造とそれ以外の上部構造の区別をして、下部構造が上部構造のイデオロギーを「制約する」というが、その理由は明確でない。

②で「経済的な生産諸条件に起こった物質的な、自然科学的な正確さで確認できる変革」というが、実際に「自然科学的正確さ」で確認できない。

③で「その解決の物質的諸条件」も明確にできない。

④経済学は、進歩していく段階の近代ブルジョア的生産様式のみの商品形態を対象としている。だから経済学のうちで唯物史観という歴史全体を説くことはできないし、逆に唯物史観のうちで経済学という一個別科学を説くこともできない[42]。しかしマルクスは『資本論』第七編第二四章第七節で経済学によって唯物史観を説くような規定を与えている。これが誤謬のもとであり、マルクス主義がイデオロギーになってしまう理由である[43]。だから「最期の鐘が鳴る」「否定の否定」というマルクスの表現は納得いかない。

このような宇野の批判を、われわれの四世界論を使って言い換えれば以下のようである。世界1がさらに「数的、空間的、運動的、物理的、生物的」と分割される。例えば物理学は物理的局面の個別科学であり、経済学は世界3がさらに「歴史的、言語的、社会的、経済的、美的、法律的、倫理的、信念的」と分割されるうちの経済的局面の個別科学である[44]。

上部になればなるほど複雑さの度合いは増してくるだけではなく、社会・人文科学の場合は対象が人間であるのでその人間の一人一人が、さらにこの図全体の世界認識の構造をもっていて、いわばフラクタル的に内部構造をもっている。そのことが自然科学（世界1の科学）とは異なっているのである。経済法則なるものが自然法則と同じレベルで成り立ちえないことが明らかになるであろう。

宇野の批判的実在論

ところで宇野は『資本論』第七編第二四章「いわゆる本源的蓄積」の第七節について、ここの部分だけに集中して詳細な論文を書いている(45)。特に「否定の否定」についての解釈は以下の通りである。

第一の否定の過程は、私有の浸透、発展として、種々なる社会を通して展開されたのであって、中世封建社会を否定する資本主義社会においてその完成を見た。また資本主義社会の否定は、単純に資本家的商品経済を否定するというだけでなく、マルクスのいわゆる「人間社会の前史」を終えるものとなる。ただ、根本的に重要なことは第一の否定が、その変革の歴史的意義を科学的に明確にされないまま行われるのに反して、第二の否定は、必ず科学的社会主義として行われるという点である。それと同時にこの科学的社会主義は、いかなる意味で科学的であるかが明確にされなければ、真に科学的であるわけにはゆかない(46)。

こうした宇野の『資本論』批判の議論は、先にわれわれが示した「共同体社会主義」の方向への読解をも可能にするであろう。

次に観念論（idealism）と唯物論（materialism）への批判である。

「資本主義的生産様式の不純化や混和が除かれて法則が純粋に展開される」といっても、理想型になるということではない。経済法則で規定される資本主義社会というのは一七、一八世紀以来の資本主義の発展自身が示すものであって「ウエーバーの『理念型』（ideal type）などとは全く異なって、二〇〇年の資本主義の発展とそれに伴う経済学的研究とが、客観的に確立してきたものだ」という。[47] この宇野の表現がまさに批判的実在論（critical realism）ということの意味である。もう少し詳しく見てみよう。観念論（idealism＝唯心論）と唯物論（materialism）そしてそれに対する現代の批判的実在論（critical realism）とが、どこが同じでどこが違うのかを理解する上でも重要な議論である。特に本章第6節で詳述するように、今日の「宗教と科学の対話」の成立根拠としても批判的実在論は重要になる。

実は、宇野は別稿でマックス・ウエーバー批判を書いているのでそれを参照にしつつ見ておきたい。「社会科学の客観性」と題する論文である。[48]

ウエーバーにとっては、抽象的経済理論そのものが、すでに彼のいう「理想型」（ideal type）である。宇野によれば、価値論が抽象的な形で説かれなければならないのは、それが資本主義社会の根本原則であるからである。純粋資本主義社会を想定してこれを抽象して説くからであって、ウエーバーのように理想型（理念型）の方法を展開するためではない、と宇野は言う。「かかる理想型社会は、まさに価値法則の理解のための手段にすぎない。いわば社会科学における実験装置である。しかしそれがかかる手段であるということは、ウエーバーの考えるように『法則』そのものが『手段』にすぎないものとする理由にはならないのである」[49]。価値法則は、歴史的に成立した資本主義社会のみに成立している法則なのであってイデアの世界にあるものではない、ということだ。

では、ウエーバー自身は社会科学の「法則」をどう捉えているのであろうか。ウエーバーにとっては法則とは「人は決定的な標識は文化科学においても窮極において一定の因果結合の『法則的』反復の中に見出し得るというように繰返し信じて来た」[50]という「信じる」レベルである。「混沌に秩序をもたらすものは、いかなる場合にも個性的実在の一部分のみ」でかつ「この一部分のみが、われわれが実在に近づくに際して把持する文化的価値理念に関係する」[51]というレベルの法則把握だ。ウエーバーの「理念」(idea)としての法則の強調は、まさに観念論(idealism)と言ってよい[52]。

しかし宇野にとっては「法則」は理念ではない。だから「混沌に秩序をもたらすことは、客観的歴史的過程自身に法則性なくしていかに行われ得るか」と問い、こうして得られていく知識の関連を重視し「この知識を基礎とするわれわれの行為自身を通して、われわれはこの法則性の客観的存在を実証しつつあるのではないか」[53]と問う。まったくその通りである。宇野が観念論ではなく実在論それも批判的実在論(critical realism)の立場に立っているのは明らかである。「知識と行為は切り離せない」、これも批判的実在論の重要な要素である。

社会科学の「法則」は自然科学の「法則」ではないが、現実にそこから得られた知識を使って、人間は行動によって歴史自身を意識的・能動的に変革しつつあるのである[54]。「意識的・能動的」は、まさに心と体が環境との相互作用の中で働いている人間の現実である。

さらには、ウエーバーの知覚論への批判も興味深い。ウエーバーが「個々の知覚に映ずる実在も、詳しく見てみるといつでも限りなく多くの個々の成分を表し、これらは決して知覚判断において漏れなく言いつくされ得ない」(55)というのを受けて、宇野は次のように言う。「個々の知覚に映ずる実在」と言うが、しかし「知覚されないものが存在しないともいえない」と。知覚されないものにまで心と体の働きの能動性を認めるこういう言い方自身が、まさに従来の実在論の射程を唯物論から拡げるものである。これを、宇野自身が提起している言葉ではないにしても、唯物論即唯心論、すなわち新しい歴史的事実に対応しようとする批判的実在論の立場、筆者はこう呼ぶのである(56)。ついでながら、近年のマルクス研究者の中には批判的実在論との関係で、マルクスの哲学を位置づけようとする人々もいる。例えば米国のJ・B・フォスターは英国の哲学者ロイ・バスカーの批判的実在論を引用しつつ、自然科学と社会科学の領域を横断してエコロジー問題を論じる方法論を提起している(57)。

整理しよう。宇野弘蔵は『資本論』の徹底的な研究を通して、ここに教条主義的にとどまることをしない『資本論』の真の意味での批判者である。マルクスの『資本論』の読解から緻密な理論的分析によって「原理論」を仕上げた。その後に、その確実さは減っていくにしても「段階論」「現状分析」へと探求を進め、社会を変えていくプログラムを出したのである(58)。つまり資本主義を成り立たせている「労働力の商品化」(59)を廃棄した後にどうなるか、という問いに対しこう応えるのである。『資本論』の経済学は、変革の対象と主体を明らかにするが、それに代る社会の構造を明らかにするものではない。……経済学で明らかにされる資本主義社会に代るものを新しくつくってゆかねばならない[60]」。このように明らかにされた「変革の主体」によって社会が「全く新しく創造されなければならない[61]」ともいい、その能動的な志向性を示唆するのである。

こうして、宇野における「労働の二重性」への回答は、「労働力の商品化」がもつアンビバレンスを価値法則、特に経済法則として明確にするということであった。同時に経済学という分野から社会の「変革の主体」の重要性をも指摘したのである。

さらにまた『資本論』を経済学の領域の科学として抑制することが、逆に「法律、政治等の社会科学はもちろんのこと、宗教、芸術、哲学等のいわゆる文化科学に対してもその科学的研究の途を示すことになる[62]」という宇野の言明の意味を明確にしていきたい。そのために次に滝沢克己(一九〇九〜一九八四)の取り組みを見ていくことにしよう。

4　滝沢克己の「経済原則」と「主体の二重性」

主体即客体

すでに見たように、マルクスの「労働の二重性」の説明部分はきわめて分かりにくい。あの持って回ったような表現で実際は何を言いたかったのか。これが滝沢克己の解くべき大問題であった。

マルクスの「労働の二重性」の分かりにくさは、「人間存在の根源」に迫ることを目指したにもかかわらず、それを発見できなかった。それゆえのもどかしさの現れに他ならない。こう滝沢は解釈する。それを見るためには、マルクスの「人間即自然」「個即類」という表現に込められた内容を深く読み込んでいくことである。マルクスはこの表現をフォイエルバッハの人間論から学んだ。しかしなぜマルクスはフォイエルバッハの人間論に依拠する必要があったのか。

マルクスの「労働の二重性」の分かりにくさは、労働する主体がもつ存在の二重性にある。それを、経済学としては無内容なフォイエルバッハの哲学的人間学を承けて、これを経済学に持ち込んで解決しようとした。それが分かりにくさの原因なのではないか。このような疑問に対し、いや決してそうではない、と滝沢は言う。ヘーゲルとその根本的批判としてのフォイエルバッハの哲学的人間学なしには、アダム・スミスの経済学を、あのように徹底的に理解・批判して、『資本論』の体系を構成することなどは、マルクスの天才をもってしてもおそらく不可能だったであろう、と[63]。こう書いている。

マルクスの不幸はむしろ、かれがフォイエルバッハの人間学を受けとるにさいして、その哲学的人間学、キリスト教批判そのものに、最も根本的な点でなお一歩精密にすべきものの残っているのをそのままにして、かれの経済学に全精力を傾けつくさざるをえなかった点にあった[64]。

では、哲学者としてのマルクスに要求する「一歩精密にすべきもの」とは何か。それは「人間即自然」「個即類」の内容を突き詰めるということである。それは「人間存在の根源」の姿、「神即人」ということである。もっとも、この場合の「即」とは「即非の論理」（鈴木大拙）の「即」の使い方と同じで、内容に存在論的な豊穣さをもっている、そのことを後に説明する。

滝沢はマルクスそして宇野弘蔵の業績を受け取り、宇野自身が自らを経済学に限定したことを評価しつつも、これを哲学の次元へとあえて拡大して、人間と世界のあり方へと歩みを進めることとなった。まず人間の主体（subject）への言及である。

滝沢は「私（わたし）」意識という「主体」と、これを他者が「客体」として観察して見るデカルトの方法を一応は認める。この「主体の二重性」をさらに進めたフォイエルバッハの『キリスト教の本質』[65]に関連づけて、以下のように記す。

この（人間の）応答は、宇宙の一点に局限された一個の主体の成した形として、一面において、どこまでも当の人間的主体に従属するものであると同時に、他面において、むしろそれ以上に、かれ自身の成り立ちの根もとに呼びかけているロゴスの支配に属するもの、その判決を受けているものである。「人間は動物とちがって、自己自身と対話する」。人間の生は、「外に属する」（äusserlich）と同時に「内に属する」（innerlich）ものとして、かならず「二重性を帯びている」[66]。

このようにして人間は個別即普遍的・永遠に現在的な決定を無条件に受けている個別的・瞬間的な主体としてのみ成立する。そうであるがゆえに、人間の生の現実は、人間の好むと好まざるとにかかわらず、時間的・空間的、歴史的・社会的たらざるをえないのである。

この「人間存在の二重性」は歴史的・社会的にはマルクス＝宇野の「経済法則の歴史的二重性」として現れる。その二重性とはこういうことだ。一面において、資本主義社会の「経済法則」は、そのはたらきの必然性の積極的根拠をもっぱら絶対無条件的に必然的な「経済原則」そのものに負うものとして、それ自身の人間の意思から独立な客観的法則である。また他面において、同じ原則の要求を人間が商品形態をもって間接に充足するかぎりその効力を保持するものとして、資本主義社会の根本的変革が遂行されると同時に廃棄される、こういうことだ。そして滝沢は廃棄される時期について、「同じ原則を直接かつ自発的に充足する社会主義社会が人間によって実現されると同時に廃棄される」、としている。(67)

もっともこの実現されるべき「社会主義社会」とは何か、その意味はもっときちんと吟味されなければならないだろう。またマルクス＝宇野の商品社会すなわち「純粋な資本主義社会」はウエーバーの「理念型」とも違う。そうではなく「人間がその実際の生活のあとからする『自由な』反省の次元、認識のうちがわに属するといういみで観念的（ideell）なものではなく、むしろ、実際の生活、その形態ないし発展に先立ってそれを支配している必然的な力としてそれじたい実在的（reell）なもの」とも言っている。だから、現実にある「労働力の商品化」は非人間的であり、廃棄されなければならない、と。

そして、そのような実在的な資本主義は廃棄されることが望ましい、と滝沢は言う。「純粋な資本主義社会とはとりもなおさず『価値法則の全面支配』・『労働力の商品化』・『恐慌の必然性』のことに他ならないかぎり、できるならば、このような形態を避けることが人間にとって望ましい」[68]。「経済原則」がまずあって、これの逆対応として資本主義社会があり社会主義社会がある。いや、実は、人類の初期の生産様式の頃から「経済原則」はあるのだ。そしてその「経済原則」の背後に「人間の意思や思想から独立な深く隠れた力（ロゴス）」が働き[69]、それは商品所有者となった近代人に、見える形の二重性と矛盾を引き起こす。自由人が不安と焦燥のとりことなる矛盾だ[70]。宇野はこの人間存在の二重性と矛盾に思い至らなかった。つまり、その隠れた力に背反する「私」（privat）の矛盾、これに思い至らなかった不十分さが残ったのである[71]。

滝沢は「労働の二重性」の探究を以下のような言葉でくくっている。

ひるがえって思えば、「資本主義の経済法則」を、「あらゆる社会に共通な基礎条件」をなす「経済原則」とのあいだの、一種独特な、不可分・不可同・不可逆の関係において解明する宇野経済学の「方法」は、それじたいすでに、人間的生命のかの原点にかかわる困難な施策の道に通ずるものではなかったであろうか？――私たちはその「原点の思惟」によってただ、ほんのもう一歩遠く、（宇野）教授の懇切にひらき示された道をゆこうとしたにすぎない[72]。

その「不可分・不可同・不可逆の原点」の発見のために、以下で宗教哲学の領域に入っていかねばならない。

その目的のために、話を少し前に戻し、フォイエルバッハへの評価を追うことにしよう。彼は、ヘーゲル左派の神学者として研究を始め「古典的キリスト教」との対決を通して、「個別即普遍・普遍即個別」なる人間自身の聖なる本質に目指めた。神学を人間学に転換したのであった。マルクスもそれを指摘した。[73] しかし、辛うじて新しい光を見たその眼は、まだその聖なる本質が、人間成立の根底における神的決定と離せないこと、人間存在において最も根本的な関係は、「個即類・自然即人間」ということで十分に言い表されるようなものではなくて、「神即人」という絶対に不可分・不可同・不可逆な弁証法的関係であることを、明らかに見破ることができなかった、と滝沢は言う。

人間存在の根源に二重の意味があることを見破れなかった、ということである。自分が主人であって同時に主人に従属する臣下であるという逆説である。自然を支配した主体（subject）であるようでいて自然に従属している（subject to~）。主体即客体ということである（第2章の心脳問題で言えば意識が創発してはいるが脳は自然的な生理的物質である。そうではあるが志向性が意識を導く）。

すなわち「神の像」に造られたにもかかわらず「神そのもの」になろうとするその矛盾、「神即人」（この即は「即非の論理」の即）、これを見抜けなかったフォイエルバッハは、その点において彼もまた、彼自身の最も嫌った近代主義の子であった。そこから、彼の人間の「本質」ないし「類」という概念そのものに、三重・四重の曖昧が生じた。マルクスを除いて多くの人は、フォイエルバッハの「人

間学」に、デカルト以来の決まりきった近代ヒューマニズム以上の何ものも見えないこととなったのであった。(74)

滝沢には近代西欧哲学への独自の評価がある。デカルトの方法的着眼は「フォイエルバッハに至って、人間存在は自然即人間・個即類として真に総体的・哲学的に把捉せられた。しかしデカルトの卓抜な着眼が特殊な科学の方法として実を結ぶには、マルクスの『資本論』を俟たねばならなかった」。(75)フォイエルバッハ人間論の内側への二重性の矛盾は、マルクスの「労働の二重性」として外側に矛盾として現れた。われわれの批判的実在論の視点から、二つのことを明らかにしたい。まず「自然即人間」について、次に「個即類」についてである。

この「即」を滝沢は弁証法的関係とも表現していたが、われわれはすでに、このようにあいまいな表現を、具体的に現代科学の知見を使って第2章で見てきた。人間は身体的に自然と連続しているから「自然の中の人間」であることは論を俟たない。ただ精神活動すなわち「心」をもっている。「心」の正体は人間個体の心脳問題のところですでに明らかにした。脳も自然界の生理化学的物質、すなわち各種のたんぱく質やDNAを構成要素としていることは、まさに自然的物質であるわけだ。そこから「心」という非物質的なものが創発し今度はその「心」は「脳」を通して身体と環境という自然を支配するメカニズムがある。「自然即人間」の「即」とはこういうことであり、不十分ながらも現時点で科学理論として把握できた。

「心」の正体は複雑系理論の中で理解可能であった。つまり単純系の一方向的因果関係が決定論的唯物論に導かれる。しかし、脳の基本にある志向性が循環型（双方向）の因果関係を形成し人間意識を生み出す。まずは世界1から世界2の創発であり、特に人間固有の言語機能を通して世界3、さらには世界4へと意味の世界が創発していくことも見てきた。創発とは上から下へ、下から上へと双方向に同時に働く力をリアルである（実在する）として認めることである。そうすれば唯物論即唯心論と表現した意味も明瞭になる。

ただ人間個体の意識という主観、「私（わたし）」意識についてはもはや科学理論では説明できない。外から観察する「心」の理論については説明できても、一人称としての「私」意識は「主体」そのものであって「客体」にはなりえないからだ。私意識については私自身が五感や言語を通して他者にコミュニケーションする以外に術がない。つまり個的存在であると同時に類的存在なのである。ましてや私の宗教意識については純粋に哲学的・神学的に論じていく以外に方法はない。

滝沢はその問題に取り組んだ。以下で滝沢理論と禅哲学および現代の宗教多元主義理論を記し、筆者のこれまでの探究の概略を本書での文脈に置き換えて示しておく。それは一言で、西田幾多郎や鈴木大拙の禅仏教哲学との対話の中で出てくる「即非の論理」と表現することができるであろう。

仏凡一体、神人の接触点の原事実

自我のエゴイズムを克服しなければならない。現代の消費文明、わけても金融資本主義の時代の投機家の自己中心性とどん欲さにはすさまじいものがある。戦争よりも、むしろ、金融市場を操るこの欲望によって一部の者が巨万の富を得て、多くの者が貧しくなり、やがて市場の崩壊を通して人間の文明は滅亡してしまうのではないかとすら思える。カントの道徳哲学の定言命法、「汝の意思の格律が、つねに同時に普遍的法則となるように行為せよ」など、どこ吹く風だ。自分だけが儲かればよい、人はどうでもよい。

欲望とどん欲さは、本来は生存本能として爬虫類脳に生じたものであろうが、人間の世界の生存のためには、商品を通して貨幣価値に転化することによって計算可能性と結びついた。計算能力は大脳皮質だから本能（爬虫類脳）と大脳皮質はおかしなかっこうで回路がつながってしまった。この二〇〇年ほどの資本主義の発展は人間脳に奇妙な独自の循環構造とカオス・アトラクターの回路を形成し、それが学習効果によって世代間に伝達されてきたのであろう。

むき出しの欲望の全面開花である。しかし新自由主義（リバタリアン）というイデオロギー的立場とは、これをまさに〝民間の活力〟として利用しつつ社会を運営していこうとする立場である。本来、このエゴイズムを抑えて平等な配分をするのは国家権力の役割であったはずだが、その権力も非公式に見えない隠れみのの背後で、このイデオロギーと結託しその上層部にいるものがこれを利用して富を築いている。

このようなどん欲さを抑えて、本来のホモ・サピエンスらしい協働と相互扶助を取り戻し、モラル社会を形成するにはどうしたらよいのか。それにはそれに気づいたあなたや私、すなわち市民が立ち上がる他はない。啓蒙主義の楽観主義ではなく、人間としての限度をわきまえる、人間が人間として立たされている限界を知りつつということだ。市民がスピリチュアルな世界へのヒューマンな感覚を磨いて、「友愛と連帯」を育んでいく教育、そこにしか活路はないであろう。その目的のためには、スピリチュアルな世界（世界４）と呼んだものの構造をもう少し詳細に知る必要があろう。これによって筆者の公共哲学における「自己－他者」関係の根源を明らかにし、ホモ・サピエンスの協働の故郷へと帰趨する道を探っていくことができる。

自己、それも「真の自己」への問い。これは伝統的に仏教が追求してきたことである。人間としての限界、それは生、老、病、死の自覚から始まった。日本の長い大乗仏教の伝統の中で、その宗教哲学的な深まりは、東西思想の結節点として戦前の西田幾多郎の哲学によって極まった。西田は、西洋哲学の用語を使いながら、禅仏教の覚りのあり方を表現し、これを絶対矛盾的自己同一と表現した。人間としての限界を表現している言葉だ。これとキリスト教神学、特にカール・バルト神学との対話を試みたのが滝沢克己であった。仏教とキリスト教の対話の良質な部分が、日本の戦後思想界の片隅でなされていた。しかしその意義は、宗教間対話に関心をもつ一部の人々にしか知られていなかった。

滝沢克己はスピリチュアルな意味の世界の根元のことを「仏凡一体」ないしは「神人の接触」（インマヌエルの原事実）と呼んだ。つまり世界４のリアリティの承認とは、以下に述べるような「神人の第二義の接触」のリアリティの承認に他ならない。

神人の接触

滝沢は、すべてに先立つ「人間自我成立の根底」を問題とする。一七世紀の数学的自然科学の誕生、資本主義社会の発達、これらを担う「自由な主体」の形成はカント、ヘーゲルを通して哲学的に表現された。次いでフォイエルバッハは古典的キリスト教の考察と批判を通して「人間学」に至り、マルクスはこの人間という対象的存在の事実を、物質的生産労働から明らかにしようとした。キルケゴールやニーチェ、さらに今世紀に入りフッサール、ハイデッガーも人間の自我存在の事実そのものの根源的な意味を明らかにしようとした。しかし、「人間自我成立の根底」を発見する試みはいずれも成功しなかった、こう滝沢は語る。

この「根底は」、意外なことに、むしろ同じ時期のスイスの神学者カール・バルトからやってきた。(76)この根底は、実は自存した人間というよりも〝神人の接触〟にあるということを発見する（これは滝沢が西田哲学に親しんでいて、いわゆるモノの〝実体化の否定〟という仏教哲学が身についていたことによるのであろう）。滝沢によれば、バルトの神理解には〝人間から遠く離れた神〟といった中世的な発想がない。またバルトの人間理解には、何ものからも自由な〝自律した自我〟という、近代人に特有な発想がない。バルトの自我理解は、人間自我があるところ、つねに存在する神がいるという発想である。人間自我は単独では立たされていないのである。

バルトはまず「第一義のインマヌエル」と「第二義のインマヌエル」（略して「インマヌエルⅠとⅡ」）を区別する。そして前者は「キリスト」と呼ばれた「ナザレ人イエス」にのみ帰せられるが、後者はただその「イエス」を「永遠の神の子キリスト（救い主）」と受け入れる人々に帰せられる、とした。今や、救い主・永遠の生命なる神は遠くわれわれからかけ離れた高い処にではなく、今ここに、イエスの誕生にあって「われらと共に在す神」である。と同時に、人はその一切の資格を問わず、愛にして光・力なる神が直接に彼と共に在す人としてのみ、事実的に存在する。(77)

滝沢はこのバルトの考えを一歩先へ進める。ところがこの〝一歩〟は、きわめて重要な一歩であった。しかもバルトその人のみならず、バルトの弟子たちとの間で大きな論争を呼び起こす〝一歩〟であった。(78)彼は言う。

私たちは「キリスト」と呼ばれたイエスにもまた、神・人の「第一義の接触」＝「インマヌエルⅠ」だけではなく、これと離しがたい関係において「第二義の接触」＝「インマヌエルⅡ」もまた帰すべきであろう。反対に、バルトがただイエスにのみ帰することを許されると主張した「インマヌエルⅠ」は、その実は、ただイエスばかりではなく、かれを正しく信じるキリスト者のもとに、いな、かつてかれの名を聞いたことさえないすべての人のもとにもまた、微塵の緩みなくつねに新しく現在するものと言わなくてはならないであろう。(79)

滝沢によればバルトの功績は、聖書のイエスに導かれて、人間イエスにおいて、また自己自身を含めてすべての罪人のもとに、イエスとして現れたインマヌエルの神を〝発見〟したことにあった。

これが〝発見〟であるのは、滝沢がこの事態を「神人の第一義の接触」という多くの人に聞きなれない言葉で呼ぶからである。人々は知らなかった、バルトがこれを初めて見つけた。

しかしバルトの欠陥は、イエスその人において、インマヌエルⅠ（神の原決定）とⅡ（人の自己決定）を十分明らかに区別せず、後者（すなわちナザレのイエスという人の姿）の登場によって前者（すなわちインマヌエルという原決定）が初めて成立したかのような考え方の一片を残していた点にあった、という。[80]滝沢が「神人の第二義の接触」と呼ぶのは、「神人の第一義の接触」のはたらき、呼びかけに順応して生起する人間的自己決定のことである。

筆者が世界4と称している意味の世界とは、まさにこの応答的な自己決定の時間空間内の経験世界のことである。それに対して「第一義の接触」は、人が人として存在している「心」への時間・空間を超えた呼びかけ（四世界論の図の左側の人間のハートに現われた原事実）に他ならない。

久松禅学との対話

滝沢の「神人の第一義の接触」「第二義の接触」という用語法は、もともと久松真一の禅学との対話を通して明確にされたものである。久松の著書『無神論』に見られる宗教理解および人間理解と、自分のそれとの異同をはっきりさせるために使い始めた用語法であった。

久松が、人間存在の隠れた真相として「仏凡一体」「在纏の真如」「自己本来の面目」「一切衆生悉有仏性」「この私と直ちに一である絶対無相の自己（Formless self）」等々と呼んだものは、まさに自分が「神人の第一義の接触」で意味していた当のものに他ならない、と滝沢は言う(81)。したがって、久松が「本当の自己に眼ざめる」と言うとき、それは「自己成立」の根底に横たわる「神人の第一義の接触」への開眼として、「神人の第二義の接触」と呼んだものの現成に他ならない。ただ久松の欠点は、ある瞬間に新しく起こる覚り、ないし「覚った人」（覚者）と、それ以前から、この私と一である真仏（根源仏＝法性法身）との間に、「第一」「第二」というような区別、さらには不可逆的な順序というものを認めないことである。

滝沢によれば、ある瞬間に生起したこの私の覚りとは、有限有相のこの私が絶対に無限無相・自由自在の真実主体に変身するというような、不可能かつ不必要なことではない。むしろただ、それまでは善い夢に酔い、悪い夢にうなされっぱなしの、本当に生きているとは言えない生であったもの、それが突然消え失せて、人間本来の座を座として生きる新しい生が出現した。覚った私には「世界」も、「自分」も、他の人々も、そして「神」もこれまでとはまるっきり違って見える、かつて知らなかった感謝と済まなさ、安らぎと勇気、喜びと悲しみがこの胸に満ちてくる。実際にこの私に起こったのは、ただそれだけのことではないだろうか。またそれで十分なのではないだろうか。それは決して、私が絶対無限無相の主体そのものに変身することではないのだ。

人間が自由な主体だということは、彼が絶対無限無相の主体とは厳格に、不可逆的に区別される有限有相の一個の物であるままで、それ自身が無限無相のはたらく主体だということである。絶対無限無相の主体そのものを、絶対に、それではない有限有相の物であるかぎりで映し出すべく定められているということである。

一言で言えば人間は「神の似すがた」「神の像」ということである。久松禅学には、この無限無相（神）と有限有相（人）の間の「不可逆性」が、十分に自覚されていない。この私に覚りの生じた後は、真実無限の主体のはたらきが、一方的に強調して語られるのみである、と滝沢は述べている。「神人の第一義の接触」と呼んだ「絶対に不可分・不可同・不可逆な関係」は、仏教の「仏凡一体・生仏不二」というその処にも、真実、人の覚・不覚にもかかわらずつねに新しく現在している原本的な事態であるのに、久松の場合それが明確に言い表されていない。覚りの前、人の迷いの状態においては、右の原関係を無視した人生については避けることのできない絶望だけが、「絶対的な罪」「絶対的な死」「絶対矛盾」と強調して表現されているだけである。(82)

逆に、人の覚りにおいては、ただ真実無相の主体そのものの存在だけが注目されて、そこには「不生不滅の自己」、まったく「煩悩のない私」が生きてはたらいているのだ、と言われる。もしこの私がそのような「本当の自己」と言われるとき、真に有限の私の成立の根底においてその私と一なる真実主体を、まさに真実主体として本当にありのままに見るならば、その真実主体は、それとただ単に同じでない、いなまったく異なる有限の主体と、絶対に不可分・不可逆の関係において初めて真実に一であることを認めるはずである。そこで滝沢は述べる。

（久松）博士の禅学において、……「神人の第一義の接触」と、これに基づきこれに動かされて生じる「第二義の接触」とのあいだの区別・関係・順序に触れられることのないのも、つまり博士において、仏凡一体、生仏不二、一切衆生悉有仏性といわれる人間成立の原点に基づくその正しい自覚にもかかわらず、なおその原点自体に秘められている存在の二重の構造・動力学を、十分に注意して見きわめるに至らないためだと言わなくてはなるまい。(83)

「存在の二重の構造・動力学」、これが大事だ。また久松禅学と西田哲学の違いについての滝沢のコメントは興味深い。

久松の仏凡一体から生じる「絶対矛盾」と西田の「絶対矛盾的自己同一」との違いを、彼は次のように述べる。久松の絶対矛盾は人が人生そのものの大限界に眼覚める瞬間に消えてしまうのに対して、西田の絶対矛盾的自己同一は消えてしまわない。なぜなら絶対矛盾的自己同一というのは、この人生の大限界そのものであり、神人の原関係のことだからである。言い換えれば久松の絶対矛盾とは絶対矛盾的自己同一の「場所」に生起する人間的主体の一形態にすぎない。(84) これがまさに鈴木大拙が「即非の論理」として説明していたことに通じるのである。

一つ注意すべきことは禅仏教が覚りを語るときに、「絶対無」という言葉を使い、あたかも「無」が真理の根底のような表現をする。しかし人生そのものの根源に目覚めるというのは、一人称としての私（わたし）の宗教意識であり、身体性を備えた全体としての私であり、世界1、3すなわち自然環境と社会環境に日々身を置いている私である。そこには無限に人として立たされている責任への目覚めが伴うのである（個即類）。私は生きていると同時に生かされているのである。主体であると同時に客体なのである（主体即客体）。

その目覚めとは、私（わたし）が隣人と共に世界に関わり、人として立たされている責任を果たしていくことへの目覚めであって、世界から逃避する、またはプラトン主義的なイデアの世界に行ってしまうことではない。また伝統的な既成宗教団体に属することでもない。リアルに大地に立っている私が、一市民として隣人と共に多くの困難に立ち向かうべき勇気を与えられた私である、ということだ。そのような私に「主体の二重性」はないし「労働の二重性」は克服されているのである。

5　唯物論即唯心論としての批判的実在論

以上、私たちは「労働の二重性」を手がかりに、マルクスの『資本論』、宇野弘蔵の「経済法則」、そして滝沢克己の「経済原則」の哲学的分析を見てきた。滝沢における「主体の二重性」の根源に迫る宗教哲学的なキリスト教と仏教の対話についての研究から、これを媒介としつつ、スピリチュアルな意味の世界（世界４）の構造がより鮮明になったと考える。出発点は人間存在の矛盾としての「主体の二重性」にあった。

主体としての人の「心」には経験以前の超越論的原事実があり、これを西田は「絶対矛盾的自己同一」と呼び、滝沢は「神人の第一義の接触」と呼んだ。この原事実すなわち宗教的根本動因（religious ground motive）に応答して人間の意味経験の中に「神人の第二義の接触」が起こり、世界4のリアリティとなって歴史の宗教現象が現れるということである。

この宗教現象には日本の儒教にも新宗教にも当てはまる。儒教の「天」の概念も人の心に「天に呼応する良心」を生み出した。「敬天愛人」（西郷隆盛）という言い方が示すように、天を敬い人を愛する、まさに「神人の第二義の接触」のスピリチュアルな行動規範となっていった。このスピリチュアルな力は倫理的人間関係などの社会の意味関係（世界3）を上から引っ張り、人間精神と自然環境世界（世界2、1）へと影響を及ぼしていく。ここにおいて他ならぬ「私（わたし）」が隣人愛、慈悲の心、仁の心をもって隣人と共に協働労働に精を出せる根拠が与えられた。具体的な隣人との協働労働によって「労働の二重性」は解消する（第4章最後の「ディーセント・ワーク」の概念参照）。

滝沢の宗教哲学は認知的（cognitive）すなわち経験的に納得できる形で、人間存在の基底がこのように定式化されることを示した。これは、西洋と東洋の文明論的接点となっている日本文化、それも近代の日本文化に生み出された大きな〝発見〟である。むしろ、スピリチュアルな意味世界をこのように突き詰めることによって、他ならぬ日本での今後のヒューマンな市民社会の創造に大きな寄与をすることになる。倫理的世界に隣人愛（慈悲の心、仁の心）が何ゆえに存在しているのか、対人援助（福祉）のあり方と民主主義のあり方に人間学的根拠を与える。またグローバルな場面でも宗教が多元的に活性化してきているが、その真の意味と、大衆文化にとって破壊ではなく創造へと生かしていくべき根拠も明らかになった。

もう一つ、公共哲学としては、世界4のリアリティと同時に、さまざまな社会制度の必然性を論証しなければならない（世界3～1のリアリティ）。これは滝沢の哲学からどう与えられるのであろうか。さらに思考を拡げればおよそ以下のようになるであろう。

第一義の接触が超経験の世界、第二義の接触が経験の世界であることに注意しよう。経験の世界とは必ず具体的つまりexperiencing-as（～として経験する）の世界である。これを「意味」ないしは「法」の世界と表現していいであろう。つまり第一義の接触は直接に仏（神）と人間自己との接触であり、人が人である限界を表現する。これに対して、第二義の接触とは第一義の接触を、具体的に五感を通して現実世界で経験していく仏法ないし神法と人（物）との接触である。法という言葉を使うのは規範「として経験する」からである。超越すなわち宗教との関係で「法」という言葉を使ったが、哲学的（現象学的）には「意味」という言葉になる。これが世界4～1で経験される意味の世界である。仏教の宇宙論の基本は縁起の法（dharma）であり、キリスト教の宇宙論の基本は神の創造の法である。縁起の法ないしは神の法のリアリティがまずあり、これを人間は生、老、病、死としても経験可能である（experiencing-as）。世界が意味の世界として現れる。この法のリアリティをわれわれは宇宙論的な法構造と呼ぶことにしよう。この法構造にしたがって人間世界と物の世界の諸規範や諸法則が現れ、人はこれをさまざまな形で経験し、表現する。芸術、文学、科学、技術、そして経済として。

宇宙論的な法構造は要約的には自然的、心理的、社会的、スピリチュアルと四つの意味世界として表現された。筆者はこれを先述したようにさらに詳細に一五の意味局面としても表現していた。(85)

筆者の公共哲学の観点から要約しよう。「個即類」とは四セクター論における「私と公と公共」のことであると理解できる。「自然即人間」とは今日的なエコロジー問題・環境問題に端的に現れている四世界論の内容のことである。いずれも四世界論の図（図２―５）の右側の意味の局面の中で、特に四セクター論の中で具体的に解決していくべき内容である。滝沢神人学が構築してきた宗教哲学の内容は、四世界論の図の左側のハートの部分の不可分・不可同・不可逆な神人の原事実にきわめて比重がかかり、その分、右側の宇宙論的な法構造（意味局面）と諸科学との関係が薄れてしまった、こう言わざるをえないであろう。

意味局面の下部構造は土台でありこれを基礎とする発想が唯物論である。意味局面の上部構造は複雑さの度合いがよりました人間学的な意味の領域であり、これを基礎とする発想が唯心論（観念論）である。筆者の批判的実在論はこれらの下部構造も上部構造も実在(reality)の宇宙論的構造であって全体として相互浸透してフラクタル構造をもっている、そのことを重視している。そういう意味では唯物論即唯心論と表現してさしつかえないのである（「即」は「即非の論理」の「即」ということであり、その内容はいま説明したことである）。

6　批判的実在論とポスト啓蒙主義の宗教哲学

自然環境と人間と社会を包括的に捉える今日の世界観とはどのようなものか。科学と宗教の対立を乗り越え、哲学において唯物論と観念論の対立を克服していく批判的実在論について述べてきた。西欧近代において、科学の誕生以降に、これと妥協的に成立したキリスト教の立場は理神論と呼ばれた。この点でドイツ観念論の流れではカントが重要である。カントの場合が理神論者の典型であるが、宗教を単純に否定する唯物論ではなく、科学と宗教の共存を許容する二元論の哲学である。歴史的に位置づければプラトン以来の観念論ということになろうか。第3節の資本主義の価値法則の位置づけのところで見たマックス・ウエーバーも、新カント派に属する理神論者と言えよう。

ウエーバーをはじめ、当時の西欧において理神論的な世界認識がなぜ生じたのか。それはニュートン力学の成功が哲学に影響したことによる。一八世紀の啓蒙主義の認識論が背景にある。そして啓蒙主義はまさにカントに代表されるような「科学vs道徳（宗教）」の二元論的思考によって特徴づけられるのである。ユルゲン・ハーバーマスがウエーバー宗教社会学の精緻な分析の中で次のように指摘している通りである。

たとえヴェーバーが価値領域を機能的に収集したり、記述的な態度で取り扱いながら、それを体系的に整序したり、形式的観点から分析したりする試みを自らはしなかったとしても、このような理論的基盤は新カント派的価値哲学の背景なしには理解しえないのである。価値の実現という哲学的構想を用いて生活秩序の社会学的構想を説明しないと、ヴェーバーの合理化の理論を始めから見誤ってしまうことになろう(86)。

ウエーバーは西欧近代化論における脱呪術化と目的合理性という二つのテーゼを、この新カント派の価値哲学の背景の中で一般化したのであった。そのために彼の資本主義起源論はマルクスとはまったく異なる「エートス論」となった。日本でも信奉者の多かった『プロテスタンティズムの倫理と資本主義の精神』によって提起したテーゼだ。しかしながらこの学説は二つの弱点をもつ。一つは、プロテスタントの宗教観は理神論とまったく異なるということがあいまいとなった。理神論は科学から派生したものだが、科学を方法論として位置づけることができずに世界観として採用してしまうのである。そのため、逆に、西洋近代に発達した科学の本来的な文化的な意味づけが不可能になってしまった。科学的思考はキリスト教から見れば「創造論」「和解論」に基づくものであるが、そこから切り離され、キリスト教は単に倫理のみに矮小化された。

もう一つはそれと関係するが、キリスト教本来の友愛倫理を評価できなくなったことだ。ハーバーマスは述べる。「ヴェーバーは、いったい如何にして社会的合理化のそうした（心情倫理の道徳的＝実践的合理性が功利主義によって取ってかわられてしまうような）自己破壊的範型をどのように説明するのであろうか。（ウエーバーの）プロテスタンティズムの倫理はすでに友愛という構成要素を捨て去ってしまっている」。

こうしてウエーバーの描く〝プロテスタンティズム〟の人間像とは、実際は一九世紀的啓蒙主義の価値観である。それは自己救済のみの関心と個人主義であり、その「自己利益追求」の帰結として出現する「目的合理性」である。この「目的合理性」が効率よく機能するシステムが官僚制（第

1セクター）と資本制（第2セクター）であり、この二つのシステムの出現の説明に〝プロテスタンティズム〟や予定論を持ち出したのであったが、それはまったくの的外れであった[87]。

しかし、今日われわれはポスト啓蒙主義に向かっている。キリスト教から引き出すべき倫理の基本は、むしろその啓蒙主義的な理神論とは正反対の人間像に基づく「友愛と連帯」の倫理観であり、こちらの近代化論こそが、今日の日本の市民社会と民主主義が必要としているものである。一九世紀半ばのドイツのキリスト教界に限ってすらも、資本主義の進展に伴う貧困や弱者支援に教会はディアコニア運動をスタートさせた。また、農民層に対するF・W・ライファイゼンによる協同組合を通しての「友愛と連帯」の地域づくりが取り組まれ、今日にもそれが実っている。それをすでに第1章で見てきた。しかしヨーロッパの近代化わけても産業革命と資本主義による富の蓄積には、「自己利益追求」を容認していったプロセスがある。資本主義発展の個人主義的なエートスの面を見るならば、むしろ「禁欲」の反対の「欲望の解放」であり「私悪すなわち公益なり」ということであった。

ウエーバーの社会哲学のあり方で言えば、カントの影響が大であった。そこでカント以来の二元論を克服する現代哲学の方向について、日本ではほとんど知られていない流れを簡単に付け加えたい。筆者の目的は、もしカントを重視するのであれば、カント認識論の中にある「理性の公共的使用」に注目し、これを根本から〝構造転換〟することにある。筆者はこの方向で公共哲学を展開してきた。

デカルトやカント以来の「物体と精神」（科学と道徳）の二元論的認識論の克服が筆者の四世界論

である。二元論を超えて三世界論を出した科学哲学者のカール・ポパーの合理的実在論を、さらに社会哲学の領域にまで解釈学的に拡張したのがユルゲン・ハーバーマスであった。彼はカントの二元論的な認識論すなわち「決定論と意思の自由」の詳細な吟味をしつつ次のように語っている。

心的なものと物理的なものにあわせて調節されたそれぞれの言語ゲームをどちらか一方に還元することはうまくいかない以上……経験主義的な言語ゲームがわれわれをそこへと制限している観察者のパースペクティヴは、コミュニケーション的かつ社会的な慣習的実践への参加者のパースペクティヴと交差されなければならない。われわれは一人の人格において、観察者であるとともにコミュニケーション参加者でもあるのである。(88)

「心的」「物理的」「観察者」「参加者」という言葉の使い方に注意してほしい。こうしてカント的な「決定論と意思の自由」の相克はあれかこれかの二元論を乗り越える。つまり複雑系科学から発展させた脳科学の成果をも考慮しつつ、脳神経系、観察者個人、実践への参加者といった三段階レベル、すなわち物理的（自然的）意味のレベルと心的な意味のレベルとさらには社会的意味のレベルの違いを階層的に併せ持つリアリティ把握へと導かれていく（三世界論）。

ハーバーマスがさらに「認識のカント的な諸前提を脱超越論化するという提案を伴なったプラグマティズム的な認識論はともかくも正しい方向を指示しているのである」(89)と語るときに、さらなる脳神経科学からの研究成果を考慮することができ、ここからも第2章で見たように「心」にスピリチュアルな意味の次元という新たな創発（三世界論から四世界論へ）を予見することができる、ということなのである。

このような新カント派的な偏った認識論ないしは学問的知識論が是正されていくのは、すでに説明したように、実に二〇世紀終わりになってから複雑系の科学や哲学の進展があってからであった。科学は絶対の真理を表現するのではなく実在の部分的法則の定式化だ、という理解である。こうした科学哲学との対話がきちんとなされた上でキリスト教の神学方法論が提起されない限り、西欧神学に起死回生の術はない。神学者がいきなり「啓示の絶対性」など持ち出したところで、科学時代の世の知識人はもはや聞く耳をもたないであろう。

神学陣営の中でこのような問題提起を真正面から受け入れた者は少なかったが、その中でも、特に、オックスフォード学派の批判的実在論は大きな貢献をした。アリスター・マクグラスの科学的神学 Scientific Theology（二〇〇一〜二〇〇三）が包括的にこの作業を行っている。[90] すなわちロイ・バスカーの科学哲学にヒントを得て、ここから批判的実在論という包括的哲学の立場を確立することにより、科学と神学の十分にかみ合う現代的対話が可能になったのである。

以上、本章で得た「主体の二重性」と「スピリチュアルな意味の次元」の導入の必要性は近代の社会現象全般に現れている。人は生きていると同時に生かされている（主体即客体）。これは戦後日本の社会科学方法論の底流を占めた「マルクスかウエーバーか」といった論調を批判的に克服するものである。次章では政治現象の場合にこれを見て、民主主義構築のための「政治主体」をいかに創り上げるか、このテーマを探究することにしよう。

注

(1) 本書では『資本論』（一～三）のテキストに向坂逸郎訳（岩波文庫、一九六九年）を使用する。
(2) マルクス『資本論』（一）八七頁。
(3) 同書、八三頁。
(4) 同書、八三頁。
(5) 同書、二六二頁。
(6) 同書、二九一頁。
(7) 同書、二九二頁。
(8) 同書、二九八頁。
(9) マルクス『資本論』（二）九六頁。
(10) 同書、九六頁。
(11) 同書、九七頁。
(12) 同書、九九頁。
(13) 同書、九九頁。
(14) 同書、一七六頁。
(15) マルクス『資本論』（三）一四三頁。
(16) 同書、一四九頁。

(17) 同書、一四九頁。
(18) 同書、三三九頁。
(19) 例えば岩井克人『会社はだれのものか』(平凡社、二〇〇五年)。
(20) 『資本論』(三) 三四〇頁。
(21) 同書、四一〇頁。
(22) 同書、三八四頁。
(23) 同書、三九五頁。
(24) 同書、三九七頁。
(25) 同書、三九八頁。
(26) I・ウォーラーステイン『近代世界システム』I、一六五頁。また川北稔『世界システム論講義』(ちくま学芸文庫、二〇一六年)の以下の部分も参照。「わが国でもいわゆる『戦後史学』においては、イギリス人、とくにヨーマンと呼ばれた中産的な人びとが、ピューリタニズムの禁欲・勤勉の精神にしたがって働いたことこそが、イギリス産業革命の原因だといわれたものである。……しかし……ウィリアムズによれば、カリブ海域では砂糖がとれたからこそ、奴隷制度があり、奴隷制度があったから、産業革命があったのである」(一三四頁)。またY・N・ハラリ『サピエンス全史』下、第一五~一八章には一五世紀から一八世紀にヨーロッパの資本主義の発展が新大陸やアジアでの植民地主義と深く結びついていたことが描かれている。
(27) 『資本論』(三) 四一三~四一四頁。
(28) 同書、四一五頁。
(29) 同書、四一五~四一六頁。
(30) 『資本論』(一) 八一頁。

(31)　宇野弘蔵著作集第六巻（岩波書店、一九七四年）九頁。より厳密に「経済原則」の定義については「われわれの社会生活の絶対的条件をなす物質的生活資料とその生産に必要な生産手段とを年々再生産しなければならないこと」とされる。「経済法則と社会主義――スターリンの所説に対する疑問」著作集第一〇巻、一一九頁。
(32)　宇野弘蔵『経済原論』（岩波文庫、二〇一六年）三七頁。
(33)　著作集第六巻、二二頁。
(34)　同書、四八頁。
(35)　同書、二七頁。
(36)　同書、二八頁。
(37)　同書、四一頁。
(38)　同書、四三頁。
(39)　「経済法則と社会主義――スターリンの所説に対する疑問」著作集第一〇巻、一三四頁。
(40)　段階論の定義は「世界史的に典型的な、歴史的規定として明らかにされたものが、直ちに個々の国々の、それぞれの時代の具体的過程の規定を与えるものではないということ」著作集第一〇巻、一二八頁。
(41)　著作集第六巻、六三～六四頁。
(42)　同書、六五頁。
(43)　同書、一一八頁も参照。
(44)　拙著『宗教と公共哲学』（東京大学出版会、二〇〇四年）七二～七三頁。
(45)　著作集第一〇巻、三四〇～三五七頁。
(46)　同書、三五二頁。
(47)　著作集第六巻、四四頁。

(48) 著作集第一〇巻、三五八頁。
(49) 同書、三七七頁。
(50) 同書、三七五頁。
(51) 同書、三七八頁。
(52) 同書、三八〇頁。
(53) 同書、三七八頁。
(54) 同書、三七八頁。
(55) 同書、三七七頁。
(56) 著作集第六巻、一〇六頁（注一）における宇野の唯物論や観念論という言葉の使い方は独特である。「唯物論も精神に対して自然を根源とするというだけでは、外界の対象の観念論的把握の主役を主張する近世的な観念論は排除できない」。「経済学の理論は対象自身が理論的抽象をなすという点で根底からの唯物論を確証する」。これに対して筆者は、宇野の認識論を批判的実在論として捉えた方がよいと考える。
(57) ジョン・ベラミー・フォスター『マルクスのエコロジー』渡辺景子訳（こぶし書房、二〇〇四年）一〇、一六、二三～二五頁。
(58) 宇野弘蔵「経済法則と社会主義――スターリンの所説に対する疑問」著作集第一〇巻、一三八頁。
(59) 著作集第六巻、一〇六頁「元来は商品とせられるものでない人間の労働力まで商品化する無理をもっている」。
(60) 著作集第六巻、一三一～一三二頁。また宇野はマルクスの業績に対し同書五三頁で「資本主義の発展とともに理論的規定には必ず想定されなければならない純粋の資本主義に近づいてくるものとして『資本論』の理論を体系化したのだが、実際はそうはならなかった。多くの中間的社会層を残しながら、あるいは新しくそういう社会層を形成しながら資本主義はますます発展してきた」とも書いている。筆者は「新しい多くの中間的社会層」の形成の方向にユルゲン・ハーバーマスが描く市民的公共性の方向への発展があると考えている。

(61) 著作集第六巻、一三二頁。

(62) 同書、六八頁。

(63) 滝沢克己『「現代」への哲学的思惟』(三一書房、一九六九年) 三七頁。なお、滝沢克己協会編『今を生きる滝沢克己』(新教出版社、二〇一九年) 所収の鈴木一典「労働の二重性から人間存在の二重性」は滝沢におけるマルクスの「労働の二重性」批判を的確に描いた優れた論稿である。また同書の筆者の論稿「公共哲学の視点から」も参照のこと。

(64) 滝沢克己『「現代」への哲学的思惟』三七頁。

(65) 特に滝沢の議論では神即人としてキリストの以下のようなフォイエルバッハの議論に注目している。「キリストは人格的に熟知された神である。それ故にキリストは、神は存在するということの浄幅な確実性であり、神の存在は心情が欲し且つ必要としている通りの存在であるということにかんする浄幅な確実性である。祈禱の対象としての神はたしかにすでに人間的な本質(存在者)である。というのは、祈禱の対象としての神は人間の悲惨に同情し、人間の諸願望をききいれることによってである。しかし祈禱の対象としての神はそれにもかかわらずまだ、宗教的意識にとって現実的な人間として対象になっていない。それ故にキリストのなかで初めて、宗教の終極の願望が現実化され、宗教的心情の秘密が解かれているのである。(しかしキリストのなかではこの秘密は宗教特有の比喩的な言語のなかで解かれている。) なぜかと言えば、神が本質のなかでそれであるところのものは、キリストのなかで現象に到達しているからである。その限り人々はキリスト教的宗教を完全な権利をもって、絶対的な宗教・完全なる宗教と呼ぶことができる。それ自体において人間の本質以外の何物でもないところの神が、また人間の本質として現実化され、人間として意識にとって対象になること――このことが宗教の目標である。そしてキリスト教的宗教が神の人間化のなかでこの目標を達成したのである」。L・フォイエルバッハ『キリスト教の本質』上、船山信一訳（福村出版、一九七五年）二六二頁。
(66) 滝沢克己『「現代」への哲学的思惟』一七頁。
(67) 同書、一三二頁。
(68) 同書、一四四頁。
(69) 同書、二〇六、二一三頁。
(70) 同書、二一四頁。
(71) 同書、二三三頁。
(72) 同書、二三七頁。
(73) このようなフォイエルバッハの神学論に対して、マルクスは『ドイツ・イデオロギー』の中で断片的な形で書いている。マルクス、エンゲルス『ドイツ・イデオロギー』新編輯版、廣松渉編訳、小林昌人補訳（岩波文庫、二〇〇二年）二二五頁。「『将来の哲学』の冒頭からして、ただちにわれわれと彼との相違を示している、第一節「近代の課題は神の現実化と人間化、神学の人間学への転化と解消である。」……フォイエルバッハは第二節でカトリシズムとプロテスタンティズムを区別する。カトリシズムつまり「神学」は「神がそれ自身において何であるかをめぐって腐心し」、「思弁的・観照的な傾向」をもつが、プロテスタンティズムは単なるキリスト論であり、神それ自身や思弁と観照については哲学に委ねる。――これは比較的未発達な学問に照応する必要事から生じた一つの分業以上のものではない。神学内部のこういう単なる必要事から、フォイエルバッハはプロテスタンティズムを説明し、その後に自立的な哲学史を無理なく続ける」。また、石塚正英『ヘーゲル左派という時代思潮』（社会評論社、二〇一九年）第三章参照。
(74) 滝沢克己『「現代」への哲学的思惟』四〇頁。
(75) 同書、四五頁。

(76) 滝沢克己『自由の現在』(三一書房、一九七九年)四〇頁。
(77) 滝沢克己『あなたはどこにいるのか』(三一書房、一九八三年)四一頁。
(78) この〝一歩〟が果たして「聖書」の内容から離れるのかどうか。滝沢自身の聖書観は『バルトとマルクス』(三一書房、一九八一年)に表現されている。
(79) 滝沢克己『あなたはどこにいるのか』四二頁。
(80) 同書、四四頁。
(81) 同書、六五頁。
(82) 同書、七三頁。
(83) 同書、七四頁。
(84) 同書、八八頁。
(85) 拙著『宗教と公共哲学――生活世界のスピリチュアリティ』(東京大学出版会、二〇〇四年)七三頁。
(86) ユルゲン・ハーバーマス『コミュニケイション的行為の理論』上、二六四〜二六五頁。
(87) その神学的背景の詳細については拙編『神の国と世界の回復』(教文館、二〇一八年)参照。
(88) ユルゲン・ハーバーマス『自然主義と宗教の間』(法政大学出版局、二〇一四年)一九〇頁。
(89) 同書、一八七頁。
(90) Alister E. McGrath, *A Scientific Theology*, 3vols. London, T&T Clark, 2001-2003. 本書の著者自身による要約の邦訳がある。『神の科学』稲垣久和、岩田三枝子、小野寺一清訳(教文館、二〇〇五年)。

第4章 熟議民主主義に向けて——政治哲学の転換

1　民主主義と社会主義との対話

前章でマルクスと宇野弘蔵の「労働の二重性」を見た。これを引き継いで滝沢克己は、問題は「主体（subject）の二重性」にあるとした。宇野の経済原則に現れた矛盾を人間学的に「主体の二重性」として定式化したのである。この人間存在の根源にある「主体の二重性」ないしは「スピリチュアルな意味の次元」の自覚は経済のみならず、当然のことながら、政治の領域にも現れるであろう。本章はこの問題を探究する。民主主義を担える政治主体の形成である。

さらに、自らマルクス主義者でないと言い切る宇野弘蔵が、労働力の商品化を排して「全く新たな社会を創造する」必要性を説く。これを受けて、滝沢克己は宇野の経済原則から出発して、社会と人間存在の根源を明らかにし「不可分・不可同・不可逆な神人の原関係」への開眼を促した。ここにおいて私が隣人と共に隣人愛、慈悲の心、仁の心をもって協働労働に精を出すことが可能な根拠が与えられる。それではわれわれは、この二一世紀の日本で具体的にどのような人間相互の関わりと社会の形を目指すべきなのか。

これまで、一般的には、資本主義に対比されるのは社会主義である。経済や生産手段のあり方を軸として見た場合に長く使われてきた対比概念であった。二一世紀を迎えた今日、中国のような「生産手段の国有化」をなしとげた社会主義国が大いなる経済成長を遂げた。それだけではなく、グローバルな国際市場で、資本主義国と同じように巨大な投資活動に精を出している。中国の国家がかりの資本主義が、世界の市場に大きな影響を与えている。しかし中国国内の人々はその自由を大きく制限されているし、貧富の格差も生じていることもわれわれは知っている。

したがって社会主義の対比概念は資本主義ではない。そうではなく、むしろ自由と人権と民主主義ということになろう。北朝鮮もそうであるが、今日の社会主義国に、いわゆる人権や諸々の自由や政治的活動の自由が保障されているとは言えないからである。かといって、資本主義国と言われている国で政治的な自由と人権が保障されているかと言えば、これまた疑問である。資本主義国で、貧富の格差が進行するだけでなく、「ホモ・エコノミクス」の横行で正義（justice）も真理（truth）も著しく傷つけられているからだ。

今日の金融資本主義、新自由主義の時代に資本主義国でも社会主義国でも問われているのは、基本的に人間の自由の問題であり人間論である。近代経済学はこれをホモ・エコノミクス（経済人間）と呼んだ。マルクス主義経済学では労働力の商品化と呼んだ。今かりに、資本主義の弊害とホモ・エコノミクスの人間観とを克服するための経済・労働形態を、とりあえず（宇野、滝沢も使用した用語として）社会主義と呼んでおこう。

そうした場合、社会主義には、その理念上、国家が主導するタイプと市民社会が主導するタイプと二つあることに気づく。マルクス主義は基本的に前者だが、しかしながらassociated work（協働労働＝co-operative work）と地方自治を中心に再編することによって後者になりうる。賀川豊彦が唱道

図4-1　「自己－他者」と「親密圏－公共圏」の図（四セクター論）

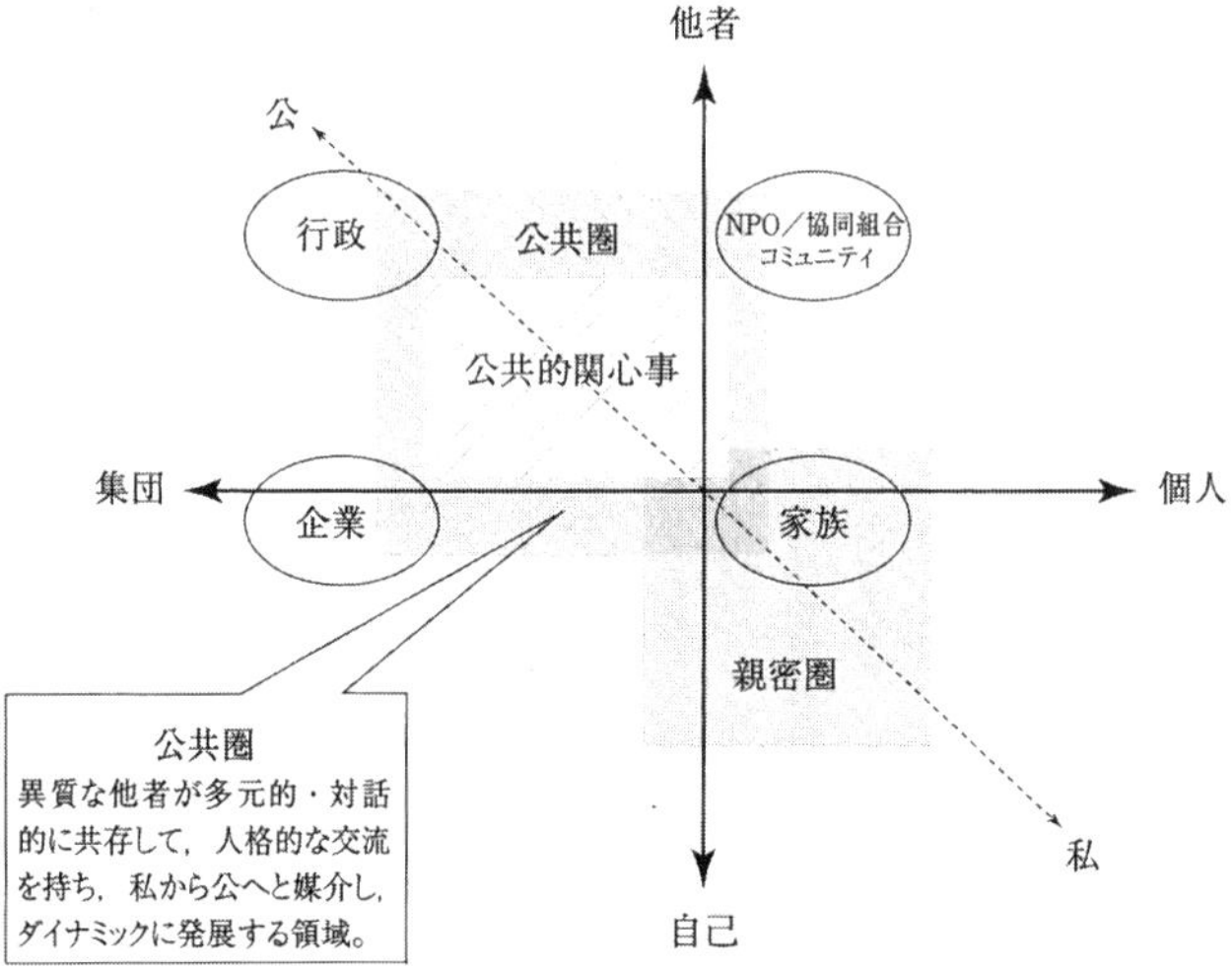

出所：　稲垣久和注（88）164 頁。

したのは後者である。これによって今日の社会的連帯経済（や協同組合運動）との対話が可能になり、民主主義的な公共哲学として筆者が提起しているものと重なる。筆者の主張は社会主義ではなく民主主義の深化であり、これを創発民主主義と呼んできた。

筆者の公共哲学（批判的実在論）は、一九世紀的進歩史観（貨幣との市場交換による商品経済に収斂）は採用しない。進歩史観ではなく多元的発展論である。それぞれの国や文化伝統が時代と共に相互に対話的に発展して人間としての幸福を目指す。経済観で言えば、むしろ、経済人類学者カール・ポランニー（一八八六〜一九六四）の次の視点を採用する。つまり非市場的な「互酬性と家族経済は、いかに広く見られたものであっても、交換に還元することのできるものだけを経済現象だとする近代の観察者には、不可視のものとしてとり残された」[1]ということを重視する（またポランニーはロバート・オーウェン以来の運動を通しイギリスのキリスト教社会主義の影響を重視していた）。再分配、市場交換、互酬性、家政、贈与を人間の経済活動で認めるのである。

再分配（第1セクター）、市場交換（第2セクター）、互酬性（第3セクター）、家政・贈与（第4セクター）という大ざっぱなくくりが可能である。そして四セクターの中央に公共圏という広場を設け、対話と熟議による人格的交流を促す。第二象限から第四象限に斜めに走る中間に公共圏が位置する。〝滅私奉公〟を排し公共圏における〝熟議民主主義を重んじる（図4－1参照）。

マルクス主義哲学の背景は一九世紀のドイツ観念論、特にヘーゲルであった。ヘーゲル哲学は神学を観念論哲学にしてしまったところがある。先述したようにL・フォイエルバッハやB・バウアー等のヘーゲル左派の哲学がマルクスに影響を与えた。ヘーゲル左派の哲学はエスタブリシュメントである国教会の依拠する神学を批判した。それはマルクスの「宗教一般からの国家の解放」という文脈での「人間は、したがって宗教から自由になったわけではない。信仰の自由を持ったのだ」（「ユダヤ人問題によせて」[2]）という言葉にも表れている。これは人口に膾炙した「宗教はアヘンである」と言った単純な宗教批判ではなかった。国家と一緒くたになったキリスト教への批判ということであった。

実はすでに、キリスト教徒の中には形式主義的な国教会から離脱して自由教会となるグループが当時ヨーロッパに多数存在した。宗教改革後のプロテスタント主流派もカトリックと同じように国教会となっていたからだ。例えば日本でも教科書レベルでよく知られている英国国教会から離脱したジョン・ウエスレーのグループは、メソジストと呼ばれロンドン貧民街に入り、産業革命後の労働者の窮状への救済を目指した。またドイツでもマルクス・エンゲルスの「共産党宣言」の出た一八四八年にルター派国教会の側も、信仰覚醒運動から貧民救済のデイアコニア運動（社会への奉仕活動）をスタートさせた。

このようなキリスト教の側の社会運動は、第1章で述べたようにライファイゼンの信用組合（Kreditgenossenshaft）形成運動を促した（そしてこれは賀川に影響を与えた）。これらのキリスト教からの貧民・労働者救済運動が、西欧でのマルクス・エンゲルス的な暴力的な国家権力奪取を目指す唯物論的な革命を抑止した面がある。これはロシアのような東方正教会一色で宗教改革を経験しなかった歴史的背景と相当に異なる。

これらの思想史的な歴史的文脈は、今日、国家と多層的な市民社会の区別という面から日本でもきちんと再考される必要がある。

2　ギルド社会主義とは何か

先述したライファイゼンの働きは賀川豊彦もたびたび引用している。賀川は『友愛の政治経済学』の中で、一六世紀ヨーロッパのプロテスタントの出現とギルド社会との関係に触れてこんなことを言っている。「プロテスタンティズムは、この個人の意識を最も聖なるものとして、ギルド社会の興隆に反対し、したがって、残念なことに、資本主義的文化の勃興に道を開いたのである」[3]。

これはウエーバー的エートス論による資本主義起源の理解で、必ずしも正しくはない。確かに個人主義に傾くプロテスタンティズムへの警鐘として意味はもっている。しかし、資本主義の発展の背景にはむしろ国民国家の加担が大きいのである。もし個人主義を強調するならば、先述したようにマンデヴィル的な「私悪すなわち公益なり」ということであった。それにしても、賀川の言うように、労働の場でギルド社会的な仲間内での助け合い組織の形成は重要であった。

では、ギルド社会とは何か。古典的な文献であるモリス・バックス著『社会主義』（一八九三年）から少しの紙幅を割いて説明したい。

『社会主義』最終章に近い第一九章でマルクスの社会主義を紹介している。そして、特に重要なのは『資本論』からの引用、それももともとのドイツ語版ではなく翻訳されたフランス語版からの引用だ。第一巻二四章（フランス語版）[4]の読解から国家社会主義ではなく共同体社会主義（communitarianism, アソシエーション的なコミュニティ重視）なるものを提唱していくところである（本書第3章）[5]。あえてフランス語版を重視するのはマルクス自身が手を入れた最終版であって、彼自身が晩年に至りついた思想が現れているとされているからだ。

先述したようにマルクス主義においては、通常、プロレタリア政党が中央権力を掌握しこれによる国家権力の獲得を目指す、という筋書きがある。この正統主義から言えば相当に異なるアプローチである。国家全体ではなくその多様な部分社会であるさまざまな共同体に注目する。共同体や自治体ごとに、搾取でない共同利益（みんなの利益）をもたらす社会を形成する、というのだ。そのイメージをつかむために、その萌芽としてのヨーロッパ中世以来のギルド社会の意義に注目している。

ヨーロッパ中世はキリスト教社会であり、いわゆる封建社会であった。しかしながらそこでは土地の絶対所有を認めなかった。なぜだろうか。

神こそが大地の所有者であり、皇帝やそのもとの王たちは神の代理人であり、そこでは家臣へ権威が委譲され、それがそのまた家臣へ、そして農奴のところに達するまでつづいたのである。差異は役務の質にあり、征服した側の部族の者はある種の軍務だけを負い、その一方で農奴は生産労働によって支払った。(6)

イギリスの社会主義者のモリスとバックスはマルクスを高く評価しつつも「神こそが大地の所有者であり、王たちは神の代理人」とはっきりと宣言している。王権神授説的にはこうなるのであるが、イギリスの社会主義の伝統と言えるだろう。領主は外敵の侵害から臣下を守る義務がある。騎士道の友愛団体から職業（クラフト）ギルドまで含めてすべての組織体は、一方ではキリスト教的組織であり他方では実際目的のために考案された。言い換えると、当時の生産は主として農業であったので、農奴が労働しその上に家臣や封建領主がいた。にもかかわらず社会内部でアソシエーション

（協同）への傾向があり、協同なしには生活はなにもできなかった。

当時、個人主義など存在せず、貴賤を問わず教会の組織と秩序に属した。貴族もなんらかの騎士団の絆で結ばれ、生産や交易は職人や商人によって造られた複数の大きな協同組織の手中にあった。[7]協同（アソシエーション）の原理はその時代の有用な階級の中で確実にさらなる発展を遂げる。

手工業が生産能力を伸ばし始めると、個々の特殊な技能のためのギルドがヨーロッパ中に結成された。クラフツマンシップ（職人技術）という語の最も広い意味において、そのあらゆる分野を包摂した。イングランドでは耕作人ギルドが村や小さな町で最も重要なギルドになった。これらのギルドの機構は、中世に広く普及した協同組織（アソシエーション）のモデルにならって法的に認められた組織である。

ほどなくして彼ら自身の団体メンバーが組織体の代表となり、町の統治機構の要職に就いていった。中世後期になると彼らの地位はさらに向上し、職人ギルドの代表が貴族階級を押しのけていくこともヨーロッパ各地で見られた。[8]このような商人、職人、農民らの生産者によるギルド的共同体社会の中で、ヨーロッパは文化的にルネサンス、宗教改革を迎えて近代化を遂げていく。ところがそのさなかに、次第にギルド的共同社会は消えていくのである。

十六世紀が始まる前に、職業（クラフト）ギルドは徐々に他の組織を影の薄いものにしていたが、ギルド設立の基盤となった精神がその間に消え去りつつあった。ギルドは元来、自分たちで役員を選んで運営する平等な職人の結社であり、その規則は明らかに資本主義の成長とは反対の方向にあった。たとえばフランドルの織布職人のギルドは、どの親方の工房も織機の数は四台までに制限されていた。(9)

なぜギルド的共同社会は消えていくのであろうか。中世の商業にはまだ資本主義的な交換はなかった。それは十分な貨幣がまだなかったことにもよる。ヨーロッパに銀鉱や金鉱が少なく、イタリア商人も東方貿易用の金はイスラーム商人を経由してアフリカから手に入れていたほどだ。(10)しかし一六世紀の中頃までには貨幣経済は発達し、資本主義的特権の発展に向かい、やがて一つの世界市場が形成されることになる。

そこで、ギルド社会主義と資本主義の違いについて、単純化すれば次のようになるだろう。ギルド制の親方職人の場合は、「自由な労働者」を雇い始めた後でも雇用できる人数が厳密に定められていた。そのため、実際には親方は支配者ではなかったし、「自由な労働者」もいずれ自分に親方の役目がまわってくるものだと思っていた。つまりギルド自体が真の「労働者の雇用主」であり、親方はギルドの職長にすぎなかった。ところが雇用主としてのギルドの地位が崩れ、かつての親方が本当の所有者すなわち支配者となってしまえばこれが資本家ということになる。(11)

やがて「自由な労働者」は賃金労働者となりプロレタリアート（労働者階級）の一員と呼ばれた。すべてが商品経済と見なされる社会では、現実には「労働力商品」となってしまうというわけだ。そこで資本主義克服の問題は、あらゆる社会領域を「商品化社会」としないこと（あるいは部分的社会領域に限定すること）、そして「自由な労働者」のアソシエーションをどう回復するかということになる。

しかしながら、社会主義は、マルクス、エンゲルス、レーニン主義の流れの中では、歴史上現実に起こったこととして、国家社会主義になってしまったことは否めない。つまり再び中央権力の強力な指導体制になり下がった。そのために社会領域全体をおおってしまう傾向をもった。そうではない方向で、前章の宇野弘蔵は「新しい社会の創造」の必要性を示唆し、滝沢克己はそのための自由で自律した人格の人間論を明らかにしたはずである。

筆者の構想は社会主義というよりも民主主義であり、これを創発民主主義と呼んできた[12]。

大内秀明はマルクスの国家社会主義に対してモリスの共同体社会主義を重視する。その方向には賛同するのだが、そのためには国家主権論を市民社会の領域主権論に転換する政治哲学的議論がどうしても必要である。

ここで詳細は後に説明するが、中央権力すなわち主権への考察がどうしても必要なのである。というよりも、主権の分散ということだ。このような主権の多元的分散は社会主義というより民主主義であろう。大筋をモリス・バックス『社会主義』に即して吟味すれば、つまりこういうことである。

〈社会主義者〉たちのあいだで近代官僚国家を扱う方法について、二つの見方が流布している。といっても、両者が根本的に相容れないというわけではなく、別々の観点から事態を見ている結果なのである。

ある人々にとっては、国家＝政治組織は非常に攻撃しがたく、過度期にある種の社会をまとめあげておく目的には明らかに役立つように思えるため、新社会が古い官僚国家という政治の外殻の元で発展してゆくことを期待している。新しい社会体制を実現する前に、革命家たちの妨げになるどころか、そうした官僚制がある程度利用可能とみているわけだ(13)。

二〇世紀に入って起こったロシア革命でも、現実に官僚制の強大さを利用した国家社会主義になっていった。しかし、これは失敗だった。実は、モリスたちは同書ですでに別の道を提案していた。

現在の中央政府の権限が地方自治体に漸次移譲されていって、やがて政治国家が弱体化して地方組織と産業組織に代えられるようになるべきであろう。後者〔地方組織と産業組織〕のほうが変革の詳細を扱う能力がずっとあるという事実を考えても、そうなることが不可欠だと私たちは考えている(14)。

モリスたちが目の当たりにしたフランスでのパリ・コミューン（一八七〇年）からの教訓がここにある。国家社会主義に対してギルド社会主義、ないしは地方自治体によるコミュニティ重視の共同体社会主義（コミュニタリアニズム）なる言葉で呼ばれてよいものだ(15)。しかしながら一〇〇年経って歴史が示したのは、社会主義によってこういう道筋を人類は取れなかった、そしていまだ取れていないということである。筆者はこれを「主体の二重性」の無視、そして政治哲学的な主権論の意味の軽視と見ているのである。

〔産業組織〕云々については、賀川も『友愛の政治経済学』の中で協同組合国家論として言及している。賀川の場合は社会のすべてを協同組合型にすることだった（後述）。ただこれも、そのままでは主権論への考察が抜けている。創発民主主義の場合は、四セクター論としてセクターごとに賦与された主権の分散がある。市場社会も第２セクターとして富の蓄積に資した歴史的現実から、ある種の主権をもっていたことを認めると同時に、その歯止めない浸食主義を厳しく批判することがわれわれの課題なのである。

マルクスの『資本論』で提示される社会主義は「科学的社会主義」であって、それ以外の例えばオーエン、フーリエ、サンシモン、モリスらのものは「ユートピア的社会主義」と呼ばれることがある。これはエンゲルスがマルクスの死後に『空想から科学へ』という本の中で書いたことで、不幸なことにその後に人口に膾炙した。マルクスというよりもエンゲルスが生涯に保持した唯物論の立場から「科学的」を定義したもので、第２、３章でその一部を見た。今日の科学哲学などの批判にとても耐えられるものではない。社会科学の中でも確かに経済学は一番科学的になったつまり物理学に近づいたということが言われるが、すでに両者の法則性の違いも見てきた。

マルクス自身は唯物論者ではあっても、エンゲルスのような単純な唯物史観に陥っていないことは、大内秀明がつとに指摘している。また、「マルクス生誕二〇〇年」記念に書かれたロシアの経済学者アレクサンドル・ブズガーリンの要約論稿にも「マルクスの限界」として端的に表現されている。マルクスの時代よりもはるかに複雑になってしまい金融資本主義にまで至っている現代資本主義についての諸問題を指摘した後に、ブズガーリンは次のように示唆する。

こうした問題はむしろ二〇世紀になって前面に現れた。グラムシは、ヘゲモニー、インテリと文化の役割、自由で自発的なアソシエーションを論じ、ルカーチは、資本主義の疎外だけでなく、「必然の国」に特徴的なあらゆる多様な疎外を取上げて、未来社会をあらゆる前史の止揚として理解した。フランクフルト学派も、人間と社会の解放の問題を古典的見解よりも広くとらえている。[16]

アントニオ・グラムシの西欧型市民社会との対話[17]、フランクフルト学派のポスト啓蒙主義の人間の解放の問題、いずれの方向もマルクス主義陣営から出てきたものでもその風景は大きく変わった。筆者としてはフランクフルト学派のユルゲン・ハーバーマスに学びつつ、日本での公共哲学を展開してきた。それは日本人の倫理観にしみ込んだ〝滅私奉公〟を、〝活私開公〟（私を活かして公を開いていく（情報公開を迫る））に変えるための闘いであった。ハーバーマスの仕事も、ある意味では、現代における「社会主義と民主主義の対話」を可能にしている方向だ。

3　創発民主主義ということ

自由民主主義の中身

フランクフルト学派から出発したユルゲン・ハーバーマスの『事実性と妥当性』（原著一九九二年）を日本的コンテクストに適用することにより、熟議民主主義（熟議＝deliberation（英）、Diskurs（独））を、特に四セクター論を基本にして各セクターの参加と対話を強調した創発民主主義として提起できる。まずハーバーマスがマルクス主義的な社会主義という発想を完全に克服したことを確認しておきたい。

市民社会（Zivilgesellschaft）から発生する民主的運動にとっては、たとえば社会革命というマルクス主義的観念の根底にある、自分自身を全体として組織化する社会という期待を、放棄せざるをえないことになる。(18)

ハーバーマスは二〇世紀のヨーロッパ人として哲学的対話を実践し、一九世紀的な国家ではなくそれと区別された「市民社会」の理論を「コミュニケーション的行為の理論」として構築してきた。それが彼の造語による市民社会（Zivilgesellschaft）である。これはマルクスの商品社会（テンニースの

Gesellschaft）でもないし中世的なGemeinschaftでもないし、その中間のGenossenschaftでもない。

市民社会（Zivilgesellschaft）は、政治システムのプログラム形成に影響を及ぼす。しかしそれは、歴史哲学にいうようなマクロ主体、つまり社会全体を自己の支配下に置き、同時に社会に対して正統的に振る舞うとされるマクロ主体、こうしたものの代替物ではない。(19)

市民社会は対話の広場であり、行政権力ではないのである。にもかかわらず民主主義という回路を通して行政権力を根底において変えるないしは支えるものなのだ。民主主義の危機は西欧でも叫ばれてきた。一つの理由は、戦後の福祉国家論による受け身の生存権の享受、そこからの自治の崩壊であろう。「そうした権利によって制度化される経済と国家が、システムの固有の論理に従い、国家市民をたんなる組織構成員という些末な役割に矮小化してしまえばしまうほど、国家市民が私人化し、クライエントとしての利益を基に国家市民の役割を行使するというシンドロームが、ますます蔓延するようになる」。自己利益のために行動する、そういう市民へと追いやられてしまうのである。

「自由主義」と「民主主義」の区別

ハーバーマスの『事実性と妥当性』に従って自由民主主義を考えるに当たり、まず、自由主義と民主主義（＝共和主義）を区別していこう。[20] 実は、思想史的に言うと、この自由主義と民主主義の二つは違うルーツをもっている。ここでの自由主義とは経済分野での自由主義ではなく、政治分野に話を限っている。

自由主義とは法律をつくって投票に行く各人の自由を保障する。それと同時に投票される人のイデオロギーも自由であり、それゆえ複数のイデオロギー政党があるのが普通だ。票が多く入って当選した人（代表者）に政治を委託するので代表制民主主義とも呼ばれる。したがって選挙を棄権することは、自由主義を自ら放棄することだ。

他方の民主主義というのは文字通り民衆が主体ということであって、歴史的には共和主義の伝統とも呼ばれる。代表者を選挙するのではなく個人自らが政治過程に参加していくので、直接民主主義とも呼ばれる。近代思想ではジャン＝ジャック・ルソーに由来するものである。ハーバーマスはこの自由主義と民主主義（＝共和主義）の二つを哲学的に吟味し再構成し、もう一度、民主主義理論（特に基本的人権と国民主権）の中で厳密に生かしていくことを主張している。そこに登場したのが熟議民主主義という発想である。

自由主義の元々のスタートは英国である。今では、民主主義的などこの国の憲法も多かれ少なかれ自由主義を採用している。

①　自由主義はやはり経済との関係が強い。経済も自由競争を中心に置いた市場経済だ。市場経済以外の経済形態、例えば協同組合的な連帯経済のようなものへの配慮はほとんどない。国家の役

割は、市場経済の利害関心や私人（しじん）間の多様な意見を調整し法を制定し実行する、という意味で法治国家を重視する。国家は行政的な権力機構として想定され、社会は自由な市場経済に従って構築される私人と、社会的労働との流通システムというわけだ。[21]「国民の選挙と投票において」多数を得た側が行政権力を担い、国家権力は、「行政、立法、司法の諸機関を通してのみ権力を執行する」[22]。しかしながら、多数の横暴はたえず出てくるし、立法のみならず、本来は行政から独立しているべき司法もたえず行政権力の干渉を受ける。国民にとって最大の弱点は選挙を通してしか政治に参加できないことだ。

②　共和主義とは何か。政治は自由主義のような媒介機能のみに尽きるものではなく、むしろ社会化プロセス全般の土台となるものである。政治は（強い）倫理的・道徳的な生活連関の反省形式として把握される（筆者注：しかし日本では森友問題、加計問題、毎月勤労統計の偽装も含め、今日の第二次安倍政権以降六年間の政治には際立って倫理性が喪失している）。自主的な相互連帯を意識し、これを自由平等な法に基づいた仲間へと発展させる。国家権力の階層的規制機構（行政権力）、市場の脱中心化した規制機構（自己利益追求）と並んで、〝連帯〟が社会統合の第三の源泉として登場する。政治的公共空間とその下部構造としての市民社会が戦略上の意義をもち、自由市場経済社会から政治的コミュニケーションは切り離される。[23]金の力、行政権力に対抗して「連帯」を重視する。[24]

以上の自由主義、民主主義（＝共和主義）のどちらの政治的特徴が日本に出ているかと言えば、明らかに自由主義であろう。特にこの三〇年ほどはそうである。しかしながらハーバーマスが推奨するのは民主主義（＝共和主義）の方である。ただし自由主義の重要な点、多様な意見の尊重という点は取り入れる。特に筆者は日本人の倫理的傾向に強い〝滅私奉公〟があることを考慮すれば、西欧的な共和主義の伝統を直輸入できないと考える。

さらに、ハーバーマスの場合、この二つとは別に「コミュニケーション力」すなわち対話を重視する熟議主義を提起するのである。「共和主義の立場からすれば、公共圏および議会での政治的意見形成・意思形成は、市場の取引過程の構造に従うのではなく、了解志向的な公共的コミュニケイションの独自の構造に従う。国家市民の自己決定実践という意味での政治にとって、パラダイムは市場ではなく、対話なのである[25]」。

このように共和主義の基本は対話だ。ただ、ややもするとこれまでは仲間内の対話となってしまった。そうではなく「異質な他者」との対話を重要と考えるのである。そして「（自由主義と従来の共和主義の）両見解と違って、民主制の熟議概念に対応するのは脱中心化社会のイメージである。その社会では、もちろん政治的公共圏が社会全体に関わる問題の探知・確認・処理のための場となる[26]」。ここで「脱中心化社会のイメージ」とは何か、権力の一極集中を避けるということなのであるが、後ほどその意味を明らかにしたい。すぐに続けて言う。

> もし主体哲学的な概念形成を放棄してしまえば、主権を具体的な人民に集中させる必要もないし、憲法上の諸権威という匿名性のうちに追いやる必要もないのである。

ここに「主体哲学的な概念形成を放棄」というのは「自由主義」を批判しているのである。と同時に実は「共和主義」の創始者ルソーの「人民主権論」の批判もしている。総じて近代主義に特有な「主体」(subject)の脱構築ということである。ここで、どうしてもルソーやカントについて詳しく触れなければならない。

近代哲学――カントの自律

まず、そのために自由の概念を哲学的に厳密に定義して、これを「自律」(autonomy)と呼ぼう。autonomyはイマヌエル・カントに由来する有名な言葉で医療倫理では「自己決定権」とも訳されている。ここでは政治哲学のテーマに限って話を進める。

次に、ハーバーマスは公的自律と私的自律という二つの言葉を導入して[27]、先ほどの自由主義と民主主義(=共和主義)のより厳密な構想を展開している。私的自律とは、私が私として自らのことを決めていく(律していく)状態が保障されていることだ。人間としての人格の自由を保障する最も重要な概念である。

もちろん素朴な形では人格とは近代国家成立以前からあるものだ。私が私であるという自覚、私が人間として生かされているという自覚は、それこそ紀元前の枢軸時代に世界宗教がスタートした時期に、「人格」の概念を人類に与えたと言ってもよい。第3章で詳述したように、日本では仏教とキリスト教との深い対話によって、人間存在の原事実として現代的な議論に耐えられるものになった。これを今後の民主主義形成に生かしたい。

しかしながら、ここではまずは西洋での議論の道筋を追う。西洋ではキリスト教が国家制度と結びついてしまい、それゆえに脱構築を必要とした。そこで、キリスト教の「人格」の考え方を一八世紀のカントは、キリスト教とは関係ない哲学的用語で表現し始めていった。

そしてカントの少し前、一七世紀頃に近代国民国家ができた。国民国家では、法治国家という形、つまり法律をつくって各人がもつ人格すなわち私的自律を保護するだけでなく、それを社会で最大限に生かそうとする場合には公的自律という形をとったのである（日本では一九世紀の明治国家に不十分ながらも入った）。私的自律と公的自律は裏腹のやや逆説的な関係にある（これを後に「subject という言葉が持つ逆説」(28)ということでルソーの書いたものに戻って確かめる）。

私が私として自由にふるまうことが保障されると共に、他者を傷つけることは法律的に禁止される、というわけだ。日本国憲法において表現の自由、言論の自由は最大限保障されると同時に、ただし「公共の福祉に反しない限り」として制限を受けている（憲法一二、一三条）。しかし実際には個人とは逆に国家の方が個人の人格を蹂躙することが多く、国家の方が制限を受けるべきだ、という意識が日本でもようやく広まってきた（これを立憲主義という）。

公的自律が暴走すれば全体主義になり、私的自律が行きすぎればアナーキシズム（無政府主義）に陥る。公的自律と私的自律とが対話的に尊重される広場を「公共的自律の場」すなわちこれを「公共圏」と呼びたい。自律ということが大事だ、押し付けられてやるのではない。そしてわれわれの目的はこの公共圏における熟議民主主義をそれぞれの場とテーマに応じて創り上げることだ（創発民主主義）。これは体系的な政治哲学としても易しいことではなく、それ以前に統治されることに慣れ切った日本人には決して生易しいことではない[29]。まさに国民としての不断の努力によるしかない（憲法一二条）。

4 「自由主義」対「民主主義」

社会契約論と憲法

市民が幸福で豊かな社会を築くためにどうすればよいか。国家とは別にわれわれは国家から創発する「市民社会」の形成を重要と考えている。戦後民主主義においても、戦前からの賀川豊彦らは自由、自主、自治の相互扶助の伝統を生かしつつ、友愛と連帯を通してルール（契約）をつくり、自治的にボトムアップ（下から上に）に市民社会を形成する努力をしてきた。西欧では共和主義、日本では協同主義という伝統を生かす、筆者はこう考える。ただし、何度でも強調しなければならないが、日本では〝滅私奉公〟や〝空気を読む〟、〝忖度〟の悪しき伝統に抗し、自由、自主、自治の訓練を重んじなければ不可能、ということなのだが。

国家は法的システムとして一つしかないが、市民社会は多層で多様である。西欧史では、この市民社会の契約関係を国家形成に応用したのが社会契約論であった。これを日本国憲法の信託理論とどうつなげるか。

近年、政治哲学の領域で社会契約論を復興したのはジョン・ロールズの『正義論』（一九七一年）であった。[30]カントの影響下にある彼の「公正としての正義」は、今日に欧米で流布している功利主義を批判して、政治的自由主義の理論的根拠を強固なものにし、政治哲学的議論を活性化させた。ハーバーマスも自由主義と共和主義の区別を導入したさいに、ロールズについてたびたび触れている。また、日本で、かつてＥテレで多くの視聴者を集めた「ハーバード白熱教室」という番組があった。その後に単行本にもなったマイケル・サンデルの『これからの「正義」の話をしよう』などもロールズについて解説していた。[31]

しかしながら、ロールズにも批判が出された。サンデルによって簡単に列挙するとこういうことである。市民的善の概念やモラルを括弧に入れた。そのことにより、その手続き的公正のみを問題にして中立を装う国家観がある。さらには、自己が形成される伝統との関係を括弧に入れる「負荷なき自己」なる自己論も問題視された。また、善やモラルの背景を支えている宗教などを私事として公共の場から締め出すような、いわゆる「価値中立」の発想にも、大いなる疑問符がつけられている。総じて〝自由主義〟なるものへの批判と言っていい。

この点では、同じ社会契約論者でもカントの少し前、ジャン＝ジャック・ルソーは異なっている。共和国での自由な市民のモラルや美徳を主張したルソーは、ロールズの場合とはかなりの隔たりがある。にもかかわらず、ルソーこそが近代において res publica（人民のもの、公共のもの）とは何かを徹底的に考え、republic（共和国）の理論を発展させ、主権者としての人民こそが立法者であると最初に明言した人物である。現代の公共性問題や法の淵源を考えるときに、特に民主主義（＝共和主義）を再考するときに、主権と社会契約論わけてもルソーの再考が重要であるゆえんである。

ルソーとロールズとの大きな違いはこういうことだ。ルソーの社会契約論がヨーロッパ一八世紀末の絶対君主制への批判であり、共和国の人民主権論を中心に論が組み立てられていたのに対し、むしろ一七世紀英国のジョン・ロックの所有的個人主義の伝統にあるロールズの「社会契約論」の場合は、二〇世紀に明白になる市場主義の弊害を考慮して、私的所有や格差の問題への解決が「福祉国家」論という形で中心にきている。

社会契約論は近代国家の起源論であり正当化であった。近代国家は権力を具備して国民の安心、安全、財産、自由、平和を保障しようとする装置である。ロックの場合には、私的所有を認めた互恵的で穏健な〝自然状態〟からの契約と同意によって垂直に権力を譲渡して、信託による立法府の樹立を説く。

しかし、ルソーにおいては〝自然状態〟はホッブズと同様に自由は阻害され「万人の万人に対する闘争」のような危険な状態にある。ここから安全を保障する国家の状態に移行させるにはどうすればよいのか。ルソー理論では、本来は個人個人が自然状態にもっていた自由を、権力者に譲渡することなく水平に互いに原初契約を結んで主権者に立法を委ねて、しかる後に行政に委任し国家という政治体を形成する。

さて、人間は自由主義者の言うようにまったく自立した自由な個人なのだろうか。いやそうではない、というのが筆者の立場だ。〝自然状態〟などという状態はない。それは観念の産物であり、批判的実在論者はそう考えない。日本の近代国民国家成立、すなわち明治維新の場合にも明らかだ。実際は、仏教、儒教、神道、その後のキリシタンなどの善や道徳、価値観と伝統のアイデンティティによって紡ぎ出され、物語る自己から発して権力の樹立がなされている。つまり「原初状態において、向かうものは、結局は契約ではなく、間主観的（＝間主体的、inter-subjective）な存在の自己認識へと至ることである[32]」。

ここで「間主観的な存在の自己認識」とはすなわち過去を背負い、コミュニティの伝統に埋め込まれ「負荷ある自己」を認識した私（わたし）ということだ。明治維新以降、近代化の過程で戦争を経験しその戦争責任を負った自己である。どこの国民も過去の伝統への責任がある。そのことを認めた上で、そこに安住せず異なる意見に耳を傾け、対話的に自己を開いて政治社会を形成し、今後増えていくであろう「異質な他者（外国人）との共存」に努力すること、それこそが健全な民主主義が目指す方向であろう。

だが、近代の私的自律を成し遂げて民主主義（＝共和主義）を創ろうと意欲をもった個人、この概念が戦後七〇年経っても育たない。一口で言えば、いまだに私的自律を育てるというよりも、日本的伝統の「お上の言うことには逆らえない」といった国民性を払拭できない。いま強調しなければならないのは、「コミュニティの伝統に埋め込まれ負荷ある自己」、すなわちわれわれ日本人の、江戸時代の鎖国政策以来にできあがってしまっている〝滅私奉公〟の体質を自覚すること。次に、その上でこの弱点を克服しつつ対話的に熟議民主主義を創ろう、こう意欲することなのだ。そのための人間論の基礎はすでに第3章で述べた。そのような政治主体への反省なくしては、今の日本ではメディアあげての悪しき意味での大衆迎合主義（ポピュリズム）[33]、ここに落ちていく危険性が大である。

西欧の伝統に話を戻すと、実は、この〝自然状態〟の想定の難しさは、ルソー理論にもついて回る。その難しさを次節で検討する前に、まず簡単に、ルソー流の人民主権論の系譜にあると思われる日本国憲法の国民主権の場合を考えてみよう。

国民主権論と憲法

今日、政治的なレベルの国民主権論は国際的にも常識となっている。しかし、国民主権の概念は厳密に考えると法哲学的には分かりやすい概念ではない。そもそも主権とは、一般に教科書的に表現すれば、こういうことだ。①国家権力そのもの（国家の統治権）、②国家権力の属性としての最高独立性、③国政についての最高の決定権。そして③の決定権の「その力または権威が君主に属する場合が君主主権、国民に属する場合が国民主権」であるとされる[34]。

国民主権それ自体が実定法の概念ではなく、形而上学的な概念であることがしばしば指摘される[35]。まず、常識的に〝主権者〟（権力を一手に握った人）という言葉は〝臣下〟（その権力に従って仕事をする人）を前提にしている。つまり、主権者がいればそれに従属する臣下がいるはずだ。国民主権という場合に、国民が主権者ということになるが、では国民の誰が主権者で誰が臣下なのか。

戦前の天皇主権の場合は天皇がただ一人主権者で国民が臣下だから、その政体のよしあしは別として、「主権者」「臣下」という言葉の定義上において論理的に矛盾はない。ホッブズ的な社会契約論から明治近代国家を君主主権と解釈し、さらには国家法人説をもとに天皇機関説（国家は一団体にすぎずその代表者が天皇）を唱えることも無理ではないだろう。しかし、戦後の国民主権は、主権者を逆転させ、国民間の身分制を廃止し、理念的にはすべての人を平等に扱うために、主権者が誰なのか臣下が誰なのかが不透明になったのである。

では、国民主権は、単に、国民を統治する側の為政者の横暴を抑えるためのレトリックにすぎないのであろうか。国民を全国民ではなく有権者に限定したとしても、為政者は、民主主義の下では、有権者によって選ばれる国民の代表者であって、代表の任についたところで、権力を行使する側に立つ。だから、為政者を臣下と呼ぶことはたとえレトリックとはいえ常識的にできない。現実的に、権力を行使する側が臣下ということは、矛盾であるからだ（日本語で政治家や公務員のことを公僕という言葉で表現する場合があるが、これは英語の civil servant の訳であろう。そうすると civil, citizen, citoyen という言葉の意味内容が問題になるが、この考察は後述のように思想史的にはルソーにたどり着き、結局は背理に行き着く）。

では国民主権の下では、国民は主権者で同時に臣下ということになるのだろうか。主権者で同時に臣下であるとはなんともおさまりが悪い。語義矛盾で背理的状況だ。だから、憲法において、国民はすべて法の下に平等とだけ言っておけばそれでよさそうなものだが、あえて「国民主権」という用語を書き込む理由は何なのか。

この背理ないしは逆説的論理は、実は、すでに人民主権論の提唱者のルソーが直面した問題であった。ルソーは人民（市民）が絶対的な自由をもつべきことを確信して『社会契約論』を書いた。これは当時の絶対君主制の時代には画期的なことであった。君主ではない、人民こそが主権者であるべきだ。ルソーの近代思想史と民主主義上の貢献は文句なく一級であろう。しかし、実は、ここに生じてくる論理的逆説を、ルソーは十分に解決できなかった。そしていまだに解決できていない。これが今日のハーバーマスの熟議民主主義の提唱にまで至る経緯であった。

ルソーはジャン・ボダンやトマス・ホッブズの「単一・不可分」という国家ないしは政治体の主権概念を踏襲したのだが、ある意味では、彼の主権概念はその前の論者たち以上に全体主義的なものになってしまった。なぜなのか。

ルソーの人民主権論とポスト・モダニズム

ルソーの人民主権論は人民自ら直接参加の直接民主制である。今日、人民主権論は代表制民主主義と併用されて、すでにそれ自身が国際的な標準となって〝普遍性〟を獲得しているように見える。しかし、ルソーの『社会契約論』は、政治哲学の古典ではあるが、実は歴史的文脈において考え直すべき重要な問題をはらんでいる。そしてこれをやや詳しく見ることによって、現代の熟議民主主義理論において、これがどう生かされてくるかを理解できることになる。

『社会契約論』の成り立ちは、一七三八年に当時のジュネーヴ共和国の人民総会で採択された文書への応答、との歴史的事実が示唆されている。(36) ジュネーヴ共和国は、当時、人口が二万四〇〇〇人、(37) 自由な市民階級に属するのは四階級の上の二階級のみでその有権者は男子二五歳以上で、わずか一五〇〇人であったという。(38) 彼らのみが人民総会に出て自由に意見を言うことができた（これは日本の中規模のムラのサイズだ！）。

一七三八年の人民総会での採択の文書とは『ジュネーヴ共和国の和平のための名高き調停決定』というものである。そして、この文書『調停決定』の第一条への批判、これがルソーの問題提起となった。

その『調停決定』第一条は次のようにある。

ジュネーヴ政府を構成する各団体、すなわち、四名の市長、二五人議会［参事会］、六十人議会、二百人議会、及び総会は、すべて各々国家の基本法に基づく個別的権限を有する。今後、本決定にいかなる変更もない限り、上記の各団体は他の団体のいかなる権限も侵すことはできない。(39)

ここで「個別的権限を有する」、「各団体は他の団体のいかなる権限も侵すことはできない」という内容が特に大きな意味をもつ。各団体には皆複数のメンバーがいるからすべて話し合いが基本になる。ところが、ルソーはこの分散された「個別的権限」に反対して、むしろ逆に「総会」すなわち人民総会への一元的な権限集中を主張するのである。この内容がまさに、ルソーの人民主権論の骨子であり、われわれが問題としなければならない事柄である。

ただし歴史的文書の読解として大きく留保をつけておくべきことがある。特に日本人読者は注意を要する。実は、これらの政治的「権限」なるものは、当時のヨーロッパのキリスト教世界内のこととして、神に対して開かれ、「神から与えられた限定された個別的権限」として了解されているのである。(40) 中世、宗教改革を経て、なお当時のキリスト教社会の常識として、啓蒙主義と絶対主義王制の時代ではあっても、建前上は究極的権限の保持者すなわち絶対的主権者は神のみである。ジュネーヴの場合は、特に宗教改革者ジャン・カルヴァンが二世紀前に都市の丸ごと改革をしたその場所であった。「神の絶対的主権性」への信仰は他地域以上に残っていた。創造者なる神は無限であり、被造者なる人間は有限だ。人間の世界には、単に、分散された個別的権限が与えられるのみである。

しかしルソーはこれに反逆した。ルソーは十分な説明をつけず、無造作に「単一・不可分」の絶対的主権を人民総会に一元的に帰する（人民主権論）。これは、実質的に臣下の生殺与奪権を握る当時のヨーロッパ君主から奪い取るべき自由が、まさに「絶対的自由」として表現されざるをえないことと呼応している。「人間の世界には分散された個別的権限が与えられるのみである」と表現するところに、まさに君主制や中央集権制を排したジュネーヴ都市国家の特徴があった。フランスやイギリスのような大国ではともかく、ジュネーヴ共和国のような小国では機能していたのである。

この「分散化された個別的権限」という表現にハーバーマスが二二三頁の「脱中心化社会のイメージである」と注目し熟議民主主義の考え方を導いた根拠がある、このように解釈できるのである。

さらに二二三頁のハーバーマスの「もし主体哲学的な概念形成を放棄してしまえば、主権を具体的な人民に集中させる必要もない」の部分を解読するには、もう少しルソーの人民主権論の内容に深く入らねばならない。

代表制民主主義を認めず、直接参加の民主主義を主張しているルソーの人民主権論。これは、一五〇〇人が一堂に会して議論可能なジュネーヴ共和国をモデルにしているからこそ可能だった、こういうことである。ルソーは部分社会や結社（アソシエーション）というものも認めない。ひたすら全員が一堂に会する総会に固執する。このようなところが、ルソーに全体主義の起源を見る論者[41]がその後に何人も出てくる理由だろう。たとえ、このような「全体主義」の解釈が誤解だとしても、そのような誤解を与える要素がルソーのテキストの側にないのだろうか。その議論はやや詳細な内容になってしまうので省略し、結論のみを記す。

すでにわれわれは、人間の「労働の二重性」ということについて、本書第3章で触れた。そこで、subject（主体）をめぐる二重性について哲学的人間論として、これを詳細に追った。「主体の二重性」が経済現象に重要な意味をもつことを滝沢克己は指摘した。そして近代の抱える矛盾として、ここでは政治現象に似たような二重性が現れていることを見る。

流行に敏感な日本のジャーナリスティックな思想界で一世を風靡したフランスのポスト・モダン、

ポスト構造主義の現代哲学者ミシェル・フーコーの「生―権力」論。これもルソー的な「人民（主権者）が人民（臣民）を支配する」、という主権の内在化の堂々めぐりの別の表現に他ならない。

フーコーの主権の理解はホッブズに沿った以下のようなものである。いわゆる「万人の万人に対する闘争」という自然状態から脱皮して国家を設立するための主権（設立による主権）について次のように言う。

主権の理論とは、主体から主体（＝臣下）へといたる循環、統一権力と諸権力との循環、正当性と法律との循環なのです。もちろん、主権論の展開のそれぞれ異なった理論的図式に応じて、どのようなやり方をとるにせよ、主権の理論は主体をあらかじめ前提とするものであり、権力のもともとの本質としての統一性を基礎づけようとするものであり、あらかじめある法の境位においてつねに繰り広げられるものなのです。[42]

主権概念は循環するという。ここで主体（subject）とは、語源からすれば「従属する」ということであるから、まず主体（主権者）から従属者（臣下）への力の方向性がある。[43] 次に、この力とは一方的な権力すなわち統一性がある。そして、この権力の正当性は法律という形をとる。そこで「主体、権力の統一、そして法。主権論はこれら三つの要素を、出発点においてあらかじめ自らに与えたうえで、それらの要素を基礎づけようというゲームを行っている」[44]とフーコーは主張する。「主人」

（subject）でありながら同時に「従属する（subject to ～）」臣下、この逆説が「主体」に二重の意味があるということである。

「主権者」の面を、先に二一四頁でハーバーマスは私的自律と呼び、「権力の正当性は法律」という面を公的自律と呼んだのである。また二二三頁のハーバーマスの「もし主体哲学的な概念形成を放棄してしまえば、主権を具体的な人民に集中させる必要もない」という言い方の意味も分かってくる。つまり主権とは「循環」概念つまり堂々巡りの概念なのである。だから放棄した方がいいのだ、と。

日本国憲法では「主権者は国民」とされている。しかし代表制民主主義と併用させるとあたかも選挙後に確立した「政府」に主権者概念が移行してしまうという錯覚をもつ（多数の横暴！）。この背理を取り除くにはどうすればよいか。国民が自覚的に政治に参加して熟議民主主義を創ろうとする意思をもつ以外にない。代表制だけでは不十分で直接参加型、つまりルソー型に戻すことである。ただし、ルソーがモデルとして提起したジュネーヴ共和国は有権者がわずか一五〇〇人であったことを思い起こして頂きたい。

一億二〇〇〇万人がいる国で、熟議民主主義が一挙に成り立つことはない。ＴＶ、大新聞その他マスメディアを駆使しても困難である。近年のＳＮＳの発達でそれがどう克服されていくかは今後の大きな課題であろう。しかし、まずは代表者たちの間で、つまり例えば五〇〇人の国会議員の間で、または一〇〇人以下の、五〇人以下の自治体議会の間でまずは試みられるべきである。ただしこれはあくまでも直接民主主義との併用である。すなわち本来ならば市民自ら民主主義に参加すべきなのである。つまり、小さな街の広場の市民の集会から熟議民主主義が始まるというのはそういう意味である。したがって住民に重要な政治的課題は直接参加の住民投票で決定し、代表者を選ぶ議員選挙と併用させていく努力をする、そこに熟議民主主義の意味がある。

ルソーは『社会契約論』の冒頭に書いた。「人間は生まれながらにして自由であるが、しかしいたるところで鉄鎖につながれている。ある者は他人の主人であると信じているが、事実は彼ら以上に奴隷である。どうしてこういう変化が起こったか」。ここからルソーの探究が始まり、最終的に人民主権論に到達した。だが、二〇世紀のフーコーの探究の到達点は一八世紀のルソーの探究の出発点すなわち「鉄鎖につながれた奴隷」に再び戻ってしまったように見える。

なんという皮肉か。しかしながら、これがルソー的な人民主権論の論理的帰結なのである。この奇妙さの出所はどこにあるのだろうか。それは人間存在の根源にある主体（subject）の二重性からきているのである。具体的にはルソーが「主権者」を「臣民」と単純に等置したところにある。すなわちシステムの内に絶対的主権者を内在化させることによってシステム全体が不安定になってしまったのである。

ルソーの社会契約説は当時の自然法学派の伝統にあったのだが、ただ従来の大陸自然法学派と違って社会契約の外在的基礎づけを批判して、内在的な義務論へと移行した(45)。そのためシステムの論理的構造が、背理をはらむこととなったのである(46)。

このようにルソー的な主権論は政治哲学・法哲学のみならず宗教哲学を考慮していかなければ解決できない、ということが明らかである。今日でも、主権を人間世界の主体（subject）の内ではなく外に移すことが解決の道である。主体と主体との対話的関係、すなわち間主体的（inter-subjective＝相互主体的）関係に移すことである。これが熟議民主主義の基本にある。そして同時に二者間の契約という契約理論ではなく三者間の信託理論へと問題を組み替えていく必要性を覚える。

アポリアの回避と信託理論――熟議の必要性

ルソー的アポリア（背理）を解消する方法はある。これがハーバーマスの大部な著作『事実性と妥当性』で展開された熟議民主主義の哲学理論である。日本の政治的伝統の中でこれを生かし、新たに創り上げていくことが、今後のわれわれの責任である。そのためにも、一応、ハーバーマスの議論の道筋を追っておこう。

討議（熟議）理論的に把握された法治国家では、国民主権はもはや具体的に固定しうる自律的国民の総体として実体化されはしない。(47)

「自律的国民の総体」、ここにルソー的言説へ批判がある。続けて言う。

国民主権は、もろもろのフォーラムと団体によるいわば主体なきコミュニケイション的循環過程にまで引き戻される。このような匿名の形式においてのみ、コミュニケイション的に不定形化した権力は、国家機構の行政権力を国民の意思に拘束することができる。……政治権力はコミュニケイション的権力と行政権力に分化する。国民主権は一つの集団、つまり統合された市民や議会に召集された代表といった物理的に把握可能な実在の内部にのみ限定されるのではなく、理性的に構造化されたもろもろの審議と決定の循環のなかで作用する。

国民主権は「もろもろの審議と決定の循環のなかで作用する」という表現、これは、まさに多様に国民の中に分かれた、小規模の生活世界ごとの領域に審議が委ねられる、ということを意味している。「国民主権の理念と結びついた直感は否認されるわけではなく、むしろ間主観的に解釈されている」[48]ともいう。「国民主権は生成する」とも「産出する」とも言われている。はじめから固定した実体ではなく対話的に創発するのである。

このコミュニケイション的に算出された権力は、一方における法的に制度化された意思形成、他方における、それ自体として国家と経済から等しく距離を取る市民社会の連帯的結合に基盤をもつ、文化的に動員された公共圏、これら両者の間での相互作用から生まれるのである。[49]

ここで「市民社会」とはGesellschaft（第２セクター）でもGemeinschaftないしはGenossenschaft（第３セクター）でもない、ハーバーマスの造語であるZivilgesellschaftという言葉が充てられている。われわれの図４－１で表現した公共圏がこれに対応している。

もう少し詳しく公共圏と図４－１のわれわれの四セクター論との関係を見ておきたい。というのはここで、ヨーロッパで生まれたハーバーマスの理論と日本の伝統や歴史を考慮したわれわれの四セクター論との違いがはっきりするからだ。まずハーバーマスの「生活世界」という言葉がかなり広く使われていることに注意したい。これは四セクター論の第４セクター（親密圏）と同時にそこを基礎にもつ第３セクターの両方を含んでいる。

すなわちハーバーマスは第３セクターと第４セクターを明確に区別しない。しかしわれわれはこの区別が必要と考えるのである。なぜか？　まずハーバーマスの言説、特に「生活世界」の概念を聞いてみよう。

生活世界の核をなす私事性の領域は、親密さ、つまり公開性からの保護を特徴とするが、こうした領域は、親類・友人等々の触れあいを形づくり、この単純な相互行為の地平において、さまざまな構成員の生活史を互いに結びつける。公共圏はこのような私事性の領域のための補完的な役割を果たすが、また逆に、この私事性の領域から公衆が公共圏の担い手として立ち現れることにもなる。(50)

これは明確に親密圏としての第4セクターのことを言っている。しかしこれに続けて次のようにも言う。

生活世界は全体として、コミュニケイション的行為のネットワークをなす。行為調整の局面下では、生活世界の社会的構成要素は、正統的に秩序づけられた間人格的諸関係の総体によって成り立っている。それは、共同体、集会・結社、さらに特定の機能に特化した組織を包含する。(51)

これはすでに第3セクターのことである。ハーバーマスはヨーロッパの伝統から書いている。筆者は日本の公私二元論の伝統の打破から書いている。最大の違いは筆者が「公」に従属する「私」(滅私奉公)を避けるために「公」と「私」の中間の「公共」を強調するところと、民主主義の訓練(対話的討議＝闘技?)場としての公共圏を意識的に確保することである。

「私」は市場ではない。むしろ「私」は「生活世界」の、特に「自己性」の強い家族的親密圏(第4セクター)に限定すべきである。そこから「他者性」の強くなる第3セクターに出ていって他者と協働する。さらには意見を集約して「異質な他者」との意見を調整する公共圏へとボイスを発信していくべきだ。公共圏はさまざまな利害がぶつかり合う場ではあっても絶えず対話的姿勢を崩さない、そこに国民主権の意味が確認されていく場所がある。

筆者は経済的というより政治的な意味あいから、日本での四セクター理論の確立には「自己―他者」軸を意識的に導入することが必要と考えている。その理由は社会科学的というよりも倫理学的なもので、〝ムラ社会〟が仲間ウチの相互扶助が強かったと同時に「異質な他者」を排除する傾向が強かったからである。この弱点が克服できたときに、日本の相互扶助の精神は世界でも十分に誇れる美徳を発揮できるであろう。

自己性が強い所には親密圏が位置している。ここはウチワでコミュニケーションしやすいのであまり対話や討論は必要ないだろう。しかしより大きな集団では自分と異なる考え方をする人々（すなわち他者）が増えてくる。だからウチワの以心伝心は通用しない。「共通の物語」をつくり上げていくには対話と合意のプロセスを繰り返す訓練がどうしても必要であり、これが公共圏を形成する。今日、「異質な他者」は移民の増加をも意味する。ヨーロッパが移民問題に苦しんでいる、という論を展開する人がいるが、それは総人口に対する移民の率が一桁違う世界になったときの話だ、ということである。

四セクター論の縦軸すなわち「自己―他者」軸が大切だ。「他者性」が大きくなったところに公共圏が出現する。「他者」軸がなければすべてが親密圏になってしまう。これが日本的な〝ムラ社会〟の弱点である。

公共圏においては「お上」（行政＝第１セクター）はたえず「権力」を抑制される。さまざまなセクターに横並びに主権（領域主権）が付与されて同等の資格で自治、自主、自由が保障される。憲法八章の地方自治はこれを述べているし、憲法二一条の結社（アソシエーション）の自由と二五条の生存権もこれを保証する。第2セクター（企業）を特徴づけるものが「利益」であるとすれば、第3セクターを特徴づけるものは「友愛」である。

さらにもう一点、公共圏のより厳密な定義を述べておきたい。「公共圏とは、特定の対象をもつことなく社会全体に感応するセンサーを備えた警報システムなのである」[52]。「公共圏とはせいぜい、内容と態度決定、つまり意見についてのコミュニケイションのためのネットワークである」[53]、ということで、これはハーバーマスも四セクター論も一致している。

実は、基本的人権を基礎づけることは東アジアの伝統でも行われていた。それはキリスト教ではなく、似たような構造をもった儒教的な統治理論・自治理論であり、この場合は「天」の超越性に訴えた。[54] 近代日本ではルソー理論や自然法理論による人権概念を導入するさいに明治初期の自由民権論者たちが「天賦人権論」としてこれを展開した歴史があるからだ。「天は人の上に人を造らず、人の下に人を造らず」（福沢諭吉）と言って人間の平等性を訴えたのである（この人権の不可侵性は今や世界人権宣言でグローバル・スタンダードとなった）。西郷隆盛が「敬天愛人」といったときのあの「天」である。いや、幕末の最大の儒学者と筆者が評価している横井小楠であれば、「天地公共の実理」と書いたあの「天」だ。ここから人間の平等性だけでなく自治体の平等性が出てくることになる。これが筆者の主張する「天賦信託論」である。委託者、受託者、受益者の三者関係からなる信託論を導入することができる。すなわち、委託者は天、受託者は代表者（国、県、自治体）、受益者は国民（県民、市民、区民）ということで、この天賦信託論を導入することにより、ルソーのアポリアは回避できる。

こうして、東アジアの伝統から遊離することなく、自己のアイデンティティのはっきりした「負荷ある自己」が、しかしより開かれた形で、グローバルに普遍的な対話の中に置かれていることが自覚できる。実際に、日本国憲法の「そもそも国政は国民の厳粛な信託による」とある前文の信託理論（神の声は人の声）を生かすこともできる。

同時に天賦信託論での国民主権とはあくまでも絶対的主権ではなく人々の生活領域ごとの部分的主権（領域主権）である。筆者の言葉では、国民主権とは「国政の領域における領域主権」として解釈できる。この場合、本源的主権は天に属してはいても領域主権として国民には国民主権を、そして県民主権をそして自治体主権を、さらには市民社会にはさまざまな生活領域で領域主権が委託され、ここから政治現象や法現象が始まっていると解釈できるのである。人と人との間（inter-subjective）にも領域主権があり（＝間主体的）、人と人との対話によって物事を決めてかつ守っていこうとする習慣をつくることである。

特に立法の権威の淵源、各種の規約やルールの制定に自律性があることを了解していく上で重要だ。国民主権がこのような形で単一・不可分の絶対的（本源的）主権ではないとするならば、国家法人説に立って判断すれば、法的人格（法人）としての国家について「国内的に国家主権の制限」[55]、ないしは他の諸団体（法人）と横並びの領域主権が付与されている、と受け取る可能性が出てきているのである。

実は、この天賦信託論の視点に立つと、一七三八年のジュネーヴの『調停決定』第一条の意味がよく理解できる。先に引用した「個別的権限を有する」、「各団体は他の団体のいかなる権限も侵すことはできない」という内容が、たとえ受益者たる国民に国民主権として領域主権が付与されてはいても、それは同時に、議会にも行政府にもまた各市民団体（ＮＰＯなど）にも、天から領域主権が委託されているのであるから、その与えられた領域内で「個別的権限」を有しかつ責任を果たすべき理由が存在している。そして「各団体は他の団体のいかなる権限も侵すことはできない」。いわばチェック・アンド・バランスが保持される。

このように考えるならば、確かに、実践的なこととして、ルソー的な直接民主主義と熟議の習慣をつくることは、国家より小規模サイズの自治体において、市民参加の下で、今後の日本に緊急の課題であろう。そのために、領域主権が地域主権をも含んでいることを了解するならば、国民の生活に近い政治課題についてはより小規模な地方政府に多くの権限を移譲することがどうしても必要なことである（［付録］参照）。またＥＵの現実からも明らかなように、一国内の国民主権ではなく多様で多層的な領域主権に基礎づけられた市民団体は、市民どうしの関心ごとの連帯によって、容易に国境を乗り越えていくのである。

以上、国民主権を領域主権の一つと解釈することにより、市民がさまざまな生活レベルで必要としている領域に立ち上げる中間集団は、それぞれに自律した領域主権をもつことが正当化される。それら中間集団の中でまずは徹底的に対話できる習慣を身につける。創発民主主義はここからスタートする。

5　ハーバーマスの宗教哲学

ところでハーバーマスが、『事実性と妥当性』（一九九二年）で民主主義論を刷新した後に、宗教との対話を精力的に進めるようになった背景がある。それはニューヨークの同時多発テロ（二〇〇一年）に象徴されたイスラーム原理主義の復権であった。米ソの東西冷戦構造がソ連邦崩壊（一九九一年）によって崩れた後に出現したのはアメリカの一極支配のように思われた。しかし、実際に起こったことはイスラーム原理主義の復権による「文明の衝突」であった。平和と民主主義の世界を創造するには、この高度な科学文明の時代にあってもなお宗教の問題、宗教と民主主義との対話の哲学理論が必要になったのである。

ハーバーマスは、すでに見たように啓蒙主義者・カントの二元論つまり「科学vs宗教（道徳）」の認識における二元論の克服から始めた。カントの宗教哲学の批判を通してこれを成し遂げようとしたのであった。社会学的問題もある。ポスト近代は、宗教復権の時代である。今日、グローバルな世界政治をも左右するようになったイスラーム教勢力をどう評価するのか。

公共圏における対話的討議を重んじるハーバーマスは、「ポスト世俗化」の時代に宗教的価値は民主的討議に不可欠と位置づける。それはモラルを市民社会に与えるために必要なのである。筆者がハーバーマスに着目する理由は、彼がカントそしてヘーゲル、マルクス以降のドイツ哲学と神学の行く末をきちんとフォローし、現代神学が公共圏から撤退して「私事化」したことを以下のように指摘しているからである。

（シュライエルマッハーの仕事により）神学は、その教義的な中核を扱うために最善の学問的諸方法に訴えることによって、目立たないうちに大学の内部で他と並ぶ実践的学科として存在することができるようになる。もっとも、一九世紀末と二〇世紀初頭の文化的プロテスタンティズムは、宗教と近代、信仰と知の優雅な和解のためにシュライエルマッハーがどのような代価を支払ったのかを明らかにすることになる。社会への教会の統合と信仰の私事化とは、超越との宗教的関わりからその世界内的な爆発力を奪ってしまうのである。(56)

ハーバーマスはこうして信仰の「私事化」を指摘したあとに、カントの『たんなる理性の限界内の宗教』に対してポスト世俗化時代に適合した興味深い読解をしている。

それは彼が、今日において宗教的価値の再考を試みているからである。カントの啓蒙主義の時代以上に、宗教に正当な位置づけを与えることが哲学的に必要だと感じているのである。筆者自身は、カントの二元論哲学の解消と実在の複雑さに着目して、最初から宗教との対話を加味しこれを批判的実在論として展開してきた。ハーバーマスの「コミュニケーション的行為の理論」の手法もそれに近い。それはつまるところ「ポスト世俗化時代」を公共哲学的に意味づける作業である。

宗教を再評価するからといって、決して理性の位置を下げるわけではない。そこで以下でハーバーマスの言説を整理しつつ、カントの宗教哲学を現代のコンテクストで評価してみる。

カントは理性の範囲内において、西洋の宗教すなわちキリスト教の中心的内実の信仰内容を救出しようとする。ただし彼にとっては、道徳法則の内容に関して、その道徳的立法者が神であっても理性であってもどちらでもよい[57]。カントは、聖書はわれわれ自身の内なる道徳律によって解釈されるべきであると言い、罪、贖罪、和解といった救済的コンテクストを背後に押しやる。しかしながらカントの手法つまり「実践理性の使用を、厳格な義務倫理を道徳的に立法することを超えて、神と不死性の仮定的ではあるが理性的な要請にまで拡張すること」、これは問題をはらむ。これは明らかにカントの越権行為である。基本はギリシャ的最高善であると言いつつも、実際には聖書的キリスト教について「カントは、宗教的な意味論がもつ世界開示的な力を目立たずに先取り」している。つまり、最初に理性を優位におくようなことを述べたのであったが、結局はキリスト教を裏から導入して、キリスト教に依存しているのである。

しかしそのことは逆に、カントの言う公共的（öffentlich）共同体を現代に生かしていくときに役に立つ。つまり「とりわけカントの興味を引きつけたのは、組織された信仰共同体が『地上における神の国の創始』に対してなす貢献である」。キリスト教の世界に広がる「公同の教会」という発想を使いつつ、制度的なしかも道徳によってできあがる「倫理的共同体」に翻訳するための手法を与える。

「法的－市民的」公共体とは国家のことであるが、これと区別してカントは「倫理的－市民的」公共体を現代に築き上げる可能性を与えるからである。「政治的共同体の『法的－市民的状態』（国家）と並んで登場する、徳の法則のみによって組織された共同体の『倫理的－市民的状態』という概念によって、カントは、『理性的世界存在者の究極目的』に対して、新しい間主体主義的な読み方を与えている」とハーバーマスは述べる。国家とは区別される、今日的な「市民社会」の存在、とりわけその担い手としての第3セクターの重要性を示唆しているのである。

さらには「カントに抗してわれわれはまず、神の国あるいは『倫理的共同体』という表現は、本来的に複数形である」ということを確認しなければならない。これが一八世紀西欧的啓蒙主義の標榜する普遍主義と異なって、現代のグローバリズムの現実である。たとえ「神の国」が複数であっても（つまり諸宗教団体がそれぞれの平和の国を主張しようとも）、そして究極的目標を掲げる宗教的世界観が複数であって互いに相違していても、「この相違は、それが無言の敵対へと導いたり暴力の温床となるべきでないならば、公共的な討議において言葉へともたらされなければならない。ここにおいて哲学は翻訳者の役割を果たすことで道徳的、法的、政治的な一致を促進することができる」と語るのだ。

現代の宗教に対峙する場合に、両端に二つの道がある。一つは近代的護教論の立場である。これは古典的護教論とは異なって、信仰伝統「の名において」語るのではなく信仰伝統「に関して」語る。それは今日の批判理論からヴィトゲンシュタインまでも用いて宗教の認知的構成部分を理性的に正当化しようとする。諸科学や民主的法治国家という挑戦に対して教養的に満足できる答えを見出すという目標をもっている。

もう一つは科学主義の立場である。ここでは、宗教的言語ゲームは社会的に制度化された諸制度の水準に達していない、として退けられる。もっとも、だからと言って、科学主義の方がその客観主義の言語をもって生活世界において宗教的言語ゲーム以上に高い水準にある、そのことも検証できないのである。

以上の両端に対して、第三の道がある。ポスト形而上学的な現代に宗教的信仰を尊重して、かつ公共的に討議可能な場所を造るための道である。それは「近代的護教論」のようにある特定の宗教の妥当性を想定するのでもなく、また「科学主義」のように、宗教伝統全体に認知的な内実を認めないということでもない。いわば不可知論的なポジションである。この不可知論のポジションについても二つの立場がある。「信仰の実質を哲学的概念に止揚しようとする合理主義的アプローチ」と、「宗教的伝統に対して批判的と同時に学ぶ用意のあるように振る舞う対話的アプローチ」とを区別したい。後者の場合は宗教の妥当性に関する問いは宗教の内部の論争に委ね、宗教的伝統から認知的な内実を救い出す討議にのみ興味をもつ。そして、それが当該信仰共同体を超えて公共的理由をもつ可能性を探ろうとする。このような寛容な態度に世俗的市民の意識が反映している。

そして「このような態度において、カントに由来するポスト形而上学的自己理解は、ニーチェをたてに取る新異教主義とは異なる(58)」方向に開示できるのである。

以上がハーバーマスの結論である。ハーバーマスは明らかにニーチェ的懐疑主義に対しては否定的である。彼は哲学的に宗教を救い出そうとしている。しかしカント的な二元論による救い出し方とも違う。

われわれはハーバーマスの「信仰の公共的理由」に賛同する。哲学的批判を受け入れつつ、公共圏での宗教的価値からの対話も受け入れる。それは相手を信者にすることではなく、民主主義にモラルを取り戻すという理由から受け入れる、こういうことである。したがって、日本に宗教教団によって支援された政党のあることも受け入れる。ただし、あくまでも民主主義と平和と正義のモラルを保持する限りであり、もし、政治的モラルの腐敗に加担する政党であるならば、それは厳しい批判を免れないであろう。

6　近代日本の実践家——賀川豊彦

戦前にも日本にモラルに支えられた民主主義の伝統はあった。大正デモクラシーのイデオローグ・吉野作造の友人で協力者でもあった実践家の賀川豊彦（一八八八〜一九六〇）を取り上げたい。すでに各章で部分的に言及してきたが、この節で賀川の全体像とその現代的意義についてまとめる。社会主義の考え方や協同組合運動などの中間集団形成にも深くコミットし自由、自主、自治を下からの民主主義の基本として実践した人物である。二〇一八年は賀川の生誕一三〇年に当たった。

若き日、神戸のスラム街に身を投じて貧しい人々の救済に身を挺した。壮年時代には、労働組合運動、農民運動、協同組合運動、無産政党樹立運動に献身し、関東大震災（一九二三年）が発生するや、東京に出てきて、罹災者救済やセルツメント事業に力を尽くし、それ以後は東京で活動した。また生涯を通じて日本と世界にキリスト教の宣教活動を行い、戦後は著作のかたわら世界連邦運動と平和運動を提唱、指導した。これらの諸活動を継続する間に宗教、哲学、経済、社会、文明批評、随筆、小説等の作品を多数発表した。それらは、彼の死後「賀川豊彦全集」全二四巻（キリスト新聞社）として刊行されている。彼の事業は関西、関東をはじめ全国にわたり数多くの同志を組織して行われ、その運動は広範な規模において展開された。大衆的なミリオンセラー作家で特に三部作『死線を越えて』（一九二〇年）は合計四〇〇万部売れ、大正期最大のベストセラーとなった[59]。幅広い賀川の活動を貫いたのは、一口で言えば、隣人愛に基づく助け合いの精神と、強力な実践的行動力および著述力であろう。賀川は生前にシュバイツアー、ガンジーと並ぶ〝三大聖人〟とまで言われ、戦後に二度ノーベル平和賞候補にもなった。

スラムでの救貧活動に飛びこんだのが一九〇九年であったために、二〇〇九年には「賀川献身一〇〇周年」と称して多くの催しが行われた。二〇一〇年の賀川豊彦関係団体・協同組合協議会の発足、二〇一一年三月に起こった東日本大震災とその後の救援活動において、賀川の関東大震災時の救援活動の言葉「被災者の目となり、耳となり、口となり」を標語に救援に従事したグループも多かった。

また賀川は一九五一年設立の日本生活協同組合連合会の初代会長となりすぐにICA（国際協同組合同盟）に加盟したこともあって、二〇一七年七月の第九五回国際協同組合デーでは「協同組合はだれも取り残されない社会を実現します　賀川豊彦から持続可能な開発目標（SDGs）へ」と題して記念中央集会が行われた。こうして、今日、賀川豊彦の働きを再評価する気運が高まっている。

賀川は若い頃からギルド社会主義に深い関心を寄せていた。一九四九年に『人格社会主義の本質』という本を著している。賀川によれば、人格社会主義の定義は以下のようなものだ。「この意識の転回の可能な世界においてのみ新しき世界経済が開展する。その組織が完全になればなるほど価値発展は高度に展開する。その高度の意識結合の社会を私は『人格社会』と呼び、その社会政策を人格社会主義と呼ぶのである」[60]。彼の社会主義は人間の意識と人格から出発している。

自治と中間集団（アソシエーション）

賀川は戦前から「自治と協同」を掲げていた。協同組合運動は彼の場合、近代経済学への批判を強く含んでいる[61]。彼は書いている。

この（人格社会主義の）形体を機械文明に活かす唯一の方法は、産業的に協同組合を造り、政治的には労働立法と産業立法を人格社会主義の方向に導き、勤労階級の自主、自営、自治、自由の世界を創造し、出産、疾病、老衰、死亡、生活難、失業に対しては、社会保障法を制定し、天災地変に対しては社会保険法を拡充し、一般大衆の為には、経済統制を自治的に行はせ、計画経済も産業民主的に実現し得るならば勤労階級の理想とする搾取なき社会は、そこに生まれたと考へてよい。[62]

「勤労階級の理想とする搾取なき社会」という表現は、マルクスの「資本論」の批判的摂取を反映している。後述するようにマルクスの「資本論」をよく読んでいたのであるが、しかしその唯物史観を賀川は強く批判した。暴力革命を否定することは、すでに一九二一年の労働運動の時代から彼の信条である。友愛会による三菱川崎造船所のストライキを指導したときからそうである。当時、賀川は大杉栄らと異なり議会を通して労働者代表を議会に送り、そこから社会改革をする方向をとった。賀川の「人格社会主義」の根底には「非暴力と友愛」「自治と協同」がある。

賀川の思想にはトップダウンの統治ではなく、逆に、ボトムアップな自治を行う中間集団（＝労働組合、農民組合、協同組合、信用組合、出産、疾病、老衰、死亡、生活難、失業への各種共済組織等々）がいくつも重層的に構想されていて、これらが下からの〝協同組合国家〟をつくるのである。賀川は人体の七つの機能になぞらえて七つの協同組合の必要性を訴えた。[63]これら協同組合はすべて利益が出ればそれを平等に分配する自治組織であり利潤追求の市場競争的な経済組織ではない。

人間論として利己的な「経済人間」（ホモ・エコノミクス）ではなく、利他的な「倫理人間」（ホモ・エティクス）を実践するモラルある市民を想定している。彼らは「友愛と連帯」による絆社会をつくり、連帯経済をつくろうとする人々である。賀川はこのような方向で、戦後すぐに日本国憲法下での市

民自治を構想していたのである。(64)

賀川は続けて言う。「個人からすぐに一足とびに国家まで飛ぼうとするから暴力沙汰や無理が出てくる。個人がまず組合にまとまり、組合が国家としてまとまって行けば、大きな税金も払はずに済むし、高い公債の利息を払ふ心配もない」。賀川自身、戦後は世界連邦政府樹立に奔走した人物であったから、まさに地域、国、国際の三層での自治的政府を構想していたのである。

賀川の経済思想

賀川はプリンストン大学留学（一九一四〜一六年）最後の年に、ニューヨークで労働者デモを見聞した経験から、貧困を防ぐために労働者自らの結束の必要性に思い至った。彼の経済学批判はジョン・ラスキンの「生の経済学」とよく似ていて、労働を芸術的創作の喜びのように見ていた。しかしラスキンより具体的であり、資本家による搾取への代替案として労働運動や協同組合運動を提起し推進した。彼はすでに、一九二〇年に『主観経済の原理』という本を書いている。ただここでの「主観」という言葉は、明らかに当時のヨーロッパ思潮、特に新カント派の「主観」主義の影響を受けている。その本の序文に書いている。

私はこの書を編むに当つて他人の思想を借りて居りませぬ。たゞもしも私が深く考へさされたものがありますならばラスキンの芸術史論であります。ラスキンの経済論は私にはあまりに非科学的で受取れ無かつたのでありますが、ラスキンの芸術史論は私が唯心的経済史観を編むに直接の動機を与へたものであります。

ラスキンは社会主義者で芸術運動家ウィリアム・モリスにも影響を与えた美術評論家だ。賀川は主観という言葉で「人間の心理」「人格の価値「欲望と労働」」などを意味している。もともと経済は欲望から出発し心理的なものであるにもかかわらず、経済学者は貨幣や物質そして客観的なもので経済学を組み立てている、という。ラスキンが同時代のJ・S・ミルなどの経済学を批判の対象にしたのに比べ、賀川の場合、大正時代の日本ですでに知識人の間で議論されていたマルクスから経済学を学び、ここから労働者の資本家による搾取、資本主義の矛盾、などを問題にしている。以下で賀川の『主観経済の原理』の内容を簡単に見てみたい。賀川の経済についての議論は経済理論のメタ理論ないしは経済社会学のような分野ととらえた方がよい。賀川は次のように語り出す。

資本主義の一次方程式は、凡てのものを平面にたたきつけて、芸術も、宗教も、道徳も、生命をも貨幣によつて換算しようとするものである。それでマルクスの方程式L↓C↓M（Lは労力、Cは商品、Mは金、然し私はLを生命と解釈して善いと思ふ）即ち、「全世界を得るともその生命を失はば何の益あらんや」とも云はるゝ生命が、その日生きて行けるだけの飯代の価格で値づけられるのである（マルクス『資本論』第二巻英訳一八七頁）。之が資本主義経済学の罪である。(65)

Lとはマルクスでは Labor（労働力）であるが、賀川はこれを Life すなわち生命と置き換える。宮沢賢治にも通じる詩人的素質をもっていた賀川の表現は、思想家として実に明快だ。ここに言われていることは「労働力が商品化されることの批判」であり、「すべてのものが貨幣と交換可能な市場」の前提への批判、ホモ・エコノミクスの人間観の前提への批判である。

経済学は、本来は、Lである生命ないしは主観である「心」から出発すべきであった。しかし実際にはそうはならなかった。「物質的客観に対する経済学は、今度は社会生活客観に対する経済学として発達することになつた。そして、この社会生活に於ける客観の価格を貨幣で計算することになつた。社会生活が、心理的に計量されてそれによつて、代価を支払ひ得るならば、此の方向を取ら無かつたであろうが、人間の発明はその当時まだ、そこまで行かなかつたので無理して貨幣で計算したのがそもそもの間違ひで、心の経済までが、物質の経済で計算されることとなつた」。

こうして賀川は「心」を無視した唯物的経済学ができていることを嘆いている。賀川は一方でマルクスの経済分析に高い評価を与え、[66] 他方でマルクス主義がもつ唯物論哲学を批判するということであった。経済学という科学と唯物論という世界観とを分けたのである。

賀川の哲学・社会思想

「心」や「自我」の重視は次のような表現にも明らかである。「唯物史観と唯心史観とは決して逆のものでは無い。同一質の部分的差である。即ち唯物史観は唯心史観の一部分である。唯心史観の迷ひの歴史が唯物史観である。『我』が崇物症に囚へられたものが、唯物的に発展したからと云つて『我』の一部分で無い理由は無い。つまり私に云はせるなら、経済史観は『我』と『人間』の経済史観である以上、到底『我』から離脱することが出来ないのである」。

ここで賀川の唯心論（idealism＝賀川の訳）という言葉の使い方は揺れている。それは単に唯物論（materialism）の反対語として使っているだけであるのだが、例えば「間違へられては困る。私の唯心と云ふのは、本能と意思を基礎として居るもので、ヘーゲルやカントの様に唯理、唯観念、唯理想を基礎として居るものではない。言葉が無いから、唯仮にわかりやすく心と云ふただけである」と弁解もしている。それにしても物質や科学の方法そしてそれを利用した生産活動と経済生活を重視する賀川が、唯心論なる言葉を使うのは奇妙である。むしろ実在論と言うべきであったろう。

確かに賀川は、実在論と言うものの位置づけを理解していた。ただ、それは科学的方法と親和的であった英語圏の経験論的実在論、特に当時のプリンストン学派の背景にあったスコットランド常識的実在論のレベルであって、彼としてはむしろ「自我」の立場を強く打ち出したかった。大陸哲学での新カント派心理主義に近い立場に自らを置いている。そしてその両者の折衷のような唯心的実在論(67)という言葉をすら自分の立場に使ってでも、なお「心」を強調したかったのである。

しかしその後の英語圏の経験論が言語論的転回を遂げたこと、さらには「自我」を吟味する大陸哲学がフッサール現象学を経て解釈学へ転回したこと等に鑑みれば、「唯心論的実在論」といった奇妙な折衷的な立場ではなく、彼の発想は今日の哲学用語法では批判的実在論（critical realism）へと連なっていくべきもの、筆者はこのように考えるのである。

「主観経済学派のマルキシズムに於て取る所はその労力価値説とそれから導いて来た余剰価値とだけ」(68)と言ったあとに、その余剰価値を資本として蓄積していくことも必要だとしている。問題はその資本蓄積が一個人の手に落ちていくことである。そうではなくそれを分散して皆で平等に所有すればよいのだ、と。

近代経済学における生産三要素の土地、資本、労働について賀川はこの三要素のすべてが人間化ないしは人格化されることを主張する。特に資本が人格化されるとは、生産手段などが相互扶助の持ち合いになることである。利潤からくる剰余を資本家が独り占めするのがよくない。それは共同出資者に等分して分配すればいいのだ。そして、労働者の相互扶助の保険となったとき労働価値説は生きてくるという。これが協同組合方式へとつながっていく。

そして組合の自治を重視し、自治する組織を自治体という用語で呼ぶ。今日に自治体と言えば地方自治体のことを指すのであるが、当時の賀川の言葉の使い方はそうではない。「純粋の自治体を組織せんとするならば、それはどうしても、生産者組合を基礎とし、工場を空間的単位とし、工場立憲から始めてかからねばならぬ」。こうして生産者組合すなわち労働者組合の自治と組織化を促す。

賀川はマルクス以外にドイツ歴史学派のシュモラーを評価している。「マルクスの後に、各種の経済学派が現はれるけれども皆この経済学の方法論を取り違へて、経済学を妙な所へ連れて行くのである。この点から見ると、シュモラーの如きは真に偉大であるとせねばならぬ。たゞ不幸にしてシュモラーは心理的価値の法則を無視した為めに、過去の発生史を辿るに止つて、現代より未来に渡す橋を架けることが出来なかつた。マルクスは資本主義の心理だけは方程式にして現し得たが、之も将来のことを予測し得なかつた」。

賀川はもっと直感的に「心」に固執し、人と人の心を結びつける連帯へ、すなわち協同組合の方向へと行く。彼は協同組合の実践活動も踏まえた上で、一九三六年にルーズベルト大統領に招かれアメリカで Brotherhood Economics（友愛の政治経済学）を講演し出版するに至った。直ちに二五か国、一七言語に翻訳され、世界のカガワの名を揺るぎないものにする。

賀川はこの時代、自由主義を批判するニューディール政策を推進中であった政府から招かれた。協同組合運動の指導者として、全米旅行をしたのであり、半年の間に講演した数はなんと大小五〇〇回、耳を傾けた聴衆は一〇〇万人を超えたという。その一つがニューヨークのコールゲイト・ロチェスター神学校での当講義であった。

『友愛の政治経済学』の第一章の最後に次のように書いている。「私たちは、唯物論的共産主義も政治的社会主義も達成し得なかった、そして信条主義的キリスト教の力も及びえない、社会の再建の、新しい道を、探さなければならないのである」(69)。

さてそこで、「経済を精神化する」ための協同組合の考え方であるが、戦後になって賀川は『新協同組合要論』（一九四七年）でそれを詳述している(70)。

「この協同組合運動をはじめたのは、英国のロバート・オーエンであった。オーエンはすでに一八二四年頃からこの協同組合（co-operative society）という言葉を使い始めていた。然し惜しいことには、彼はこれを単に生産的協同組合科学とのみ考えて、精神的意識的、また宗教意識の上に基礎づけられた、経済運動であることに思い到らず従ってそこまで育て上げることが出来なかった」。こう述べて次に、一八四四年に、英国のロッチデール（Rochidale）市で、キリスト教博愛主義を根本にして、二八人の織物職工たちが一ポンドずつ出し合って小さな組合を組織したのが協同組合の始まり、と続ける。そのときの三原則とは①利益払い戻し、②持分の制限、③出資額によらず一人一票の投票権、ということになる。次いでこの三原則を改良してドイツのフリードリッヒ・フォン・ライファイゼンが一八六二年にキリスト教精神で民間の協同組合保険（信用組合）をつくった、と。

すでに第1章で説明したライファイゼン（一八一八～一八八八）は生年がマルクスと同年であり、ライン州のアンハウゼン教区（プロテスタント）で連合村村長の時代に、無限責任などの規則の中で初めて農村信用組合（Kreditgenossenshaften）を組織することに成功した。これにより、ブルジョア商業者に依存することなく、資本の調達を小農家が協同組合方式で手にすることが可能になり、すぐにヨーロッパ中に広まったのであった。マルクスはこの事実を知っていたはずである。

マルクスの著作にほとんど出てこない「ゲノッセンシャフト」（Genossenshaft＝協同組合）という言葉の使い方について。[71] これは、当時のライファイゼン（一八一八～一八八八）らの運動の影響ではないか。『ゴータ綱領批判』（一八七五年＝一九七五年、岩波文庫）の翻訳者・望月清司は協同組合に関して、以下のようなマルクス自身の文を挙げている。「協同組合制度（cooperative system）が、個々の賃金奴隷の私的な努力によってつくりだせる程度の零細な形態に限られているかぎり、それは資本主義社会を改造することはけっしてできないであろう。社会的生産を自由な協同組合労働（cooperative labour）の巨大にして調和ある一体系に転化するためには、全般的な社会的変化が……必要である」[72]。つまり「零細な形態」ではない「全般的な社会的変化が必要」といった書き振りから類推する限り、マルクス自身は、あくまでプロレタリアート階級による強権的革命を通して国家権力奪取が先だ、と考えていた。

このマルクスとライファイゼンの二つの思想や運動は資本主義の批判から出発したにもかかわらず、これまで十分な対話がなかった。今日、その違いを認め合いつつ対話を重ねて新たなオールターナティブを示すべき位置にあるのではないだろうか。というのは、ライファイゼン的な協同組合運動は決してマルクスの言う「零細な形態」などに収まらず、むしろいま世界各地で根をおろし、世界大の規模の真にインターナショナルな連携を結び、二〇一六年一一月には「協同組合の思想と実践」として国連（ユネスコ）の無形文化遺産にも登録された。

他方、マルクスの展望した唯物弁証法の世界観に基づく社会主義は、今日、ソ連型の社会主義の崩壊という歴史的事実を経験し、かつ一党独裁による「自由の抑圧」という現実をも露呈してきたからである。その上で、先述したように、マルクスの新たな解釈もなされてきている。共同体社会主義（コミュニタリアニズム）という形で[73]、またグローバルな各地での協同組合的な社会的連帯経済の中にも生かされてきている。そして実は、日本で、両者の思想の対話的な展開を早い時期にスタートさせた最初の人物こそが賀川豊彦ではないか、筆者はこのように考えるのである。本書はその哲学的な意味を現代的に再構成するための試みである。

そのためにもまず歴史を振り返りたい。

労働運動の歴史から

今から一〇〇年前、一九一九年八月の労働運動が高まった頃の話である。労働者の連帯である友愛会第七周年大会が東京本部で開かれ、その会名を「大日本労働総同盟友愛会」と改称した。関西から参加した賀川は「宣言」を起草した。以下のようだ。

人間はその本質において自由である。ゆゑに我等労働者はかく宣言す。労働者は人格である。彼はたゞ賃銀相場によって売買せしむべきものではない。彼はまた組合の自由を獲得せねばならぬ。資本が集中せられて労働力を掠奪し、凡ての人間性を物質化せんとする時に、労働者はその團結力を以て社会秩序の支持はたゞ黄金にあるのではなく、そは全く生産者の人間性に待つものであることを資本家に教へねばならぬ。特に機械文化が謬れる方向に我等を導き去つて以来、資本主義の害毒は世界を浸潤し、生産過剰と恐慌は交々至る。生産者はその工場より追はれ、然らざるも、彼は一個の機械の附属品として、その生理的補給を繋ぎうる程度の賃銀に甘んぜねばならぬこととなつた。(74)

「人格」、賀川を理解するときにきわめて重要な言葉である。一九二一年の神戸での三菱川崎造船所の大争議のさいには三万人の労働者に向けて次のように「労働者による工場管理」すらも勧めていた。

暴に報ゆるに愛を以てし、悪に報ゆるに最善を以てしたのが工場管理である。労働者は容易に暴動に導くことが出来る。然し我等はその暴動を希望しなかつた。我等は会社を愛し、国家を愛し、社会を愛し、全産業を愛するが故に、破壊に代るに建設を以てし、暴力に代るに最善を以てしたが、不幸にして会社の門は閉された。（「労働者新聞」七月二十五日号）(75)

争議は、結局のところ経営側が憲兵や警察官の協力を得て終結し、賀川たちは「惨敗宣言」を出したのである。

後年、賀川は戦後の『人格社会主義の本質』を次のような書き出しで始めている。

どん底生活四十二年間の苦い経験が、私にこの書をかかせた。貧民窟を救ふために出発した私は、労働組合の組織に没頭し、農民組合運動に着手し、これに平行して勤労者間の協同組合運動の畝作りに、骨を折つた。そのお陰で、裁判所で有罪の判決を四回も受け、警察の監房に二回、未決監に二回、憲兵隊の独房に一回収容せられ、資本主義経済の法律が、どんな形で運営せられてゐるかを詳かに知ることができた。[76]

そして、社会主義への親近感も以下のように人一倍強かった。

私は明治三十七年（彼は明治二十一年生）頃から社会主義文献に親しみ、「新紀元」の思想に共鳴し、木下尚江や徳富蘆花の演説を楽しみに聞きに行つたものである。若い時から、マルクスや、エンゲルスを読んでゐたが、彼らの無産者解放の運動に賛成しながらも、彼らの唯物思想に常に反撥を感じて来た。

賀川の立場は明瞭であろう。マルクスやエンゲルスの資本主義の経済分析とプロレタリアート解放運動に深く賛成しながらも世界観としての唯物史観に賛同できなかった、というのである。では賀川はエンゲルスの言うところの「ユートピア社会主義者」で現実離れした夢想家なのか。いやそうではない。賀川は現実の人間の生活、それもモラルの頽廃を貧民窟生活で深く体験してきたのである。「それは、どん底生活の長き体験によって、道徳生活の欠陥が、如何に多くの窮迫者をつくるかをあまりに、眼のあたりに見せつけられたからであった」と書いている通りである。彼の『貧民心理の研究』（一九一五年）全体がそれを如実に物語る。[77]

人格社会主義とは何か

社会主義を形成するにしてもまずは人間革命の必要性、人間のモラルの向上を説くのである。賀川は言う。「日本の社会運動を口にするものは、マルクスのみあつてラスキンあるを知らない。然し英国の労働党の代議士は、ラスキン大学を卒業して、始めて立候補すると云ふ習慣になつてゐる[78]。「マルクスは唯物的であり、ラスキンは精神的」と語りラスキンの『ヴェニスの石』という建築の歴史書からその意味を説明する。建築そのものは石という物質からできていてもその様式を見れば人間精神のあり方が如実に出ているというのである。ヴェニスの建築物の歴史をたどりつつ、ルネサンス期よりゴシック建築の方が優れているのはその例である、と。「マルクスは資本主義病理の分析に於ては優秀である。然しその破壊後に来るものについては何等教へる所がない。我等はラスキンにおいて、建設的指示を与へられる。日本の労働運動、社会運動もラスキン精神に大いに学ぶ所がなければならぬ[79]」。ラスキン精神とは「友愛と連帯」の精神であり、哲学的には筆者の言うところの批判的実在論のことである。

賀川はすでに一九二〇年には大阪共益社、灘購買組合、神戸消費組合など消費組合運動に先鞭をつけた後に、農村に入り、一九二七年に杉山元治郎と共に賀川の自宅があった兵庫県武庫郡瓦木村に農民福音学校を開校する。農村との取り組みは、あまり知られていないが、実はデンマークでの経験が大きい。

一九二五年、賀川はデンマークの国民高等農民学校の招待を受けた。そこを訪問して講演し、同時に主として農村を見て回った。これを「デンマークの印象」として書いている。

私は、デンマークに来たことを心から喜んでおります。私はデンマークに来て、キリスト教が国民生活に対して何を意味するかということを、よく理解しました。ヨーロッパの大きな国は、植民地の掠奪に一生懸命になり、互いに闘争するために、二五〇〇万人の生霊を犠牲にして、なお惜しいと思っていない間に、デンマークは戦いを超越して、愛の社会組織に努力してきたのです。(80)

北欧の小国が身の丈に合わせた堅実な国づくりを、国民に浸透したキリスト教のモラルに基づいて行ってきたことに賛辞を寄せている。それは農業を中心に協同組合的な組織を社会に根づかせてきた。しかしもし日本人がデンマークを文化の遅れた国と思ったら大きな誤解だ。一七世紀の文豪シェークスピアの『ハムレット』の主人公はデンマークの王子の物語であった。一九世紀のアンデルセンの生み出した童話は世界中の子どもの心を豊かにしたし、一九世紀末のキルケゴールは実存主義哲学の創始者の一人である。二〇世紀初頭のコペンハーゲン学派と言えば、ニールス・ボーアを中心に量子力学の成立を促した理論物理学のメッカであった。

賀川の小国賛辞は続く。

私は思いました――ヨーロッパを見ようと思えば、大きな国を見てはならないと。ヨーロッパの小さい国ほど、よく治まっています。私は、ベルギーと、オランダと、デンマークを見たことを、ほんとうに嬉しく思っています。それらの国を回って、私は、ほんとうのヨーロッパに来たような気がしました。イギリスや、フランスや、ドイツはヨーロッパではありません。あれは地獄です。

驚くべき言葉だ。まるで詩を書くような表現だ。実際に最後に「デンマークの雲雀に与ふ」という詩まで付いている印象記ではある。

賀川は、一九三五年には、産業組合中央会発行の農村向け雑誌『家の光』に「乳と蜜の流るゝ郷」という社会小説を連載し農村での協同組合運動を促し、多くの読者を引き付けた。連載している二年間に雑誌の発行部数が三〇万部から一〇〇万部に伸びたという。戦時下に全農家が政府サイドの協同組合の中に中央統制されていくことを物語の主人公の語り口を通して牽制した（一九四三年の農業団体法の制定に連なる動きへの牽制である）。

今日、われわれが賀川の遺産としてどうしても見逃してはならないのは、農業や環境への姿勢であり、そこにある精神性の意味である。ここにおいてわれわれは賀川に宮沢賢治（一八九六〜一九三三）と類似した側面を見る。つまり、農業や大地との関わりを通して、近代人が失いつつある精神世界を取り戻そうとの試みである。

日本の農民は当時の労働者以上に貧しかった層である。明治近代以降、農村は幕藩体制下の自作農から小作農に転落し、資本主義の進行と共に極端な場合には全収入の五ないし六割という重い小作料を大地主に支払うようになっていた。賀川は狭い耕作地ややせた土地を効率的に活用する立体農業を提唱した。また、一九三五年に『農村更生と精神更生』という本を著している。日本の各地に農民福音学校を建てて、土を愛し、隣人を愛し、神を愛する「三愛主義」を説いて回った。「村の人は都会の人と同じく皆儲けたいと焦っているが、農業は工業のごとくなかなかいかない。手っ取り早くは儲からない。今日播いて明日刈るというわけにはいかない。で、もしも今のように儲けたい主義だけで村をやってゆくなら、村は遠からず亡びてしまうであろう」と警告する。(81)

「下から」の民主主義の萌芽

賀川豊彦は日本の無尽・頼母子講の伝統を生かすだけでなく、先述したように協同組合運動の創始者としてイギリスのロッチデールの商人たちと共に、ドイツのライファイゼンにしばしば言及している。しかし、実は、近代日本には協同組合運動のもう一つの流れがあった。それは市民というよりも国家官僚の側から導入されたものであった。市民による「下から」の自治と、国主導による「上から」の統治目的との違いは重要だ。今日に、単に社会的連帯経済の運動をするにとどまらず、市民の側から民主主義を創っていく場合に教訓となる、と筆者は考えている。そこで簡単に産業組合法の歴史に触れておきたい。

明治期に日本がドイツから多くの制度を学んだことが知られているが、実は、その中に協同組合運動があった。経済振興のために資本主義を興すことは急務であり、一八七〇年にドイツに派遣留学した品川弥二郎は、ドイツそしてより広くは欧州全体に存在していた、地方ごとの相互扶助的な組織が銀行や貯蓄組合を創設している試みに目を止めた。とりわけ一八五〇年代半ば、フランツ・ヘルマン・シュルツェ＝デーリチュが設立した「国民銀行」に強い印象を受けた。農業協同組合を地方の中産階級を対象にした投資志向の銀行に転換するという戦略である。シュルツェ＝デーリチュは地方を安定させるには社会福祉政策よりも資本主義の原則と適用の方が適していると考えた。慈善よりも競争原理である。こうして彼の協同組合は信用貸付銀行に改組された。シュルツェ＝デーリチュ式の協同組合は地方銀行に転換されたが、彼の事業が目指していたのはまずは地方の裕福な人々つまりブルジョワの育成と利益であった。[82]

もう一つのモデルが、ライファイゼンのもので、彼は生涯を通して、小規模で貧しい農民を支援することに力を注いだ。それゆえ彼らの事業では、儲けの追求よりも、慈善や社会福祉により力が入れられた。ライファイゼンの協同組合は規模が小さく、地域も限られ、地域社会を志向していた。この協同組合は信用貸付組合の役割を果たし、組織を経済的に存続するために一定の金利を課した。協同組合の役員は名誉会員として奉仕し、給与を受け取らず、組織をキリスト教人道主義に確実に貢献するものとした。[83]市場競争か人道主義的互酬性か、この異なる経済原理を目の当たりにした品川は、日本の相互扶助組織に欠けているのは人道主義的な倫理観ではなく、近代資本主義の原理すなわち市場競争だと考えた。彼はライファイゼンの取り組みよりもシュルツェ＝デーリチュのそれを導入することを考えた。品川とその後輩の平田東助が内務官僚として日本に導入したモデルは一九〇〇年に産業組合法として結実した。市民の自治的な相互扶助の運動の成果というよりも、「上から」の近代化の側面も強かったのであった[84]。

その後も品川の「信用貸付組合」の方向は、同じ協同組合でもライファイゼン型を採用した賀川豊彦の、「下から」のモラルに基づく市民運動とは異なる方向を歩んだのである。

戦争直後にも、協同組合運動の中から賀川によって協同民主主義が唱えられたことはほとんど知られていない。一九四五年八月に仲間と日本協同党を提案し一二月にそれを結成し、その後、四六年五月には協同民主党、四七年三月には国民協同党（委員長・三木武夫）と党名を変更して五月には片山哲社会党内閣と連立を組んだ[85]。ただこの政党は、その後、戦前から存在した二大保守政党が高度経済成長を政策に掲げて五五年に合同した影響を受け、その他の小政党と共に吸収され、解散せざるをえなかったのである。

賀川が「友愛と連帯」のモットーで立ち上げた日本協同党と協同民主主義、この理念を生かすことによってこそ、今後の日本の民主的で自治的な持続可能社会を導いていくことができるのではないだろうか。賀川は『新生』創刊号（一九四五年一一月刊）の「無産政党の再出発」という論文で次のように書いていた。「我々も全人的、産業的デモクラシーを主張し、労働組合、消費組合、農民組合を通して、資本家と同じ権利を主張する。今日迄の民主主義運動は必ずしもこの主張にあはず困難屈曲があつた。然し新しく進むべき進路をはつきりするならば、全人的デモクラシーの他に眞の世界的民主主義は確立しない[86]」。

彼の主張する諸協同組合、今日の諸NPO活動、諸グループなどはそれぞれに大きく成長している。しかしおのが道をタコツボ的に歩んでいるだけである。戦後七〇年してこれらが横につながって連帯できるためには、賀川の説く「友愛」と「全人的デモクラシー」の理念をもう一度思い起こすことが必要ではないだろうか。

7　「働きがいのある人間らしい仕事」（ディーセント・ワーク）

さて本章を締めくくるに当たり、第1章で出した「労働は苦役か、喜びか」という問いに筆者なりに答えを出したい。

賀川豊彦はラスキンにならって、労働は隣人との協同において何ものかを創造していくときには喜びである、と捉えていた。筆者はこれを受けて協働労働という言葉を使用してきた。他方で賀川は、マルクスの資本主義分析も高く評価していた。すでに述べたように、資本主義の搾取の構造の下でのプロレタリアートの労働については、労働そのものが苦役とさせられている、マルクスがこう考えていたのは明らかである。しかし革命後の社会では労働は喜びに変わると考えていた。

そのことは、例えばマルクスの最後の文書『ゴータ綱領批判』などから読み取れる。「共産主義社会のより高度の段階にあって、すなわち諸個人が分業に奴隷的に従属することがなくなり、それと共に精神的労働と肉体的労働との対立もなくなったのち、また労働がたんに生活のための手段であるだけでなく、生活にとってまっさきに必要なこととなったのち」は喜びに変わるということである。[87]「労働がたんに生活の手段」とは食べていくために働くということであろうが、これには苦役も伴うかもしれない。しかし「労働が生活にとってまっさきに必要なこととなったのち」は喜びに変わるというのだ。しかもすぐあとでは次のような協働労働のようなことも言っている。

また、諸個人の全面的な発展につれてかれらの生産諸力も成長し、協同組合的な富が、そのすべての泉から溢れるばかりに湧きでるようになったのち——そのときはじめてブルジョア的権利の狭い地平は完全に踏みこえられ、そして社会はその旗にこう書くことができる。各人はその能力に応じて、各人にはその必要に応じて！

しかしマルクスの主張するようにはいかなかった。このような理想的ないしは観念的な労働のあり方は、革命後の社会主義国にも存在しない。なぜだろう。その理由は、いくら社会制度を変えても、人間の主体が変革しないからである。「主体の二重性」に思い至らないからである。人格の自由の尊重された人と人の結びつきが、友愛なくして創れないからである。

その後、先進諸国では、今日のような資本主義社会が続いている。民主主義も形式的には受け入れられ機能してきた。こういった時代に、われわれは、「各人はその能力に応じて、各人にはその必要に応じて」、この部分をどう受け止めたらよいのであろうか。能力に応じた労働、必要に応じた労働、これは多くの想像力を駆り立てる。「必要に応じた労働」、これは自分が最低限に衣食住を満たし、家族を養うため等々が考えられる。これは喜びだ。また「能力に応じた労働」、これは障がい者、高齢者等々に対しては健常者や労働可能年齢者が補いつつ、社会的包摂をつくり上げる方向とも解釈できる。これも喜びだ。このような喜びの労働を一言で何と呼んだらいいか。われわれはこれを「働きがいのある人間らしい仕事」(ディーセント・ワーク＝descent work)と呼んでよいであろう。

もし、国家が高度な社会保障制度をつくって多額の税金徴取そして再分配方式によって「各人の能力に応じて、能力ある人から能力ない人へ転化する」、というのであればどうか。北欧の高度福祉諸国家はこれを現実化してある程度の成功を収めた。ただし小国であったから可能になった。民主主義も教育を通してたえずその価値を教えられてきた。賀川が第一次世界大戦後のデンマークを評したように、かつてのルター派的国民教会の同質的な背景がモラルとなった小国民の中に一様にいきわたっていた、等々の事情が働いている。西ヨーロッパ諸国ではどうであったか[88]。

ここに初めて「協同組合的な富の分かち合い」とは何か、ということが問題となる。西ヨーロッパの資本主義社会は、ホモ・エコノミクス(経済人間)の社会であり「自己利益の最大化」を是認する社会となってしまった。これが廃棄されて「剰余価値の搾取」がなくなり、「協同組合的な富の分かち合い」が出現するホモ・エティクス(倫理人間)のつくる社会をマルクスが想定していたのだろうか。果たして、マルクス自身はそこまで見通していたかどうかは分からないが、その後に自由主義的資本主義も大きく修正され、この段階に一歩近づけようと努力してきたのも歴史の現実である。だからアソシエーション的な市民社会の文化創造はここまで来るべきだ、と考えてもよいであろう。

実際に、第一次世界大戦後に国際労働機関（ＩＬＯ）が創設された（一九一九年）。その初代事務局長アルベール・トーマは、フランスの協同組合運動の主導者で、一九二八年に来日し、神戸で賀川豊彦とも親交を深めた。そしてＩＬＯは第二次世界大戦後には国際連合の専門機関となった。「労働における基本的原則および権利に関するＩＬＯ宣言」（一九九八年）を総会で採択し、①結社の自由と団体交渉、②強制労働の撤廃、③児童労働の廃止、④雇用と職業における差別の撤廃、この四つを宣言するに至る。ついに、現実に、二〇〇九年には総会において二一世紀のＩＬＯの目標として「働きがいのある人間らしい仕事」（ディーセント・ワーク）が提案され支持されるに至ったのである。

「ディーセント・ワーク」という言葉が国際社会で迎えられた、これは特筆すべきことである。しかしながら、もちろん、その概念がまったく新しいということではない。むしろ資本主義が極端に行きすぎてしまった時代に、新しい言葉で再確認する必要があったと考えるべきである。

道は決して平たんではない。この目標を二一世紀の世界で本当に達成するには、一種の人間革命、友愛革命を経る必要があるのは明らかだ。人間の倫理観が革命的に変化している社会でなければ、そして民主主義が深化した市民社会でなければ、ディーセント・ワークによる文化創造はできない。そこで企業内の労働組合、協同組合、自治体ないしは小さな共同体（コミュニティ）レベルでこれを実行していく努力をする。ここでは「権利―義務」という発想ではなく互酬性によってこれをつくるか、またはボランティアすなわち贈与（隣人愛、慈悲、仁の心）の精神によってこれをつくるか、ということになろう。「利潤追求」というホモ・エコノミクスから「友愛」のホモ・エティクスへの人間（ホモ）自身の革命、これが必要なのだ。人間の人格の革命的変化なくして、そのような「欲望を抑制した」市民社会は形成できない。「主体の二重性」の自覚と「神人の接触点」「仏凡一体」への開眼による自我の再生なくして「協同組合的な富が、そのすべての泉から溢れるばかりに湧き出るようになる」ということはない、こう理解しなければならないのである。

注

（1）カール・ポランニー『経済と文明』栗本慎一郎、端信行訳（筑摩書房、二〇〇四年）三四頁。また、ポランニーとキリスト教社会主義との関係についてはポランニーの以下の著書を参照。『大転換』野口建彦、栖原学訳（東洋経済新報社、二〇〇九年）四六六頁以下。『経済の文明史』玉野井芳郎、平野健一郎編訳（ちくま学芸文庫、二〇〇三年）第六章。『市場社会と人間の自由』若森みどり、植村邦彦、若森章孝訳（大月書店、二〇一二年）第六章。
（2）F・テンニース『社会学者の見たマルクス』片桐幸雄訳（社会評論社、二〇一九年）三〇頁。
（3）賀川豊彦『友愛の政治経済学』五六頁。また、同書九〇頁にはイギリスのキリスト教社会主義への言及がある。
（4）カール・マルクス『フランス語版資本論』江夏美千穂、上杉聰彦訳（法政大学出版局、一九七九年）。
（5）W・モリス、E・B・バックス『社会主義』一七三頁。特に監修者の大内秀明の「解題」（三三七頁以下）

や大内秀明『ウィリアム・モリスのマルクス主義』（平凡社新書、二〇一二年）七二頁参照。このコミュニタリアニズムという用語法は近年の米国流の liberalism vs. communitarianism とは意味が異なっている。
（6）W・モリス、E・B・バックス『社会主義』五四頁。
（7）同書、五七頁。
（8）同書、五九頁。
（9）同書、七一頁。
（10）大航海時代の到来と共にアフリカから、ついでアメリカ大陸から大量の金銀、特にアメリカ銀が流入し始めた。これによって貨幣の「原料不足」が解消された。下田淳『ヨーロッパ文明の正体』一一二頁。
（11）W・モリス、E・B・バックス『社会主義』一八一頁。
（12）拙著『実践の公共哲学』（春秋社、二〇一三年）。
（13）W・モリス、E・B・バックス『社会主義』二〇七頁。
（14）同書、二〇八頁。
（15）大内秀明『ウィリアム・モリスのマルクス主義』（平凡社新書、二〇一二年）七二頁。
（16）「季刊フラタニティ」一〇号（ロゴス、二〇一八年）。なお同誌編集長の村岡到編による『マルクスの業績と限界』（ロゴス、二〇一八年）一〇四頁でマルクスが『ゴータ綱領批判』（一八七五年）の中で他の著作であれば「アソシエーション」を使うところを「ゲノッセンシャフト」（協同組合）という言葉を使っていることを指摘している。
（17）近年の研究書としては、例えば森田成也『ヘゲモニーと永続革命――トロツキー、グラムシ、現代』（社会評論社、二〇一九年）。
（18）ユルゲン・ハーバーマス『事実性と妥当性』上、一〇三頁。
（19）同書、一〇三頁。

（20）同書、三一〇頁以下参照。
（21）ユルゲン・ハーバーマス『他者の受容』高野昌行訳（法政大学出版局、二〇〇四年）二七〇頁。
（22）同書、二八三頁。
（23）同書、二七一頁。
（24）同書、二八一頁。
（25）ユルゲン・ハーバーマス『事実性と妥当性』上、三一六頁。
（26）ユルゲン・ハーバーマス『他者の受容』二八三頁。
（27）ユルゲン・ハーバーマス『事実性と妥当性』一一一頁以下。
（28）ユルゲン・ハーバーマス『他者の受容』二八三頁。「もし主体哲学（subject philosophy）的な概念形成を放棄してしまえば、主権を具体的な人民に集中させる必要もないし、憲法上の諸権威という匿名性のうちに追いやる必要もないのである」。
（29）同書、二九二頁。「しかしその二人（ルソーとカント）でさえ、この二つの理念の等根源性に対して公平たりえなかった。ルソーは共和主義的解釈を優先し、カントは自由主義的解釈を優先した。二人とも、等根源性に対する自らの直感の概念化に失敗したのである」。
（30）ジョン・ロールズ『正義論　改訂版』川本隆史、福間聡、神島裕子訳（紀伊國屋書店、二〇一〇年）。
（31）マイケル・サンデル『これからの「正義」の話をしよう』鬼澤忍訳（早川書房、二〇一〇年）第六章。
（32）マイケル・サンデル『リベラリズムと正義の限界』菊池理夫訳（勁草書房、二〇〇九年）一五一頁。
（33）エルネスト・ラクラウ『ポピュリズムの理性』澤里岳史・河村一郎訳（明石書店、二〇一八年）に現代に悪しきポピュリズムを避けた上で、真の民主主義構築はいかにあるべきかの議論がなされている。
（34）芦部信喜『憲法　新版』（岩波書店、一九九七年）三九～四三頁参照。
（35）例えばホセ・ヨンパルト『法哲学案内』（成文堂、一九九三年）二三五頁以下参照。

(36) 川合清隆『ルソーとジュネーヴ共和国』(名古屋大学出版会、二〇〇七年)一三八頁。
(37) 同書、一五頁。
(38) 同書、二九頁。
(39) 同書、一三九頁。
(40) 例えば『調停決定』がジュネーヴ共和国の人民総会で採択されたときの様子がこれを表している。「投票結果が知らされたとき、街は歓喜で満たされた。教会の鐘がなり、群衆が教会に押し寄せ、人々は『神がシオンに奇跡をなされし幸いなる日』を唱和した。ジュネーヴ人にとって、市の中心にある丘はシオンであり、ジュネーヴは新教のエルサレムである」同書、一二九頁。
(41) 同書、一九八頁。
(42) ミシェル・フーコー『社会は防衛しなければならない』石田英敬、小野正嗣訳(筑摩書房、二〇〇七年)四六頁。
(43) ラテン語 subiectum とはもともと「下にある」「基体」という意味であるが近代において「自我」「主体」と変化した。
(44) ミシェル・フーコー『社会は防衛しなければならない』四六頁。
(45) 山本周次『ルソーの政治思想』(ミネルヴァ書房、二〇〇〇年)一八七頁。
(46) ゲーデルの定理とシステム内の内と外についての解説は、例えばA・ローゼンバーグ『科学哲学』、前掲書、二六頁以下参照。また拙著『宗教と公共哲学』(東京大学出版会、二〇〇四年)二八頁参照。
(47) ユルゲン・ハーバーマス『事実性と妥当性』上、一六八頁。
(48) 同書、下、二五頁。
(49) 同書、二五～二六頁。
(50) 同書、八三頁。

(51) 同書、八四頁。
(52) 同書、八九頁。
(53) 同書、九〇頁。
(54) 拙著『公共福祉という試み』（中央法規出版、二〇一〇年）八〇頁以下参照。
(55) 「国家主権には、すべての人への人間的生存の保障という任務を果たすのに必要なかぎりでのみ認められるという限界があり、また、現実的国民意思によってこの任務の遂行のために有効・適切と判断されれば、現実的国民意思の最高の表現としての憲法を通じて、対内的に（――例えば地方分権）、また、対外的に（――例えば、国際機構への主権の委譲或いは戦争の放棄）、これまで国家の主権と考えられてきたものを制限することもできるのである」。栗城壽夫「国家」講座『基本法学』第二巻・団体（岩波書店、一九八三年）二二六頁。
(56) ユルゲン・ハーバーマス「信仰と知の境界――カントの宗教哲学の影響史と現代的意義によせて」『自然主義と宗教の間』（原著二〇〇五年、翻訳二〇一四年）法政大学出版局、二六四〜二六五頁。以下のハーバーマスの議論は主として本論文に依っている。
(57) 同書、二四一頁。
(58) 同書、二七八頁。
(59) 賀川豊彦『死線を越えて』は三部作からなり、第一部が「死線を越えて」、第二部が「太陽を射るもの」、第三部が「壁の声聞くとき」と題され、いずれも改造社から出版された。当時の資本主義が本格化する日本社会に肉薄する実態を描き、大衆に驚異的なまでに迎えられた自伝的社会小説である。二〇一七年に「賀川豊彦著作選集」の第一、二巻に復刻され再録された（一般財団法人アジア・ユーラシア総合研究所刊）。なお賀川豊彦に関する筆者の以下のまとめについては拙稿「賀川豊彦の社会主義と公共哲学」（上・中・下）「季刊フラタニティ」一三〜一五号（ロゴス、二〇一九年）参照。

(60) 賀川豊彦『人格社会主義の本質』全集第一三巻（一九四九年）一六二頁。
(61) 詳細は拙著『実践の公共哲学』（春秋社、二〇一三年）五七頁以下参照。
(62) 賀川豊彦『人格社会主義の本質』一五二頁。
(63)『賀川豊彦協同組合論集』（明治学院生活協同組合、一九六八年）二〇〜二一頁。医療衛生（保険）、生産、販売、信用、共済、利用、消費の七つ。
(64) 実際に新しい日本国憲法について論じていて、これを使って協同組合国家にすることを提案している。『人格社会主義の本質』二四一頁。
(65) 賀川豊彦「主観経済の原理」賀川豊彦全集第九巻（キリスト新聞社、一九六四年）一八〇頁。
(66) 高い評価をマルクスに与えて言う。「困難はこの主観の価値の問題にある。もしマルクスが経済生活の外に主観意思の実在を許容するならば、——彼の生産的勢力なる言葉だけでは足らぬ——彼の歴史観の欠点は凡て除き去られるのであるが、それで無ければ、彼もまたその時代の驚く可き器械の圧迫にその思想までも器械化せられた人だと云はれても仕方がない」（同書、二〇一頁）。
(67) 同書、二二四頁。
(68) 同書、二三七頁。
(69) 賀川豊彦『友愛の政治経済学』（日本生活協同組合連合会出版部、二〇〇九年）三三頁。
(70) 賀川豊彦全集第一一巻、四八一頁以下。
(71) 村岡到編『マルクスの業績と限界』（ロゴス、二〇一八年）一〇四頁。
(72) カール・マルクス『ゴータ綱領批判』望月清司訳（岩波文庫、一九七五年）六四頁。
(73) 大内秀明『ウィリアム・モリスのマルクス主義』（平凡社新書、二〇一二年）。
(74) 隅谷三喜男『賀川豊彦』（岩波現代文庫、二〇一一年）六九〜七〇頁。
(75) 同書、一一三頁。

(76) 賀川豊彦『人格社会主義の本質』一四九頁。
(77) ただし本書『貧民心理の研究』には当時使用されていても今日では差別表現と見なされる言葉や思想の使用など、賀川を継承しようとする人々に重要な反省を迫る内容もある。
(78) 賀川豊彦『人格社会主義の本質』一九四頁。
(79) 同書、一九五頁。
(80) 同書、一三一頁。
(81) 賀川豊彦「農村更生と精神更生」松野尾裕『希望の経済』(緑蔭書房、二〇一八年) 九五頁。
(82) テツオ・ナジタ『相互扶助の経済』(みすず書房、二〇一五年) 一九九頁。
(83) 賀川も次のように語っている。「もしその組合員が利己的であれば、利益金は全部彼ら自身に返ってゆく。組合員に他愛共助の精神が旺であれば、その利益は組合の決議によって全部社会公共のために使用される」賀川豊彦『協同組合の理論と実際』日本生活協同組合連合会出版部(復刻版、二〇一二年) 九八頁。
(84) この二つの経済モデルの違いについては次の論文も参照。塩野谷祐一「二つの『方法論争』と福祉国家――経済学と倫理学との思想史的接点」塩野谷祐一、鈴村興太郎、後藤玲子編『福祉の公共哲学』(東京大学出版会、二〇〇四年) 所収。
(85) 一九四六年四月の戦後初の総選挙では定員四六六名中、自由党一四一名、進歩党九四名、社会党九三名、日本協同党一四名、共産党五名であった。翌四七年四月総選挙では第一党が社会党で一四三議席を占め、民主党・国民協同党と連立して片山内閣を組織した(升味準之輔『戦後政治』上(東京大学出版会、一九八三年) 一三四〜一三五頁)。
(86) 賀川豊彦全集第二四巻、四二〇頁。
(87) カール・マルクス『ゴータ綱領批判』三八頁。
(88) 拙著『公共福祉とキリスト教』(教文館、二〇一二年) 第三章参照。

第5章

都市と農村——持続可能な日本へ

1　新しい幸福のモノサシ

「働きがいのある人間らしい仕事」（ディーセント・ワーク）、これを基礎にして生活世界特に第3セクターからの発信によって公共圏における創発民主主義を創る、これが二一世紀のわれわれの生き方だ、本書はこのように論を展開してきた。だが、日本の現実とはかなりの落差がある。われわれが日本で生きる意味は、この日本というトポスを規範性のある社会へと変えていくことである。つまり現状に流されることなく大地に足を踏ん張って歩む、それは規範のない現状の流れに抗さなければならないという意味で、自ずと抵抗者の生き方となる。これを筆者は抵抗権と呼んだ(1)。

この平成の三〇年間、日本経済は伸びず、失われた三〇年だ。主要国GDPを比較すれば、二〇一一年の東日本大震災・原発事故後、この前年に中国に抜かれてからは水があくばかりである。二〇一八年にはGDP五五〇兆円で中国の二・七分の一、アメリカの約四分の一である。GDPは人口が多ければ大きくなるのだからこれは当然であろう。しかしながら、あと数年で人口の日本より少ないドイツ、フランス、イギリスにも追い抜かれるであろう（図5－1）。

他方、国民幸福度と関係する一人当たりGDPについて日本は二六位である（表5－1）。これはアラブ首長国連邦の次だ。二〇一九年六月に、二〇〇万人デモで中国に抵抗した香港は、一人当たりGDPが一七位で、東アジアで一番高い。日本を先進国と思わない方がよい。

図5-1　2018年の世界の名目GDP

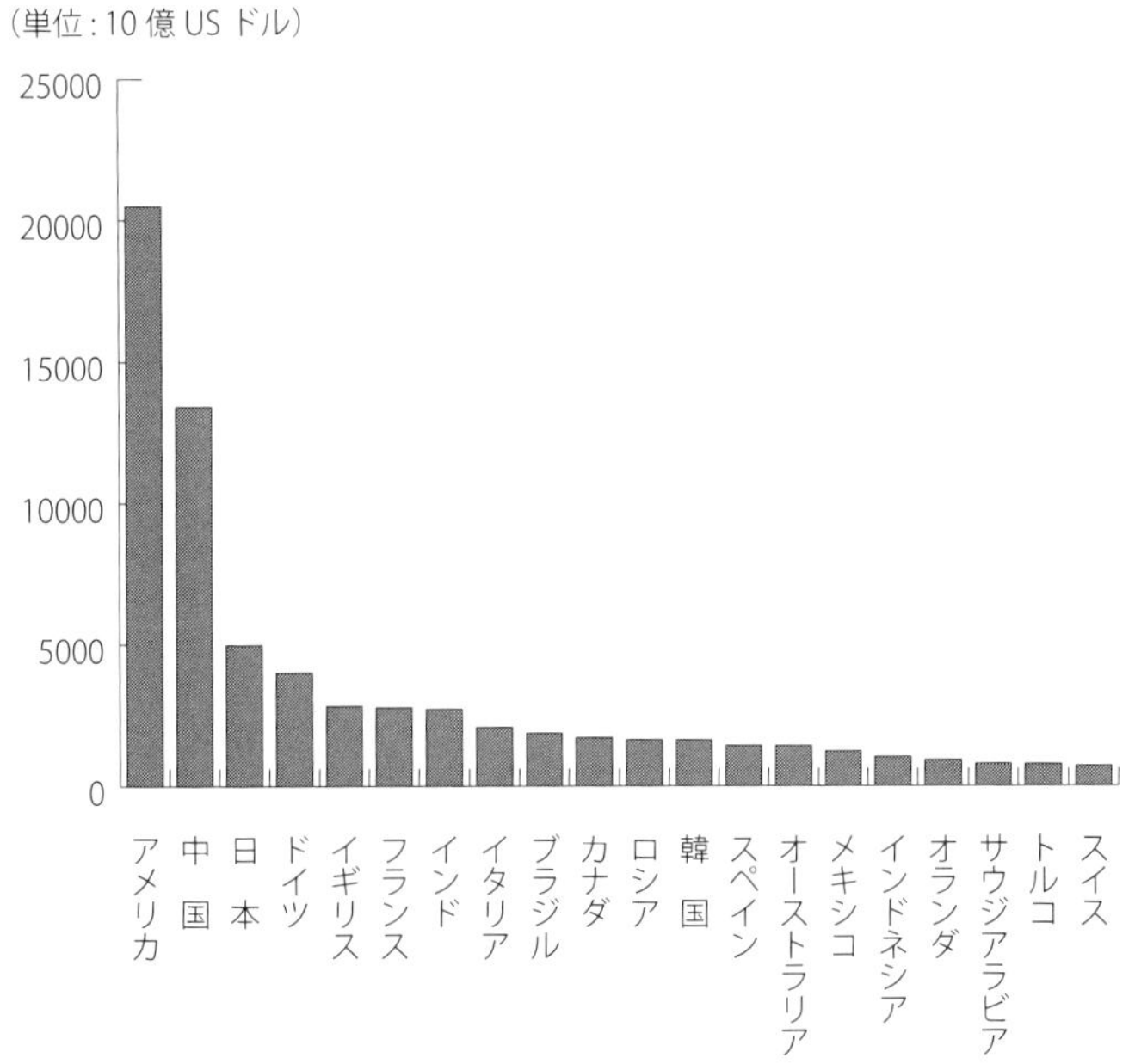

出所：「2018年の世界の名目GDP（USドル）ランキング」（https://ecodb.net/ranking/imf_ngdpd.html）を基に作成。

今後は、身の丈にあった中規模の国として、人々が幸福に生きかつ持続可能な市民社会を創っていくために、地方創生に精を出すべきだ。にもかかわらず後述するように、現在、人口の都市集中の奇妙な実態と、強固なＧＤＰ信仰が政権の旗振りによって進行しているのである。

ＧＤＰ（国内総生産）という数値、そしてそれを当たり前の価値観として受け入れるホモ・エコノミクス（経済人間）の人間論、これに代わる新たな幸福のモ

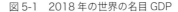

表 5-1　2018 年の世界の一人当たりの名目 GDP

順位	名称	単位：US ドル
1 位	ルクセンブルク	114234.24
2 位	スイス	82950.28
3 位	マカオ	82387.75
4 位	ノルウェー	81694.63
5 位	アイルランド	76098.59
6 位	アイスランド	74278.17
7 位	カタール	70779.52
8 位	シンガポール	64041.42
9 位	アメリカ	62605.59
10 位	デンマーク	60692.42
11 位	オーストラリア	56351.58
12 位	スウェーデン	53873.38
13 位	オランダ	53106.38
14 位	オーストリア	51509.03
15 位	フィンランド	49845.02
16 位	サンマリノ	48946.43
17 位	香　港	48517.36
18 位	ドイツ	48264.01
19 位	ベルギー	46724.35
20 位	カナダ	46260.71
21 位	フランス	42877.56
22 位	イギリス	42558.00
23 位	イスラエル	41644.08
24 位	ニュージーランド	41266.85
25 位	アラブ首長国連邦	40711.45
26 位	日　本	39305.78
27 位	イタリア	34260.34
28 位	バハマ	34002.62
29 位	ブルネイ	32413.92
30 位	韓　国	31345.62

出所：「2018 年の世界の一人当たりの名目 GDP（US ドル）ランキング」（https://ecodb.net/ranking/imf_ngdpdpc.html）。

ノサシが必要だ。

これまで、私たちは、政府や企業社会のかかげる経済成長という神話に踊らされてきた。その背景をもう一度、整理してみよう。

経済成長とはGDP（国内総生産）が大きくなり続けることである。経済成長率がプラスとは、国民が生み出す材やサービスが毎年増えることである。しかし人口減少社会で経済成長率が毎年増え続けることは困難である。例えば衣食住の基本の食について単純化するとこうなる。パン一個の価格を三〇〇円として、そのうちの二〇〇円分が原材料費などの費用だとすると、価値（付加価値）と名づけたものは一〇〇円になり人の創意工夫も含んだ労働量と関係する。付加価値を日本国民全体で合計したものがGDPだから、人口が減少し、今日のように一人当たり所得が減っていけば、単純な足し算としてのGDPは減っていくのが当然である。

それにもかかわらず数字的に増えていったとしたら、それは実体経済から遊離したものを増やしている可能性が大きい。そのような経済成長は泡（バブル）のようなものだから、そのうち破裂するだろう。このバブル崩壊を金融政策や財政政策で引き延ばしてきたのが、二〇〇八年リーマンショック以後の日本の姿である。今われわれは大きなリスクを抱えた社会に生きている。

ここから逃れるための第一歩は、創意工夫による各種イノベーションで新しい製品やサービスを生み出すのもその一つではあるが、それだけにあるのではない。〝経済成長〟という発想そのものを見直すことにある。つまり価格（＝貨幣との交換）に反映しない人間の労働量の付加価値を認め、単純な足し算でない協働による相乗効果を上げることだ。それを「人と人との心の交換＝コミュニケーション、互酬、相互扶助、友愛、信頼」と呼んでよい。現在の日本は政府にしろ企業体にしろ、あまりに国民の信頼を裏切る行為が増大している。このようにして功利主義（自己利益の最大化）から人格主義（利他主義の側面）へ、ないしは人間論としては経済人間（ホモ・エコノミクス）から倫理人間（ホモ・エティクス）へと発想を変える。経済価値とは別のモノサシを立てるということになる。

これは経済人間の側面を捨てるということを意味しない。人間には別の側面があることに「目覚める」ことである。「主体の二重性」を認めることである。「働きがいのある人間らしい仕事」（ディーセント・ワーク）への価値の転換である。「ディーセント・ワーク」という言葉は二〇〇九年の国際労働機関（ＩＬＯ）総会において、二一世紀のＩＬＯの目標として提案され支持された。しかしその概念は人類史において決して新しいものではない。

問題は「幸福」というものの中身にある。近代以降、人々の抱く「幸福」とは、功利主義倫理となって金銭に置き換えられた。「最大多数の最大幸福」とはすなわち私がより多くの収入を得ることであり、政策的にはＧＤＰを上げることに帰着した。逆にＧＤＰが上がることが各人の幸福を増すと仮定された。その結末は今日われわれが見ている通りである。

しかし「幸福」の別の理論が存在する。最近の脳科学や医学、心理学などの科学的証拠（evidence-based）とよく調和する、物語の共有（narrative-based）の考え方である。幸福の方程式と呼ばれている式がある。Ｈ＝Ｓ＋Ｃ＋Ｖというものだ。ポジティブ心理学の提唱者のＭ・セリグマンらによって研究されている。[2] 言葉で表現すると、持続的な幸福度＝遺伝的要因＋環境要因＋自発的にコントロールできる要因となる。H（Enduring Happiness：持続的な幸福度）とは、刹那的な満足感ではなく、長期にわたって持続する幸福度を指す。S（Biological Set Point）は、個人が生まれ持って備えている遺伝的要因、性別、健康状態を指す。C（Conditions in Your Life）は、職業、経済状態、婚姻状態等、現在置かれている自然・社会環境的な要因を指す。そして、それぞれが持続的な幸福度に寄与する割合はSが五〇％、Cが一〇％とされている。もしSとCだけであれば遺伝決定論、環境決定論となる。しかし、残りの四〇％は何なのか……というと、V（Voluntary Activities）つまり自発的にコントロールできる要因であるという。「よし、やろう」という意欲のことだ。私は過去の出来事をどのように捉えて、どんな未来を思い描くか、周囲とどのように関わり、隣人と協働労働をしていくのか、そんな前向きの「生き方の質」を指している。

筆者はこれを新しい「幸福」の理論（規範性）のモノサシとして考えている。自発的活動ないし自由、自治そして他者との協働、この人間的喜びこそが、人々に幸福をもたらす。実際にこのような見方に沿った、多様な地域の物語が数多く存在している。いやかつても存在していた。

現実的に、今後、超高齢少子化社会で幸福に生き延びていくために、どうすればいいのか。GDP成長神話から目覚めて、低成長でも環境を考慮した持続可能社会を「友愛と連帯」の価値によって生きていくこと、人々が前向きに意欲をもって自分の足元から隣人と共にこのような社会を創り上げていくことではないだろうか。「友愛」とは他者へのケアの心であり、第２章で述べた隣人へのスピリチュアルケアのみならず、自然と大地を配慮したケアワークを主とした社会的企業を多数起こすことである。「友愛」や「ケアの心」は家族というウチワ（家族愛）の社会化である。これが都市と農村で生き方の主流になれば、GDP神話を卒業して、「持続的な幸福度」へのシフトの希望が出てくる。

すでに国際社会はそのような方向をとっている。二〇一五年「国連持続可能な開発サミット」においてSDGs（持続可能な開発目標）が採択された。「だれ一人とり残さない」(Leave no one behind) ことを基本理念に、持続可能で多様性と包摂性のある社会を実現するため、二〇三〇年までに達成する一七のゴール・一六九のターゲットを掲げている。(3)

家族は第4セクターに属しそれを特徴づけるものは「家族愛」である。家族はそれこそ狩猟採集、農業、工業の生産形態にかかわらず人類の最小の自然的共同体であったし、その紐帯としての「家族愛」に説明の必要はないであろう。しかし個人主義の浸透の時代に家族の〝危機〟が訪れた。先進国の中でも、社会的孤立の度合いの大きい今日の日本にそれが目立つ。家族の変容が著しい。そもそも、戦前の〝封建遺制〟としての〝大家族〟からいきなり〝核家族〟へ、という表現自体が日本の家族の困難さを表現している。戦後七〇年の民主主義社会とはいうが、「一組の夫婦と子どもたち」といういかにも近代的な家族像が、観念的でなく実質的にモラルを伴って十分に語られる余裕はなかった。

つまり伝統的儒教倫理の解体の後に、夫婦が互いに尊厳をもった人格として、夫として妻として父として母として十分に体験されていないのが、戦後日本の現実である。勤労所帯の税制、年金制、社会の老齢若年保障制度、女性の社会進出の低調さ、ジェンダー・バイアス、インフラ整備等々を見れば明らかだ。(4) 特に都市生活においては、〝核家族〟が〝核分裂〟を起こしたような危うさがあって、それが児童福祉や家族福祉の今日的〝危機〟の出所となっている。さらにはこれに輪をかけて、将来への不安がある。特に長寿時代に入り、人生一〇〇年を生きるための年金制度の脆弱さには、国民の最大の関心が注がれている。

この〝危機〟を補完するのは、コミュニティや親密圏でのケアワークすなわち〝支え合い〟と相互扶助しかない。既婚者、未婚者を問わない基本的な人と人の絆づくりである。互いの人権を認めた上での〝気づかい〟、これを「友愛」という言葉で筆者は呼びたいのである。女性と男性の協働、友人と友人の協働、大人と子どもの協働、多世代間の協働、多様に織りなす「異質な他者」との協働、ここにこそ友愛革命のスタートがあるのではないだろうか。

2　相互扶助からのイノベーション

国に頼るのではなく、地域の人々が自らの創意工夫の中で地域（コミュニティ）を活性化させる。これを「自己責任」なる言葉で呼んではならない。一人一人が自分のアタマでものを考える。民主主義の根本、自治の精神の回復が先決なのだ。国は国でもちろんその存在の意義は減っていない。

何のためにわれわれは国家を形成しているのか、よく吟味すべきである。ただ国の本来の成り立ちからいっても、「補完性の原理」に徹する。そのために権限と、必要ならば財源を中央から地方に移譲し、医療・介護・保育・教育、そして地場産業の再生を地域の事情に合わせてきめ細かく対応させていく。これがそもそも、二〇〇〇年の地方自治法改正と〈機関委任事務〉に対する基本的考え方であった。[5]

今日、憲法改正が話題になる前に、われわれ自身がこの視点からまだ十分に憲法を活用していないことに気づきたい。憲法第八章に地方自治があり、今の時代に「いのちとくらし」や福祉を地域（コミュニティ）に移していくことにすでに十分な憲法的根拠があるにもかかわらずそれを活用していない。

松下圭一は一九七〇年代からローカル、ナショナル、グローバルに相当して政府三分化論を提唱してきた。都市型社会に移行するときに国の政府のみならず地方政府（自治体政府）や国際政府が重要になることを主張している。松下は繰り返し二〇〇〇年の地方分権改革によって国の自治体への〈機関委任事務〉が廃止されたにもかかわらず、自治体が国の憲法に当たる基本条例や立法過程を担う準備がなされていないことを指摘し、自治体↓国↓国際機構という順序での補完性原理（後述のように領域主権と呼んだ方がよい）を強調したあとに次のように語る。

「自治体基本条例は、自治体が地域の政治・行政にまず責任をもつ『政府』となったかぎり、市民主権を起点にもつ基礎自治体（市町村）、広域自治体（県）の《基本法》として不可欠となる。この基本条例は補完原理による重層型政府構成原理つまり複数信託論の再確認となるはずである」[6]。しかし国と自治体両方の借金が一〇〇〇兆円を超えている今日、自治体法務のみならず自治体財務をもこなさなければ議論は現実的にならない、と警告を発している。「自治の精神」と「自主の経済」の両方が担えるグループと組織の必要性を強調する。では今日、いったい日本のどのグループがこの課題を担えるのか。

現代日本の危機の回避はこの自治、自主の気概を市民自ら創り上げられるかどうかにかかっている。高齢少子化、介護人材不足、保育所と保育者不足、増え続ける社会保障費、拡大する貧富の格差、長時間労働の悪弊、女性の社会進出の壁、原発事故の未処理と核廃棄物の増大、将来の大災害の危機増大、国際（東アジア）情勢の緊張と摩擦の増大等々。

お上（かみ）主導ではなく、創発民主主義に基づく市民主導で地域ないしはコミュニティの多様なニーズにあった、地域の環境にあった街づくりがなされなければならない。ここでは政治的にも国民主権というよりも、むしろ市民主権が発揮される直接民主主義の時代に入っている。いやそれを実践しないことには今後の持続可能な社会は望めない。まず訓練されなければならないのは、「異質な他者」と共存する市民社会を担う各主体の自治と連帯の能力である。

そのさいに都市と農村の両方において、情報通信技術（ＩｏＴやＩＣＴ）でネットワークを構築する。地域の産業（エネルギー、食と農、福祉）において雇用を創出しそれを基礎にしてインフラ、建物、耐久消費財などでイノベーションを引き起こす。

金子勝が近著『平成経済　衰退の本質』の最終章で主張するイノベーションとは以下のようなものだ(7)。

1．食の「安全と安定」を高めるために、環境と安全の企画・基準を強化する。そのために農業は、消費者ニーズに応えつつ、地域単位で生産、流通、加工を結びつける「六次産業化」と、再生エネルギーを生み出す「エネルギー兼業」を軸に「儲かる農業」にしていく。

2．貿易政策との関わりでは、長期的な農家経営の展望がもてるようにＷＴＯルールに従って個別所得補償制度の充実をはかり、とくに中山間地には環境保全型農業を振興する。

3．医療・介護については、地域の中核病院、診療所、介護施設、訪問サービスなどをネットワーク化する。「かかりつけ医」ないし「ケースワーカー」が個々人に寄り添う体制をつくる。

4．これら対人社会サービスに関しては、地域からダイバーシティ（多様性）を尊重する社会を創出する。

5．こうした「地域分散ネットワーク型」の産業や社会システムへの転換にとって、財源と権限の地方への移譲が不可欠である。それによって、地域の生活圏に係わることは、地域の住民が決定する社会に変革していく。

一口で言えば、地方自治と創発民主主義の中でこそ、今後の経済発展と持続可能な社会の創設もできるということだ。また「儲かる農業」とは決して工業化のような大資本の投入を意味しないであろう。今後、中小企業そして小規模農業が「働きがいのある人間らしい仕事」（ディーセント・ワーク）

のためには、特に地方や農村部での相互扶助の精神をどのように再生させるかということも鍵になる。例えばＷＴＯルール、ＴＰＰやＦＴＡなどの世界の農産物に関する貿易政策も重要だが、創発民主主義の視点からはＩＣＡルールがより重要である。ＩＣＡ（国際協同組合同盟）について後に詳しく見てみよう。

以下の叙述は、歴史的に見れば、資本集約から再び労働集約の方向への「働き方」改革であり、人へのサービス産業のイノベーションの方向である。

３　コミュニティ経済、コミュニティ企業、コミュニティ協同組合

グローバル、ナショナル、ローカルのそれぞれにわたって政府機構の改革、そして同時に市民活動が必要とされている。特に、今日、多くの論者が重視しているのがローカルすなわち地域の活性化である。地域に生きる人々が元気になることだ。地域ないしはコミュニティを、グローバリズムの行きすぎによって壊れつつある状態から再生させる、そのことの必要性である。かつて地域に根づいていた中小地場産業を含め、地域における人と人のつながりの再生である。それによってナショナル（国家）レベルの経済も復活してくる。その理由は明らかである。

国家レベルの経済が、グローバリズムに飲み込まれることによって、富の偏在が始まった。今日でいう格差とは、富める国と貧しい国の格差ではない。富める国の典型と見なされたアメリカに

おいても一部の富める者と、そこから取り残された者たちの間で格差が生じた。それが二〇一七年、ドナルド・トランプのような「アメリカ・ファースト」を掲げる人物が大統領に出てきた背景である。ヨーロッパもそうである。金融資本主義に象徴される大資本を背景にした新自由主義は、先進国と言われている国々でも国内の富める者とそれ以外、こういう格差を生み出している。

世界全体で一部の富める者と、その他の人々が分離し始めた。中産階級が崩壊しつつある。民主主義を再生させるためにも今の方向は食い止められねばならない。ホモ・エコノミクス(経済人間)として洗脳されている先進国の人々に、果たしてこれが可能なのであろうか。経済がもう一度、分かち合いの精神を取り戻していくならば、これは可能になる。いま世界に広がるシェアリング・エコノミーという発想がこれである。一九世紀以来、細々と命脈を保ってきた協同組合運動というのは、一種のシェアリング・エコノミーであった。しかしそのためには、ホモ・エティクス(倫理人間)への転換が必要だ。そうでなければ、「シェアリング・エコノミーで収益を最大化する」というような発想がまた出てくるだけである。

特に、まずは経済が、人が本来に生きている地域に戻り、ここで活性化することによって、シェアリング・エコノミーは可能になる。労働も地域とコミュニティに根ざしたとき、隣人と共に働く喜び、「働きがいのある人間らしい仕事」(ディーセント・ワーク)を回復できる。そのためにはどうすればよいのか。

「コミュニティ経済」について真剣に考えたい。資本主義というシステムは、歴史的にナショナルからグローバルへと〝離陸〟していった。そのような時代に市場経済の領域を、もう一度コミュニティへと〝着地〟させていくことである。では、コミュニティ経済とは何か。「経済の空間的なユニットがローカルなものへシフトしていく時代に重要になってくるのは、地域においてヒト・モノ・カネが循環し、そこに雇用やコミュニティ的なつながりが生まれるような経済のあり方」とその概念を述べるのは広井良典である。(8) この発想は、農村部は当然のこと、都市の生活においてもあてはまる。

例えば、近代化の中で都市は車中心となった。その都市の中心部から車を排除する。つまり人が歩いて楽しめる街にしていく。歩行者専用の空間部分と昔ながらの小売店舗や商店街のにぎわいを取り戻し、街中に「座れる場所」を多くして緑の公園と水辺を取り戻す。高齢者ケアや子どもの遊び場を提供でき、「集いの館」(9) のように多世代が出入りして談笑できる場所を設ける。街の中に市民のアートや祭りがあり、ホッとした場所があり、「ゆったりとした落ち着き」の感覚を回復する等々。今日、ヨーロッパ先進国はこのような方向を歩んでいるのである。

しかし、日本の都市はアメリカをまねて、車中心になってしまったままだ。しかも物流の道路整備ばかりが進み、再開発と称して高層ビルが建ち並ぶ。街並みの美観をそこね、まことに殺風景な外観を呈するようになった。都市の人々の心はすさむ一方であり、子どもの虐待も急増しつつある。特に東京は一極集中化のあおりで、ますますこのような傾向を強めつつある。地方の産業がすたれ、シャッター通りが増え続ける中に、逆に東京は職を求めて人が集まり人口が増え続けている。日本はきわめていびつな姿に変貌した。もう少しヨーロッパの中小国の改革の方向に学ぶべきではないのか。

都市と農村において新たな産業を起こすことは「働きがいのある人間らしい仕事」（ディーセント・ワーク）、そして「持続的な幸福度」の形成と密接に関係している。

では、地域に密着した産業の担い手としての中小企業や諸協同組合は、どのような制度によって担保されるのであろうか。これについて筆者は、近年、イタリアを中心に盛んに使われる「コミュニティ協同組合」という発想がキーワードになると考える。もともとイタリアは協同組合の基本法が憲法（第四五条）に「共和国は、相互扶助の性格を有し、私的投機を目的としない協同組合の社会的機能を承認する。法律は、適切な手段により協同組合の増加を促進および助成し、適当な統制によりその性格および目的を確保する」と記されているという意味で、この方面では進んだ国だ。特にコミュニティ協同組合を推進する上で、次の憲法第四三条は重要なよりどころとなる。「法律は公共の利益のため、重要な公益事業もしくはエネルギー源に関連しまたは独占状態に関連する特定の企業または特定の種類の企業もしくは企業であって、高度に公益的性格を有するものを、国、公共団体または勤労者団体もしくは利用者団体に始源的に留保し、または補償の下に収用してこれらに譲渡することができる」[10]。ここに「公共の利益のため」という言葉が登場している。コミュニティ協同組合の定義は広い意味での企業活動も含んではいるが、何よりもコミュニティ（地域社会）への密着と共に「公共の利益」に資しているかどうかが決め手である。

このような憲法に沿ったコミュニティ協同組合は「市民およびその地域で活動する主体（企業やアソシエーション）によって構成され、自分自身の利益の追求だけでなく、地域社会の暮らしの質向上を目的とする。組織内の組合員に目を向けるのみではなく、集合的な一般的利益（interesse generale）に対して目を向ける」[11]、と定義される。イタリアの州レベルの法律で定めるところが近年に多くなっている。ただこのときに注意すべきことがある。それは、政治哲学概念として「補完性」の垂直的イメージの欠陥を補うために「水平的補完性」という分かりにくい用語まで使い始めている、というところだ。実は、これは筆者が主張している「領域主権性」という概念そのものである。領域主権性と補完性の概念の違いに注意を喚起しておきたい（［付録］参照）。

それでも、ここで一般的利益（interesse generale）と言っているのは、要するに「公共の利益」ないしは公共的関心事（＝public interest）ということであるから、筆者の四セクター論で言うところの公共圏への第2、3セクターからのアプローチということである。これが「コミュニティ協同組合」の背景の公共哲学となっている。従来の社会的連帯経済を包含して、国レベルからより地域に密着させたものである。日本的に言えば、九九％を占める中小零細企業が元気になり、地域の人々に益するようになる、こういうことである。

もともと南欧、西欧、北欧にまたがって、ヨーロッパ地域では、社会的連帯経済の発想があってこれは日本のＮＰＯ法（特定非営利活動促進法、一九九八年）が前提にした市民社会論とは異なっている。日本のＮＰＯ法はアメリカの法律をモデルにしたものであり、寄付文化が前提になっている。企業活動には投資、ＮＰＯ活動には寄付、これがアメリカ的やり方である。ＮＰＯ活動自らが率先して利益を上げる事業は営めない。

それに対して、ヨーロッパの諸協同組合法は、必要な程度の利益を上げる事業を営んでいくことが前提であった。本書第3、4章で述べたギルド社会の雰囲気を残しているということである。しかしそれは現代的に適応している。高齢者や幼児のケア、それに住宅政策に至るまで、広い意味で国民の福祉に関係した多くの事業を含んでいる。

ただし、国民の福祉事業ということでは、現在では国家の政策であることが当然視されているので、まずは国家の福祉資本主義の形を簡単に見てから、そのあとで、ヨーロッパの社会的連帯経済のルーツを見ることにしよう。

現代福祉国家論の研究分野で、歴史的な視点から整理するときに、イエスタ・エスピン＝アンデルセンの理論が大いに参考になる。彼はデンマーク出身の社会科学者で、一九九〇年に「脱商品化」という概念を提起し、そこから福祉国家の三類型論を導入して社会保障研究者に多くの話題を提供した。

基本的には、ベヴァリッジ型と呼ばれる、男性雇用者を主要な稼ぎ手とする家族をモデルにしていた（ベヴァリッジとは一九四二年にイギリスで福祉国家論のモデルを出した人物）。この男性稼得者が失業、疾病、老齢退職などで所得がとだえたときに、所得保障をどうするか。

福祉は、まず人間を〝脱商品化〟することから始めねばならない。そこで、脱商品化指数が高いとは、老齢退職や失業・傷病のために労働力が一時的または恒久的に「売れない」場合でも、相当の所得が社会保険制度によって補償される率が高いということだ。かつその費用が、本人の拠出よりも政府や雇用主によって負担される程度が高ければ高いほど指数は高くなる、と。

このような指数分析から、エスピン＝アンデルセンは福祉資本主義に三レジームのあることを見出した。すなわち北欧的な社会民主主義、ヨーロッパ大陸的なコーポラティズム、アングロ・アメリカ的な自由主義、この三レジームである。

福祉の主な担い手ということになると、社会民主主義では「政府」、自由主義では「市場」、コーポラティズムでは「家族」ということになる。「家族」とは、主として男性稼得者と専業主婦向きの所得保障、これに圧倒的に依存しているという意味である。[12]

エスピン＝アンデルセンは、こうした価値中立的な〝実証的な〟分析の後に、次の著書では福祉資本主義を担う人間観に、決して中立ではない価値を持ち込む。価値をもって行動する人間を三レジームに応じて三つに分類している。これは労働観の違いをも含んでいて大変に興味深いので、本書のテーマに則して紹介しておきたい。

まず「自由主義的人間は、自分の個人的な福祉を計算する以外、いかなる高尚な理想も追おうとしない」と言い切り、コーポラティズムの「家族主義的人間はまったく別の星に暮らす人間である。彼が最も嫌うのはアトミズムと人間性の欠如であり、したがって、市場と個人主義である。彼にとっての最大の敵は人々が角突き合うホッブズ的な世界である。なぜなら、私利私欲は非道徳的なことだからである。人間は家族のために働いてこそ心の平静を得ることができるのである」と規定する。また「社会民主主義的人間には、ボーイスカウトや敬虔なキリスト教徒のように、みんながよい行いをするときには自分もよい行いをしたいと考える傾向がある。他人によい行いをすることは慈善行為ではなく、むしろ、冷静な計算に基づく行為である。社会民主主義的人間は彼の人生を一つの基本的な考え方に基づいて構想している。それは、彼もまたどんな人も、欠乏のない、と同時に、ただ乗りもない世界でこそ豊かになれるという考えである。社会は分かち合いが求められているところなのであり、だとしたら、うまく分かち合ったほうがよい」[13]。これは一種の理念型であるが、筆者にはどうも真実の人間の姿を（たとえ社民主義であったとしても）捉えているとは思えない。にもかかわらず、日本の社会保障論者の中には北欧モデルへの賛同者が多い。残念ながら、歴史的な背景を踏まえない議論と言わざるをえない。

実は、ヨーロッパ大陸型のコーポラティズムでは、「家族」以外に中間集団とコミュニティが果たす役割が非常に大きい。エスピン＝アンデルセンの分析は、彼自身が北欧人であるバイアスが入っているためか、または類型論を鮮明にするためかどうか分からないが、この「中間集団とコミュニティ」の論点を十分に考慮していない。しかもコーポラティズムでは、社会保障制度も北欧のように政府レベルで一元化されているのではなく、コミュニティに密着した職業別中間集団ごとに階層化、多層化されている。これは重要な点であり、先述の「コミュニティ協同組合」という発想のもとになっている。したがってコーポラティズム（corporatism）という語を強いて邦訳すれば、組合主義、団体主義、法人主義などを合わせ持つということになるであろうか。もともとcorpusはラテン語で「体」を意味する言葉であるから、人々の有機的（organic）つながりが根本にある考え方である。現代国家の主流の考え方はホッブズ以来、基本的に機械的（mechanical）なものであり、有機的な観点は前面に出てこない。特に日本の教科書の記述はそうである。

4　コーポラティズムとディーセント・ワーク

労働時間短縮のモデル

コーポラティズムは、「家族」以外にも、有機的につながり合う諸中間集団やコミュニティが果たす役割を重視する社会の名称である。日本の一時代前の自由主義者には、コーポラティズムという言葉が、戦前のナチズムやファシズムと同義語のように映っている場合があるが、それは正しいヨーロッパの歴史認識ではない。正しい名称としては、ネオ・コーポラティズムと呼ぶべきかもしれない。

コーポラティズムはエスピン＝アンデルセンの福祉の三レジーム類型論の一つであった。二〇〇一年になってオーストラリアの経済学者R・E・グーディンは三レジーム論を再検討した。彼は、仕事と福祉の適切な分配（ワークライフバランス）を別の指標を使って整理した。その中で、三レジームの分類との整合性を確認する以外に、新たにもう一つのレジームを見出したのである。

すなわち、「脱生産主義」（post-productivist）福祉レジームと彼が呼ぶものである。[14] これはもちろん、生産はもうしないということではない。生産的な仕事はするのであるが「しすぎない」という意味である。つまり「適度の仕事」と「手厚い福祉」の指標とを組み合わせて得られたレジームで、その背後には「自律」すなわち「自分で自分の生き方を選択する」という自治的な民主主義にのっとった価値観が大きく作用している（これはあとで見るように領域主権論の反映である）。

グーディンが一九九三年前後の欧米先進諸国の統計解析から得たのは、かつての三レジームの類型以外に、新レジームとして分類してもよいオランダ・モデルであった。使用した統計では、エスピン＝アンデルセンが選び出したＯＥＣＤの同じ一八か国のものを使っている。その紹介をする前に、オランダの「脱生産主義」に至る前史を筆者の体験を踏まえて記しておきたい。

なぜ他のコーポラティズムの国々と違って、当時のオランダのデータに脱生産主義の傾向すなわち「生産至上主義の抑制」が強く現れたのであろうか。彼らは決して最初から、意図して労働市場での「労働時間の短縮」を選ぶ方向をとったのではなかった。

そのような傾向を生み出したオランダの政策を、一口で〝ワークシェアリング〟ないしは「友愛と連帯による仕事の分かち合い」と呼べるであろう。ワークシェアリングには三つの要素がある。形式的に単純化して表現すれば、週労働時間短縮（労働者間の連帯）。早期フルタイム退職制度（世代間の連帯）。そして非正規・正規の労働時間差別のない均等待遇（男女間の連帯）。

ここでの筆者の関心は、単にこのユニークな制度の紹介にあるのではない。その制度導入の背後には人間観や哲学の問題があり、これを無視して制度だけを日本に輸入しても定着することはないと考える。むしろ勤労者が意図しない方向に利用されるだけであろう。勤労者が自発的に勤労の質を考えて、自ら多様な働き方を選ぶことが重要だ。筆者はオランダ・モデルの背後にある「友愛と連帯の哲学」を抽出したいのである。しかし、もちろん社会哲学は観念ではなく制度のあり方をも含むので、そのあたりに気をつけながら見ていきたい。

ワークシェアリングが導入される以前の時代を振り返ってみる。

二〇世紀になってオランダ特有の〝柱状社会〟(verzuiling) ができ、その中でカトリック系、カルヴァン派系、社会民主主義系、自由主義系等のそれぞれで労働組合と経営者団体があった。そこから選ばれた労使代表二者と、それに政府も加わった政労使三者による社会経済審議会が設置され、賃金ガイドラインを策定した。この政労使三者協働のネオ・コーポラティズムによって労働組合は政策に参加し、労働者間の賃金格差を縮小し、分配の平等を達成できたのである。

七〇年代には北海油田の発見、天然ガスの輸出等で財政収入が潤い、オランダは高賃金経済となり、世界でも豊かな社会福祉国家の一つとなった。福祉関係法律も一九五七年の一般老齢年金法、六二年の一般児童手当法、六七年の就労不能保険法など整備が進んでいった。また七五年には、一般老齢年金、失業給付、就労不能給付、公的扶助などの社会保障給付の基礎額が、最低賃金法（六八年に成立）によって設定された最低賃金に連動することが規定されていった（ちなみに日本でも最低賃金法があり、特に近年は時給一〇〇〇円以上などの取り決めはあるが、都道府県によって差があり、年金への連動は今でも困難な状況にある）。

それにしても「就労不能保険制度」という制度があること自体が、今日の日本人にはすぐに理解できないものであろう。「友愛経済」というのは単なる「観念」ではなく、まさにこういう現実を指して言っているのである。ここで、筆者の個人的なエピソード体験を挿入することをお許し願いたい。

筆者が一九七六年にオランダを訪れた当時、こういう手厚い社会福祉制度に接して、すぐにはその意味がよく理解できなかった。そのとき、三〇歳前の若手研究者であった筆者が、短期間ではあったが、ポスト・ドクトラル・フェローとしてフローニンゲン大学に招聘を受けたときのことである。日本の同年代勤労者の平均を超える身分不相応な月給をもらっただけではない。契約終了時に「あなたは老齢時にここで過ごす予定があるか」と聞かれ、「それは考えていない」と答えると、月々の給与から差し引かれていた「年金掛け金」を返還してくれたのである。

また、もし当時、大卒で就職不能であればどうなるか。日本でもすでに「就職浪人」など大きな問題ではあったが、オランダでは就職できなかった若者にも手厚い保障があるのを聞いてビックリした。親しいオランダ人と議論したとき、その友人が「働かないでも生きていけると、人間は本当に働かなくなる」と言っていたことを思い出す（イギリスの福祉国家論の設計者ウィリアム・ベヴァリッジは社会の五つの悪として無知、不潔、貧困、病気、そして怠惰を挙げた。そして彼は怠惰というモラル・ハザードへの答えとしてすでに一九四八年に『ボランタリー・アクション』という本を書いていた）。

北海油田の開発とはいうものの、二度の石油ショックが到来して、やがてオランダ社会も変わらざるをえなくなった。原油価格の上昇が国際経済への依存度の高いオランダ経済に打撃を与えた。それにもかかわらず、豊富な天然ガスの輸出に支えられ経常収支は黒字を続けたため、実質為替レートは上昇して輸出産業の国際競争力の低下に見舞われた。企業倒産も始まり合理化を進めざるをえず、大量の失業者を生み出すこととなったのである。

失業率一二％にまで高くなった八二年、緊縮政策の強化を掲げて登場したのが第一次ルード・ルベルス政権（キリスト教民主アピール（ＣＤＡ）と自由民主人民党（ＶＶＤ）の連立政権）であった。ルベルスは三期一二年間にわたり、九四年までＣＤＡ党首として連立内閣で首相を務めた人物である。この時期は欧米先進諸国が、いずれも第一次オイルショック後の「福祉国家の危機」の中で新自由主義路線をとり始めた時期だ（七九年成立のイギリスのサッチャー政権、八一年成立のアメリカのレーガン政権など）。

ルベルス政権は、失業者の急増への強い危機感をもち、そこから、賃金の抑制を労使中央組織に強く要求する。これに労と使が応えた。経営者団体、そして相次ぐ合理化で組織弱体化の危機にさらされていた労組が交渉を始めた。友愛と連帯のモラル政治の始まりである。

ついに、八二年秋、政府の仲介の下に中央合意を締結する。六〇年代末以来、ストを辞さない戦闘的な姿勢で賃金確保に臨んできた労組が姿勢を変えた。オランダ労働組合連盟委員長コックの下、雇用を重視する柔軟姿勢に転じたことが大きかったのである。

政府の企業への減税、企業側の労働時間の短縮と雇用の確保、労働者側の賃金の抑制維持の受け入れなど政と労と使のそれぞれに痛み分けがあった。この中央合意は締結地の名をとって「ワッセナー合意」（Wassenaar Agreement）と呼ばれている。この合意は、単に賃金抑制のみならず、労働時間の短縮や早期退職制度や雇用確保に至る広範な内容を含んでいて、以後に日本で〝ワークシェアリング〟と呼ばれたオランダの雇用・福祉改革の出発点となった。

仕事の分かち合い、伝統的な「柱」が融解した後に、まさに各「柱」の成員の間の「友愛」と「連帯」が外へと拡大された。いわば親密圏のモラルが公共圏へと張り出していったのである。異なる考えやイデオロギーをもつ者どうしの間に、また、本来であれば利害対立する者どうしの間に、「友愛」と「連帯」のモラルが民衆レベルで横へと波及した。そうであればこそ、〝ワークシェアリング〟は可能となった制度である。それを可能にしたのは、危機にさいする国民的結束である（日本も黒船到来後の開国時に、原爆投下後の第二の開国時に、人々は結束した歴史があるのではなかったのか。現在はそれに匹敵する危機だという自覚がなく、イデオロギー間の違い、政治とカネといった問題で、政党間で、市民グループの間で足の引っ張り合いをしている、何をしても変わらないといったニヒリズム的諦め、これらが問題だ）。

この八二年のワッセナー合意の最大のねらいは、公務員、民間企業、「営利を直接目的としない組織」ともに賃金の抑制をして、これを労組が受容して企業収益の回復に協力すること、他方、企業側は労働時間の短縮（週四〇時間から三八時間）を進め、雇用の確保に努めるというものである。九三年にはさらに週三八時間から三六時間への時短を行っている（日本では、八八年に労働基準法が改正されて形の上では週四〇時間制になっているが、ほとんど守られていない。それどころか政労使合意で月一〇〇時間未満の残業許可といった状況だ！）。

失業者は若年層で高く、国の将来を考えれば憂うべきことであったので、高齢者層は若年層に仕事を譲るべきだというキャンペーンも起こった。そこで早期退職者には年金の優遇措置を与える。これはまさに世代間の連帯である。

雇用増加の中心が、既婚女性を中心とするパートタイム（非正規）労働の増加であった。ワッセナー合意以降の一〇年間で雇用の年率平均は一・八％の増加（ＥＵ平均は〇・四％）、パートタイム労働者の割合は二一％から三五％に増加した（九六年にはフルタイム、パートタイム労働者の法的待遇の均等化が実現し、勤務時間に対応した年次有給休暇、失業保険・障害保険などの負担・給付が原則的に同じ扱いになった）。その結果、企業収益の回復と雇用の拡大は税収を増加させ、九〇年代に入ると財政赤字幅はＥＵ諸国でも最低レベルに下がっている。〝ワークシェアリング〟は成功したのである。

これが脱生産主義のライフスタイルへと直結している。

この一連のオランダ社会の動きは「人間」をどう見るか、という根本の人間観と哲学に関わっている。日本の戦後は労働観において、人間は何のために働くかという問いは、学校教育の道徳や倫理の教科書の脚注の中のことでしかない。これは生きる目的は何か、という問いにつながる大きな哲学的・宗教的テーマであろう。労働の現場ではまさに「労働力商品」としてしか見てこなかったのではないのか。これは戦後知識人や労働運動において、マルクス主義の影響が強かったというよりも、そもそも戦後の庶民生活に人間観がないのである。戦前はよくも悪くも〝天皇の臣民〟、はては〝天皇の赤子〟である、といった人間観があった。

しかし戦後日本には、表層的にはアメリカ由来の〝自由主義〟が機能してはいたが、深いところで「人間とは何か」ということへの哲学的、倫理的人間観・社会観はなかったし、いまだにない（アメリカの自由主義はその建国以来の歴史に結びついた哲学であって日本でまねできるような代物ではない）。なぜこういう国になってしまったのか。これは、再三繰り返すが、〝滅私奉公〟の公（お「上」）と私の関係が問題だ。戦前の〝公＝天皇〟は戦後に政府そして〝公＝会社〟に代わった程度の人間観ではないか（そして今は公＝米国だ）。まともな人間観がないところに、まともな福祉・社会保障制度もできないであろう。せいぜいすべてがカネに換算されるレベルの価値観（人間観としてのホモ・エコノミクス）であり、財政が破綻すればその時点で消えてしまう類のものである。「働くことの哲学」を早急に確立する必要性を覚えるのである。

筆者があえてかつてのオランダ・モデルをここで採録し、読者に喚起する理由は、もう一度、日本人が「働きがいのある人間らしい仕事」（ディーセント・ワーク）とは何か、これを考える材料としたいからである。今日の日本人は「ディーセント・ワーク」などという発想は「理想的にすぎる」という諦めが先に立ってしまう。そうではなく歴史の現実として可能である、こういう確信を得るためである。何をどのようにして発想転換すればよいか、その感触をつかむためである。

前置きが長くなってしまった。ここでグーディンの「脱生産主義」の説明に入る。まず、横軸に

図 5-2　各国のワークライフバランス

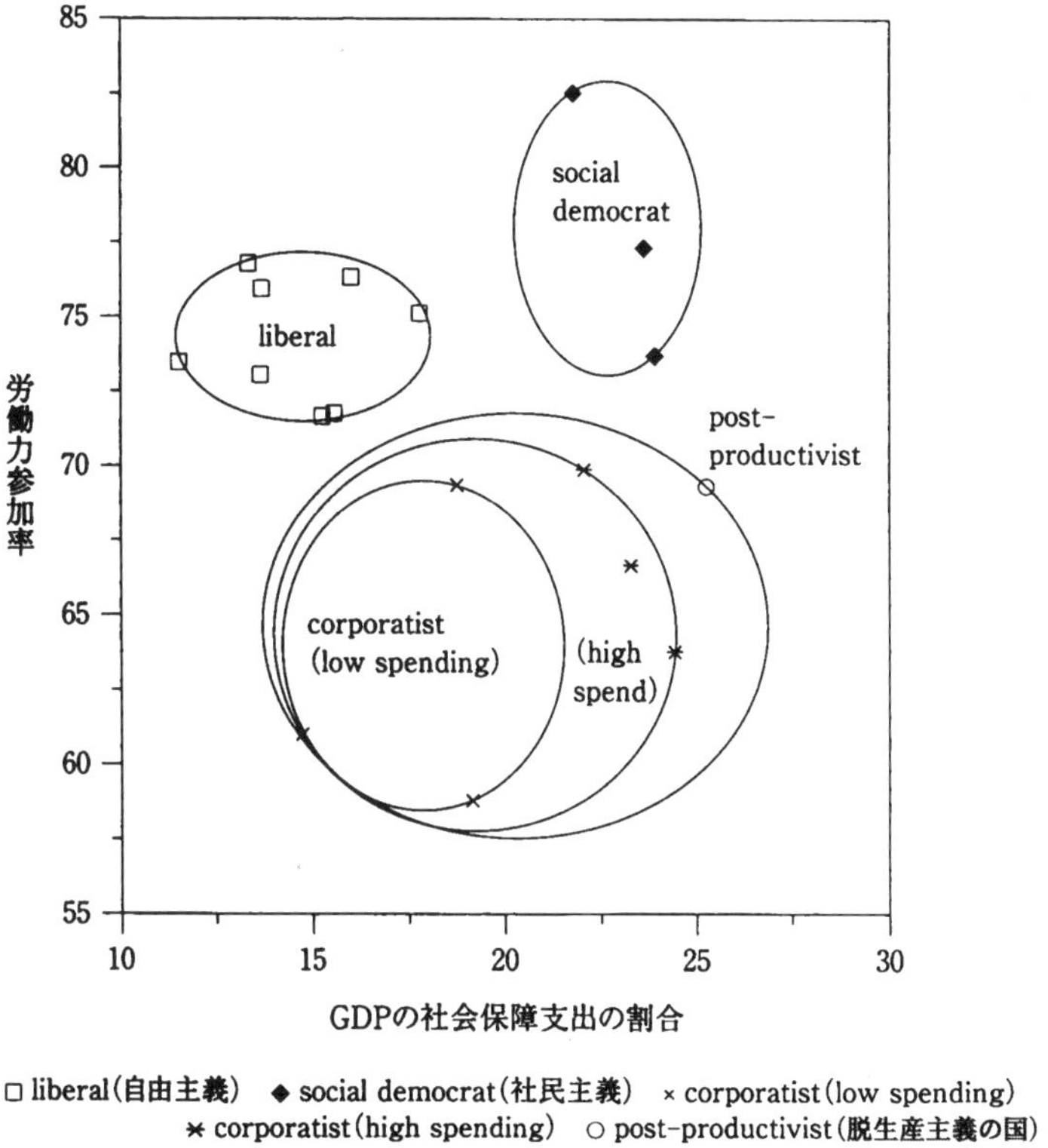

上の右に社民主義、上の左が自由主義、下にコーポラティスト（corporatist＝コーポラティズムに生きる人々）の楕円が広がるが、下にコーポラティストが来る理由は、コーポラティストが「労働力参加率」が低いことを意味する。特に女性の労働参加率が低く家庭の仕事をするとされているからである。まさに「家族主義」である。またこの楕円が小、中、大に分かれる。社民（右からスウェーデン、フィンランド、デンマーク）、自由（オーストラリア、カナダ、日本、ニュージーランド、ノルウェー、スイス、イギリス、アメリカ）、コーポラティスト大（オランダ）、コーポラティスト中（フランス、ベルギー、オーストリア）、コーポラティスト小（ドイツ、アイルランド、イタリア）。

出所：　グーディン注（14）。

図 5-3　男性の就業率とパートタイム率

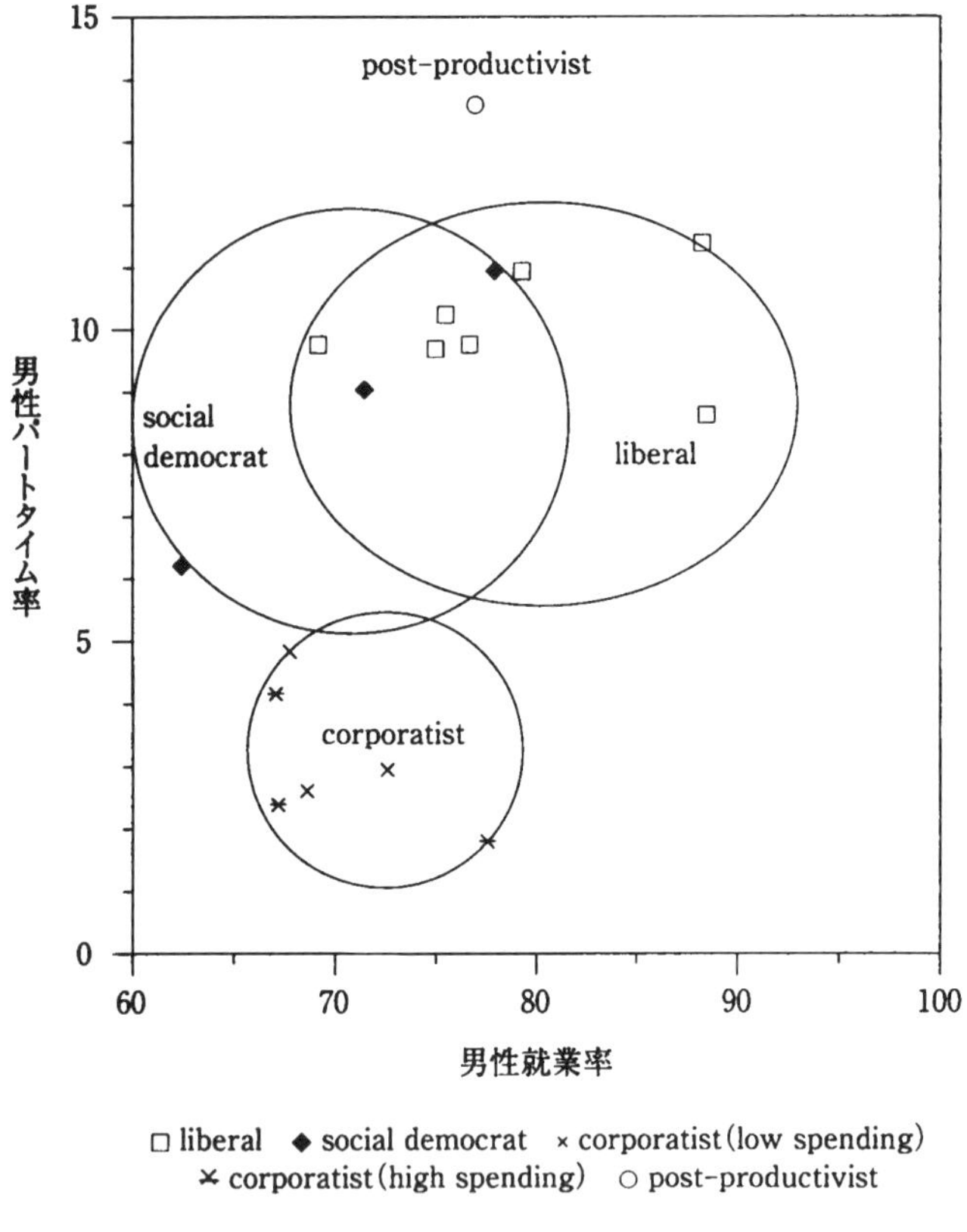

横軸に男性就業率、縦軸に男性パートタイム率をとると、オランダは明確に伝統的コーポラティズムと分離され、際立って上方に来て（パート率高）、中間に自由と社民が来て、下方にコーポラティズム（男性フルタイム稼ぎ手モデル）が来る。

出所：　グーディン注（14）。

図 5-4　女性の就業率とパートタイム率

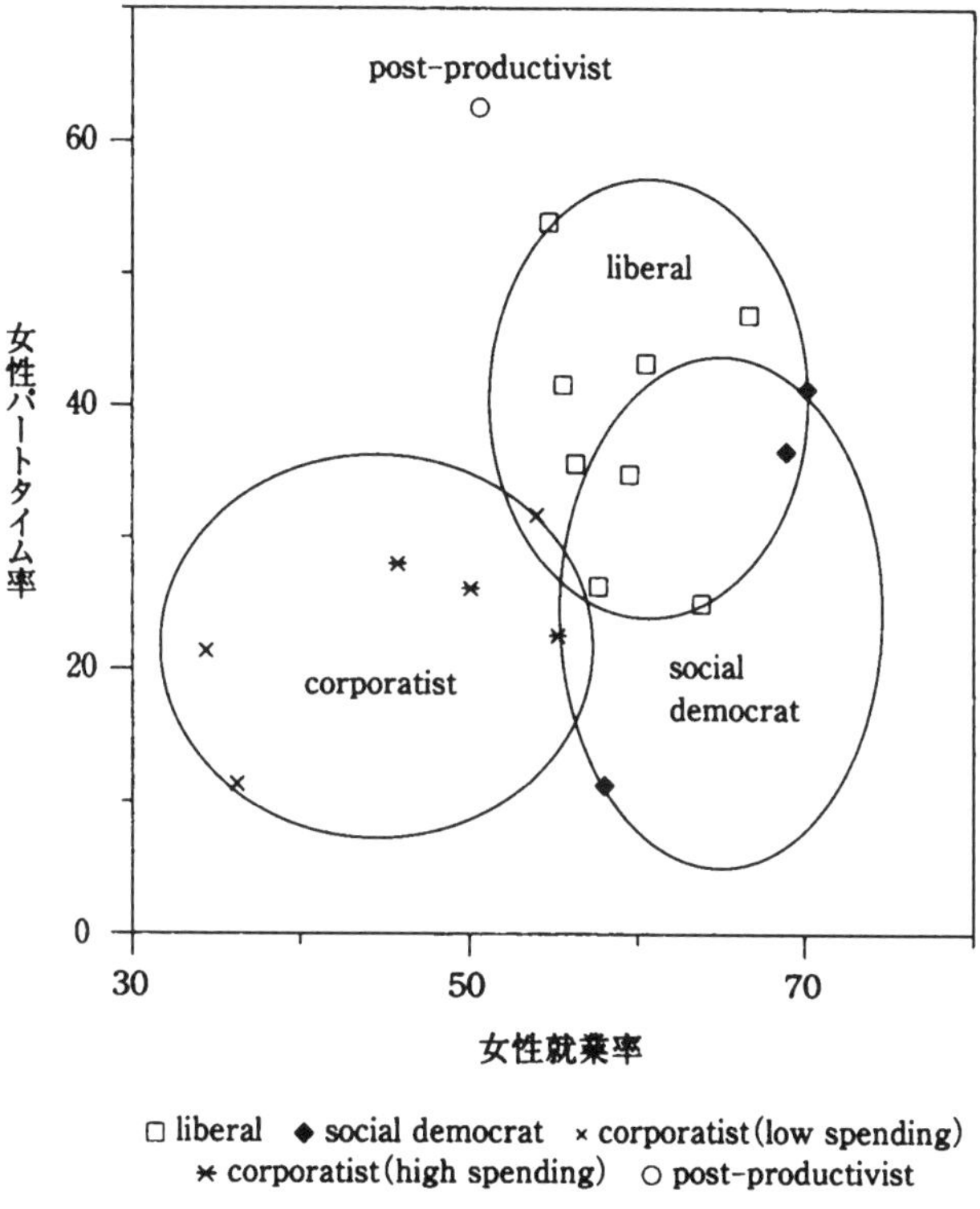

女性もパート率は全体的に高く、就業率は低いが似たような形。ここには掲げなかったが、別の統計では横軸に貧困率、縦軸に賃労働時間をとると右上に自由、左下にオランダが来る、つまり賃労働時間が短く貧困率が低い！　図 5-2 とあわせると、これは社会保障のおかげだ、ということが分かる。

出所：　グーディン注（14）。

「GDPのうちの社会保障支出の割合」、縦軸に「労働力参加率＝16〜64歳人口のうちに労働に参加している人の割合」をとる。その割合は右にいくほど、そして上にいくほど高い。「高い」から「低い」の順に並べると、社会保障支出の割合に並べて下方の楕円形が三重に分かれる（図5－2）。

ここで日本は自由主義、先のコミュニティ協同組合で言及したイタリアは、コーポラティスト小に分類されていることに注意したい。そして、図5－2の下方のコーポラティストの国々で大きな楕円を描いているのは、一八か国中一番右に張り出したオランダである。オランダはエスピン＝アンデルセンの分類では大陸型コーポラティズムに分類されていたのであるが、楕円が大きくなりすぎて大陸型コーポラティズムから大きくずれているのではないか、との疑問が生じてくる。実際、図5－3、図5－4をつくってみると、明瞭にオランダは大陸型コーポラティズムのそれから大きくずれていることが分かる。男女ともに「パートタイム率」が高いのである。そこで第四のカテゴリーとして脱生産主義モデルとして立てるのがよい、という結論になったのである。

図5－3、図5－4の違いは男女別にすることである。

オランダ・モデルで「パートタイム率」が高いとは、すなわち労働時間数が短いということである。このことをもって脱生産主義と名づけているわけだ。オランダでは「労働時間の短縮」すなわち脱生産主義を好ましく思わないタイプの自由主義的政治家さえも、人々が自分たちに自由になる時間を無賃金・無報酬の「子どもの教育と隣人へのケア」に使用する国民性そのものは、これを高く評価している。そして実際のところ、当時、経済はまったく低迷ではなかったのである。

一九八九〜九四年にオランダのGDPの平均年間成長率は決して低くはなく二・三%もあったのだ（当時OECD平均は一・六%。バブル崩壊後の日本は現在まで一%台）。この時期、ルベルスCDA（＝キリスト教民主アピール）第一党内閣の時代であった。つまりキリスト教民主主義のイデオロギーが強く作用したということである（北欧は社会民主主義、英米は自由民主主義）。オランダでは労働時間の短縮をしても原則的に社会保障付き正規労働者である。つまりある意味でパートタイムとフルタイムの区別がないのだ。まず女性の社会進出でこれが始まり、経済も上向きになったので、男性もこの労働形態をとるようになった。ここが今日でも日本人には理解し難いところであろう。もっとも、短縮した労働時間の分だけ賃金は減るが、あえてそれを国民が自律的に選択しているのである。要は「働くことの意味」をどこに見るかということである。

以上から、先進国の一つのあり方として、男女共に働く場合にも、賃労働のみが人生のすべての仕事であるとは考えなくてよいこと、脱生産とは反生産ではないこと、経済生産性がすべてフルタイムによってなされるとは考えなくても社会は営んでいけるということ（原則的に短時間労働でも社会保障あり）、等々の結論が得られる。これがまさに今日におけるディーセント・ワークの一つの例なのである。

従来の三レジームの特徴を、仕事と福祉の関係（ワークライフバランス）でスローガン化すれば、自由主義者は「福祉ではなく仕事を」（価値観は市場による「効率」）、コーポラティストは「仕事を通して福祉を」（価値観はコミュニティによる「安定」）、社会民主主義者は「福祉と仕事とを」（価値観は国家による「平等」ということになる。特に、社会民主主義者にとって福祉利益は市民の権利ではあるが、その代わりに市民は生産に寄与しつつ高い税金を納める責任があり、政府は「活気ある労働市場政策」をつくる責任があるのだ。

この三レジームに比べると、第四のレジームは、適当な収入（貧困にならない程度の収入）、適切な時間の管理（自由に使える時間の確保）、社会保障給付に強い条件を課さないこと（パートでもよい）、この三要素が脱生産主義的な自律性を表現している。一口で表現すれば「適度の金と、時間と」ということになる。ここに第四番目に脱生産主義、つまり労働時間が短く「適度の金と自由になる時間と」を重視するモデルが現れたことの意味は重要である。これはいわゆる大企業のみならず中小企業をも含んだ「働き方」改革の必要性を意味する。現在、ヨーロッパ諸国はこのような方向に行っている。国民幸福度が高い理由はここにある。特にユニセフの調査で「子どもの幸福度」が一番高い国は毎年オランダである。父母共に夕方五時に帰宅して子どもと一緒に食事ができ、両親と遊ぶ時間が多いからである。労働時間の適性さとは、労働市場にすべてのエネルギーを奪われないということである。人と人との関係を大切にし時間的ゆとりをもちコミュニティ形成にも参加する。それによって対話的で参加型の民主主義が可能になるのである。

先進国では、経済成長あるいは一人当たり所得の水準が一定レベルを超えると、さらに収入を増しても幸福度が増すとは限らないというデータが出ている。長時間労働で所得が増えるよりも自由になる時間を求める、家族やコミュニティに費やす時間をもちたいなどの方向に人々は幸福を感じる、ということが多くの国際機関での調査が明らかにしているのである。幸福の方程式Ｈ＝Ｓ＋Ｃ＋Ｖ、これは十分に実証可能である。

再度、強調したいのだが、平成の日本の「失われた三〇年」のあとで、オランダのかつてのパフォーマンスを具体的に紹介したのは理由がある。

それは長時間労働の習慣の是正のみならず、正規、非正規ないしはフルタイム、パートタイムという区別が日本の労働形態のあり方の発想から抜けないからである。今日に失業率が下がったとはいうものの、非正規労働が全雇用者の四〇％近くを占めている。日本の正規、非正規の区別は、年金や社会保障等で雇用者と被雇用者の双方が折半するか、被雇用者のみの自助で納めるか、という違いである。

オランダのモデルでは、労働形態は個人が自分のライフスタイルに合わせて選択できる。このような人権への手厚い保障の感覚なくして、「ディーセント・ワーク」(働きがいのある人間らしい仕事)はかけ声だけに終わってしまうであろう。人権の感覚を養うのは国民主権の下での民主主義である。筆者は、この点で先進国の制度モデルだけを真似するのではなく、根本的に人間が働くとはどういうことか、民主主義を創るとはどういうことかへの考察、政治的にも経済的にも人間の根底にある「主体の二重性」への哲学的省察を促したいのである。

コミュニティ経済と地域政治

　さて、このような労働時間の短縮こそがディーセント・ワークがなりたっていく前提となる。それと同時に日本の伝統を踏まえた上で、なお可能となる制度への考察もしていきたい。まず、「働くこと」の市場や国家との関係はどのようなものか。これを調べてみたい。ここに社会的連帯経済の発想が登場する。エバースとラヴィルは『ヨーロッパの第三セクター』（原著、二〇〇四年）という編著の中で、歴史的に形成されてきたヨーロッパの多様な中間集団のことを〝第三セクター〟と一括している。[15]〝第三セクター〟とは、非営利組織ではあるが、さらに協同組合や共済組合、慈善団体、ボランタリー組織などを含んだ諸アソシエーション（結社）の集合である、と規定し、それらが果たす経済上の意味を「社会的経済」（social economy）という名で呼んでいる。しかしこのヨーロッパの〝第三セクター〟は「経済的な側面と同時に社会政治的側面をもつ」と著者は語っている、[16]この「政治的側面」を日本の協同組合関係者はもっと学ばねばならない。そのためにも筆者はあえてこれを再録しておきたい。

　アメリカでは非営利組織（non-profit organization=NPO）というと利益配分をしない組織という定義であって、協同組合などは除かれる。アメリカの影響の強い日本も、この定義を採用することが多いのだが（NPO法など）、しかし同書は、これまで日本で紹介されているアメリカ主導のNPO論とは異なる視点から、非営利組織の重要な意味を解き明かしている。

　アメリカは市場中心の経済形態と個人主義の国、いわゆる自由主義（リベラリズム）の代表的な国である。特に二〇世紀にはそうなった。しかし、先述したように、ヨーロッパでは伝統的に各種協同組合や共済組合等の中間集団が経済活動に果たしてきた役割が大きい。個人主義よりも人と人の助け合いを前提にした相互扶助組織である。これらのいわゆる営利を目的としない組織(not-for-profit organization)を無視しては、ヨーロッパ経済は語れない、と同書は新自由主義の浸透する時代に注意を促す。すでに述べたように「コーポラティズム」という言い方自体がこれを如実に表している。つまり「コーポラティズム」とは政治上の名称であるだけではなく経済上の名称でもある、ということなのだ。筆者があえて「コープとコーポのダイナミズム」と呼んで第３セクターの公共圏への参加を主張してきたのはこの理由からである。[17]

エバースとラヴィルによれば、「社会的経済」の担い手とは、歴史的には一九世紀のヨーロッパ資本主義の時代の資本家に対抗して「皆を益する人々」を意味していた。したがって社会経済は、個々の投資家の利益を生み出すのではなく、人々が連帯して「集団の富」(collective wealth)すなわち社会的共通財を生み出す経済のあり方である、と定義している。[18] そして、それは「共通善」(common good)や公共善(public good)に資する、という。すなわち公共哲学の基本的概念をなしている。たとえ事業体が利潤を生み出したとしても、ある限定的なレベルでのみ協同出資者への配分をするだけであり、一部の人に大量な利潤が流れることはない、と。そういうところから、資本主義的「市場経済」に対抗して「社会的経済」という言葉を使っているわけだ。特に、今日のグローバルな新自由主義を生み出した市場万能経済に抗しては、近年、ヨーロッパやラテンアメリカでは「連帯経済」という言葉も使用されている。[19] 一括して社会的連帯経済と呼んで国際会議も盛んに行われる時代になった。[20]

では、伝統的にヨーロッパの第3セクターとはどんなものなのか。もともと、これら第3セクターは、いわゆる福祉サービス的なものを担う主体であった。第3セクターという意味は純粋の政府セクターでもなく、純粋の企業セクターでもないという意味である。古来のギルド的な経営を思い起こさせる。

ヨーロッパの第3セクターはアメリカでの定義と違って、政府セクターや企業セクターからきっちりと分割されたセクターではない、という点に注意を要する。ある部分重なり合いかつ相互関係があって、やや入り組んでいる。エバースとラヴィルは「第三セクターとは、異なる三つの経済原理の間のハイブリッド（混合）であり、連帯を基礎においている」とはっきり言っている。

異なる三つの経済原理とは①市場経済、②非市場（福祉国家）的経済、③非貨幣（互酬）的経済。特に三番目は家族やコミュニティの人間的関係に埋め込まれていて伝統社会の特徴と言える（ただし筆者は「家族」経済は第四番目として扱った方がよいと主張してきたが）。図示すると図5－5の一番上の大きな楕円が互酬性に埋め込まれた経済で、三角形の真ん中に位置するのが「連帯を基礎においた経済」すなわち「連帯経済」ということになる。[21]

この図5－5は、いわゆるペストフの三角形[22]を下敷きにして書いたもので、あまりに入り組みすぎている。筆者は、再度、もっと日本的事情に合った四セクター論を強調したい（二〇八頁）。この

図 5-5　市民的連帯経済

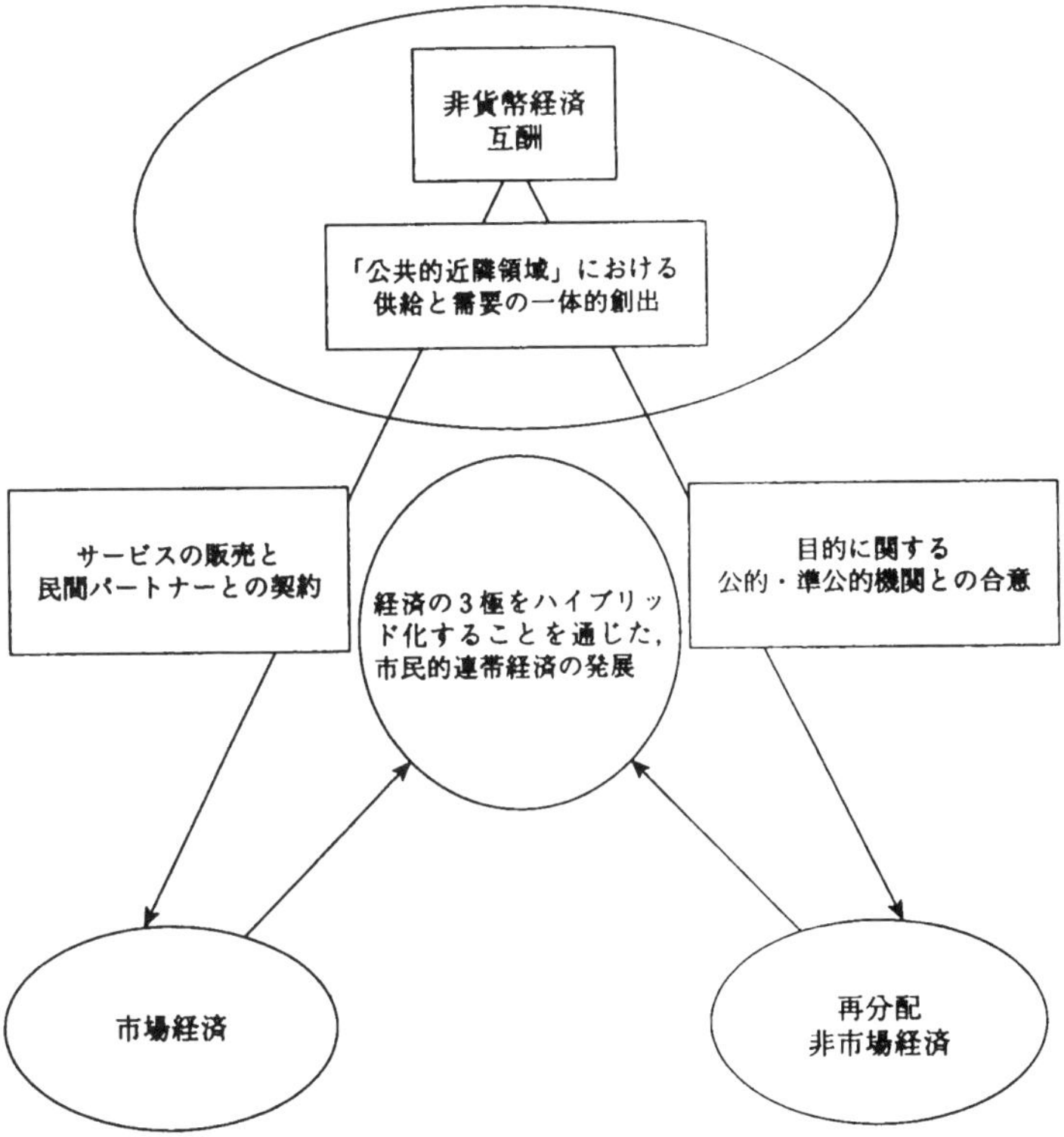

出所：　エバース・ラヴィル注（15）25 頁。

場合にはハイブリッドの連帯経済は中央の公共圏に位置している。筆者の公共圏はコミュニティ経済と地域政治が分かちがたく結びついた場である。

いずれにせよ、西ヨーロッパのコーポラティズムの国々をモデルにした「コミュニティ経済」では、この第3セクターのさまざまな形態が、コミュニティの行政や市場との協働作業によって、福祉をはじめとして、医療、保健、教育などの分野を担ってきた。しかも現代では、北欧やイギリスもその方向へのシフトを見せている。アメリカ型の市場主義の欠陥が著しくなった今日、市場のみに固執するのではないハイブリッド経済からなる「コミュニティ経済」のあり方は、二〇一一年東日本大震災後の今後の日本にも地域の再生、地方創生に大きな示唆を与えている。

例えば日本で、大震災のあとの福島県で原発事故があった直後のことである。避難を強いられた福島県双葉町の人々が埼玉県加須市に移った。ここに「ちょこっとおたすけ絆サポート」なる事業が生まれた。次のような内容だ。[23] 登場するアクターは市民（利用者、サポーター）、商工会、それに黒子としての市役所である。

買い物の代行や病院への付き添い、庭の草むしり……。誰かの手を借りたい人は、商工会が発行する「絆サポート券」を買う。一枚五〇〇円で一時間の支援サービスを受けられる。支援するサポーターは、商工会に登録した市民であり、高齢者らの利用が広がる。券は市内の商店などでの買い物に使えるので、お金が地元に落ち、地域経済を元気づける。サポーターは依頼された利用者から券を得ると共に、人々の役に立つことで精神的な満足感も得られる。市は商工業をてこ入れでき、福祉充実の経費を抑えられ、それぞれがメリットを享受できる。

まさに四セクター論を地域に移して見たときに、第3セクターの「互酬性」に埋め込まれた経済で、うまく回っているのである。これまで高齢者家庭の支援は主として行政サービスの受け手であったが、それを地域の商工会が肩代わりしている。一時間五〇〇円の支援でどの程度のサービスができるのか、という疑問もあるであろう。しかしこの「絆サポート」のポイントは近隣領域において①ニーズのある人を支援する、②商工会を支援する、そして③行政をスリム化する（つまり税金を上げない）という具合に三者の関係、いやサポーターも入れれば四者の間の絆の構築である。四セクター論に当てはめれば、地域の公共圏を活性化するために、高齢者家庭（第4セクター）を支援する目的で、地域の支援者（第3セクター）が行政（第1セクター）や商工会（第2セクター）と共に相互の助け合いを実行したのである。コミュニティ経済の一つの事例である。

5　コミュニティ経済と協同組合の公共哲学

一九世紀初めに協同組合活動が提案されたとき、それは当時に勃興しつつあった資本主義への対抗概念として出された社会経済運動であった。すでに第1章に述べたようにロバート・オーウェンの取り組みからスタートしている。むしろ筆者が注目したいのは、それに加えて、現代における協同組合運動がもつ政治哲学的な側面、そして経済的な「働きがいのある人間らしい仕事」（ディーセント・ワーク）の側面である。これはスピリットのことを言っているのであって、以下で「協同組合」という言葉を使ったからといって、法律的に協同組合のカテゴリーということを意味しない。つまり巨大資本を投入する公共事業や金融ビジネスではなく、地域の地場産業や中小企業も含んだ産業や労働のあり方全体を意味している。

まず、協同組合運動がもつ社会的連帯経済の側面についてである。これが二一世紀の今日において必要な課題となっている、そのことに多くの人々が気づいている。いわゆる新自由主義の行きわたったこの三〇年ほどの間に、世界の貧富の格差と経済的不公正は深刻な事態に陥っている。グローバル金融資本主義への歯止めと是正において社会的連帯経済、わけても協同組合的経済（一種のシェアリング・エコノミー）は資源・環境・金融・福祉・住宅・地域・教育の各方面において装いを新たにして求められている。市民の生活に密着したこれら各方面が〝植民地化〟されてしまった。それに対抗すべく、植民地解放運動としての自由と自主と自治が求められているのである。これは広い意味では政治的解放運動である。

現代世界、放っておくと政治権力と資本の力の結託があまりに大きい。政府・行政セクター（第1セクター）と市場・企業セクター（第2セクター）はその力を増幅した。今やわれわれの生活世界は押しつぶされつつある。だからこそ、自らの生活世界から立ち上がる非営利活動団体・協同組合セクター等は市民セクター（第3セクター）として、この巨大化した他の二セクターの力に対抗する（場合によっては対話し協働する）ことをおのがミッションとするべき時代なのだ。他の諸非営利的グループとの協働が必要になる。そして、こう語ったとたんに、人まかせではなく、問題は自己への問い、自己の生き方をかけた主体への問いにならざるをえないのである。

ちなみに筆者が第4セクターとして想定しているのは家族と共に寺社や教会等の宗教施設である。このセクターは同信・同質な信者集団である場合が多いのでそれ自身は家族同様に親密圏に属している。しかしその宗教的信念（隣人愛、慈悲の心、仁の心）から「公共的関心事」をもって公共圏に向けて博愛的そして非暴力・平和的行動を起こすのであればこれもまた重要な市民セクターとして貢献していくことになる。概して日本宗教はこの点が、欧米のキリスト教が歴史的に市民社会形成に果たした役割に比べると、非常に弱い。

今日の焦眉の課題は何か。それは政治権力と資本の力の一極集中から分散の方向である。政治権力と資本の力とは政治と経済の問題であり一応は別個のものであるが、歴史的に複雑に絡み合ってきたし、今日もそうである。諸協同組合は、初期の頃から資金調達と利益配分という面で資本の分散と平等と公正さを主張してきた。しかし二一世紀の民主主義の世界ではこれを国民主権との関係で解きほぐしていく必要があり、政治と法の下での平等という原理からのアプローチが欠かせない。

この面において、第4章で詳述したように、日本の戦後民主主義は遅れをとっているのであり、非営利的第3セクターは経済活動だけではなく、世界の諸協同組合運動が必然的に担っている民主主義の哲学を日本的文脈で根づく努力が求められている。日本の協同組合運動は歴史もあり、関わる人々も多いのであるが、民主主義を創っていく働きであるという自覚が非常に弱い。日本の法律が自治よりも統治を目的にしているという面が強いので、協同組合運動に政治活動への制限等の文言を入れる習慣もある。だが、政治の原点とは「人と人との結びつけ」（［付録］参照）であることを忘れてはならないだろう。

世界の協同組合運動に目を向けたい。ＩＣＡ（国際協同組合同盟）一〇〇周年に当たって一九九五年に出されたＩＣＡ声明を参考にしよう。このときに七つの協同組合原則が出されている。この七原則と日本の協同組合法制度との関係を以下で確認しつつ、今後は協同組合運動がより「コミュニティ協同組合」の方向へとシフトしていくべきであろう。

戦前の産業組合法はまがりなりにも統一協同組合法であった。しかし戦後の協同組合法は一九四七年農業協同組合法、一九四八年消費生活協同組合法、一九四八年水産業協同組合法、一九四九年中小企業等協同組合法、一九五一年信用金庫法、一九五三年労働金庫法へと「各種協働組合法の並立」となった。しかもそれぞれが所轄省庁別のため、協同組合セクターとしての統一的な政策提言が完全に欠落している。協同組合の独自性は考慮されなくなり、そこでは行政の補完組織としての役割が高まるといった具合だ。ここには政府・行政セクターの権力に取り込まれた〝滅私奉公〟の日本型モラルに絡めとられる面が垣間見られる。これは日本近代化以来の克服すべき大きな課題である。〝協同組合セクター〟を名乗る以上は〝政府・行政セクター〟から自律してその責任を全うして独自の公共政策を提言したい。「行政の補完組織としての役割」ではなく「行政の方が補完組織の役割」に徹するのが健全な民主主義である。補完性（subsidiarity）とは大きな組織が小さな組織のできないところを支援するという意味であって、まずは小さな組織が自律性すなわち主権性を発揮するのである。これを領域主権性（sphere sovereignty）と呼ぶのである（ヨーロッパ近代史における主権と領域主権の違いの詳細については［付録］参照）。

このようにして第3セクターとしての協同組合は自由、自立、自治を公共圏に発信する重要な公共的役割をもつ。政府・行政セクターとは中央政府のみならず地方政府も含んでいる。協同組合のあり方も地域ごとに異なっているのであるから地域コミュニティへの貢献を真剣に考えるならば地方分権の今日の時代、意識して「コミュニティ協同組合」へと舵を切り、地方政府・地方自治体との対話と協働が大きな課題となっている。

日本の現状においては、具体的に各種協同組合法はＩＣＡ原則をどの程度に踏まえているのであろうか。ＩＣＡは今日、「国連の持続可能な開発目標（ＳＤＧｓ）」に積極的に寄与すると共に、ＩＬＯのディーセント・ワークの達成を目指すパートナーとなっている。

一九九五年ＩＣＡの七原則のうちで日本の各種協働組合法においては、韓国協同組合基本法（二〇一二年）に比べると、第四原則（自治と自立）、第六原則（協同組合間協同）、第七原則（地域社会への関与）が十分ではない。ここで筆者は第四原則の自治と自立をめぐって公共哲学との関係で二つのことを指摘したいと思う。

一つは協同組合というセクター内の「自治と自立」についてであり、もう一つはより広く、参加型民主主義を市民社会に達成するための外に向けての「自治と自立」についてである。

まず元の一九九五年声明の原文を参照したい。

第四原則（自治と自立）[24]

協同組合は、組合員が管理する自治的な自助組織である。協同組合は、政府を含む他の組織と取り決めを行う場合、また外部から資本を調達する場合には、組合員による民主的管理を保証し、協同組合の自治を保持する条件の下で行う。

4th Principle: Autonomy and Independence

Co-operatives are autonomous, self-help organizations controlled by their members. If they enter into agreements with other organizations, including governments or raise capital from external sources, they do so on terms that ensure democratic control by their members and maintain their co-operative autonomy.

Autonomyは自治とも訳せるし自律とも訳せる。いずれにせよ協同組合メンバーたちの自発的な活動によるということであって、外部組織からの余計な干渉は受けないし権力に過度に依存しないという意味である。むしろ外部組織に向けては見識をもって自らの権利と責任を明確に宣言することも含んでいて、参加型民主主義を実践していくためにはきわめて重要な意味をもっている。特にgovernments（諸政府＝第1セクター）とcapital（資本＝第2セクター）に対して合意事項を取り付ける政策提言のさいには、今日の日本の民主主義にとって注意すべき内容が含まれている。

日本の諸協同組合の「自治」に関してはその公共圏における意味について注意したい。それぞれが所轄省庁別のため、協同組合セクターとしての統一的な政策提言が弱い。ここでの自治とは他セクターと同等の権利をもって政治参加するという意味である。現実に二〇一六年四月一日から政府主導の「改正農協法」が施行され規制緩和による「農業の成長産業化」がうたわれて農協改革もスタートしている。政治権力セクターから自律して、協同組合運動の原点に帰って農協のみならず協同組合セクター全体が原理原則とその哲学を明確にすべき時がきている。二〇一八年にスタートしたＪＣＡ（日本協同組合連携機構）にはその大きな期待と同時に責任があるだろう。

すでに協同組合間の協同が全国的規模で地道に進められている。すべての協同組合が同じではないし、同じになる必要もない。「自己－他者」の区別は日本の伝統思想から言ってもたやすいことではない。自己と他者は異なる、また異なっていてよい。自己は自己、他者は他者、自己は自己としてのアイデンティティをもちつつもなお、他者と「ある関心事」をめぐって協同・協働して連帯していく。ここに公共圏が出現するのである。農村部の農協がもっている課題は都市部の生協がもっている課題とは異なるであろう。互いが互いから学び合って共闘してこそ日本での創発民主主義が期待できる。

「君子は和して同ぜず」という論語の言葉があるが、「同じになる必要はない、しかし互いの違いを乗り越えて調和していく」ということである。これが「君子」というものであり、その反対に「同じて和せず」は小人である。われわれは小人であってはいけない、われわれは他者に寛容な大人にならなければならない。

ただ日本の旧来の協同組合は、生活協同組合（生協）にしろ、農業協同組合（農協）にしろ、大きな組織に成長しているにもかかわらず、すでに述べたように、日本独特の旧態依然たる縦割り行政の枠に縛られているので新たなイノベーションができにくい。[25] 都市型生協（消費者協同組合）は今や全国で地域生協組合員数二一〇〇万人（世帯加入率三六％）を抱えている。しかし、必ずしも生協運動の創始者である賀川豊彦のあの自由・自主・自治を市民活動の中で実践し、創発民主主義の牽引役を果たしているか、と言えば必ずしもそうとは言い切れない。

では生産者の協同組合である農業協同組合はどうか。農協は組合員の中で正会員（四五〇万人）の何らかの農業関係者だけでなく隣接する町に多くの准組合員（五七七万人）を抱えていて、金融、共済など多角的な事業を営むグループとなっている。今後に日本の食料の自給率（現在は四〇％以下）を上げていくためにも、縦割り行政に対抗する新たな組織づくりが必要だ。現在、消費者協同組合、農林畜産業・水産業分野の協同組合のつくり方が縦割りである事態を改善し、横一列に新たに「協同労働に関する協同組合法」[26]の成立運動が進められている。省庁別の許認可ではなく新たな準則主義のルールができれば自主的な「六次産業化」が今まで以上に容易になるであろうし、何よりも自ら労働し自ら経営する自主の「働きがいのある人間らしい仕事」（ディーセント・ワーク）の方向に、実際的な変化を起こすきっかけとなるだろう。地域やコミュニティの活性化のために、コミュニティ経済、コミュニティ企業、コミュニティ協同組合などを日本でいかにして創り上げていけるか、その人的イノベーションのスタートになる。

農協（総合農協＝ＪＡ）も、ＪＡ改革の流れで以前の形から脱皮しつつある。農協はこれまで農業関係者の相互扶助による事業や活動によって公的セクターの後退する部門を補い、いわゆるセーフティネットの再構築もしてきた。例えば、農地・農業の生産基盤と自然環境を維持しながら、地域でつくられた顔の見える安全な農産物や食品を生産し供給する。高齢化が著しい農村で多様な農業の担い手を組織したり、介護保険でカバーできない自主的な宅老所や農協女性部などの組織づくりをしてきた。すべての商店が撤退した過疎化と限界集落で、移動購買車を出したり、ガソリンスタンドの維持経営等々もやってきた(27)。

しかしながらグローバリズムとＴＰＰ、ＦＴＡなどの農業の自由主義化がこのような農協を直撃している。特に先述したように二〇一五年の規制緩和の方向による「上から」の農協法改正（農協中央会制度廃止、全農の株式会社化、単協の専門化・健全化の推進等々）以後はそうである。特に、戦前のライファイゼンの働きをモデルにした産業組合法以来の信用事業は、まさに農協を総合事業体としてきた基本であった。資金的に自立できる協同組合として維持できてきた理由であった。だから、これを農協から切り離す現在の改正方向には大きな批判がなされている(28)。こういった「上から」の

「お上」による介入に対抗して「下から」の自治を目指した「JAの自己改革」も促されている。そこでは筆者の主唱する創発民主主義の展開により「学び合いの共育の場」を設けて、組合員と役職員の学びと実践による「生き方の幅」を拡げる提案もなされている。[29] 次世代の農業を担う人間教育はきわめて重要な課題であろう。

6 農業と福祉から見えるディーセント・ワーク

「働く喜びの回復」によい事例がある。農福連携と呼ばれている領域である。

農業分野と福祉分野をつなげる構想であり、実際にコミュニティ経済として成果もあげている。いわゆる日本の農家の減少は著しい。一九六〇年に六〇六万戸であったものが二〇一五年に二一五万戸に減っている。農家といっても近代社会では家族全員が農業に従事しているわけではない。職業として農業を営んでいる人々（基幹的農業従事者）について見れば一一七五万人（一九六〇年）から一七七万人（二〇一五年）に減っている。[30] これが二〇二〇年には九〇万人まで落ち込むという。食料自給率という面からも由々しきことではないか。この方面の人手不足はあまりに深刻である。[31]

他方で、いわゆる障がい者福祉の分野に目を転じると、そこに新たな動きがある。障がい者の就労の促進が進められているからだ。どのようなハンディキャップを抱えようとも、人は人として働くことに喜びを感じている。日本でなかなか進まない社会的包摂という視点からも、新たな方向が見えてくる。

最近、福祉分野から農業分野での働きに熱い視線が注がれている。農業と福祉、この両者のニーズの間のマッチングに注目したのは、この分野の草分けであり厚労省、農林水産省の縦割り行政撤廃にも挑戦している濱田健司である。彼は、近年の障がい者福祉の分野での農業への参入の状況を調べてみた。そうすると興味深い数字が出てくる。二〇一五年の労働力人口六五九八万人のうち何らかの形での農業就業人口は二一〇万人であるが、このうち一〇％ないしは五％が障がい者によって担われる可能性があるというのである。(32) 農業の担い手不足と障がい者の就労意欲という双方のニーズがうまくマッチしているのではないか、というのだ。

実際に、農業労働により、身体障がい者をも含めて障がいの度合いが改善され、リハビリ効果大という驚きも報告されている。なぜであろうか。それは農業がもつ〝いやしの力〟すなわち福祉力だというのである。しかもこれが単なる福祉事業ではなく「儲かる農業」ともなっているという。(33)例えば、千葉県香取市の恋する豚研究所」では生産・加工、流通、販売で加工などに知的障がい者が関わり「ケアの六次産業化」を実践し「おいしさ」で売り出し、収益をあげている。(34)

工業やサービス業にも障がい者の就業はこれまでもあり、不十分とはいえ法律的にも整備されてきている。しかしながら産業革命以後に現代に特有の生産形態ができ、都市化と人間関係の疎外現象がそもそも人間の心をむしばんできた張本人ではなかったのか。そうだとすれば、精神の病や、引きこもりの急増が人間疎外の目に見える現象であるときに、このような困難な状況にある人々に、その病の原因になった場所すなわち近代工業の場所に、再び就労を強いるというのは常識的に考えても難しい。

しかし人間が近代化によりあとにしてきた農業や大地、そして海洋に密着した第一次産業の分野についてはどうか。これらの生業に再び目覚めていく、これは素朴な目で見てきわめて理にかなったことのように思える。心身のリハビリ効果のみならず文明のリハビリにつながる。われわれはこのような分野に新たな文明のパラダイムシフトを見たいものである。人々が大地に根ざして「働く喜び」を回復していく、きわめて健全な方向だ。

ただ、問題点がないわけではない。確かに、労働の喜びが回復されることは人間の文明全体にとって素晴らしい。しかしながら、それは自発的なものであるべきだ。強制されたとたんに苦痛に転化してしまう。マルクスではないが、大地主に地代を支払う資本家が農業労働者を雇用し、剰余価値を搾取する、これでは昔ながらの資本主義の悪弊を繰り返すだけだ。そのためにも、国家の補完的な役割、市民社会による領域主権の確立と熟議民主主義の必要性、ディーセント・ワークへの目覚めが必要だ。健常者と同様に最低賃金一〇〇〇円ないしは一五〇〇円を保障するなどの努力も必要だ。

自ら経営し、自ら労働する、このような形態に近い形で今後の農福連携も支援していく。食料の自給、環境の保全、そして現代人の心身のリハビリ、制度的な意味での日本の行政の縦割り構造、これら一連の問題が関係していて決して易しいテーマではないだろう。

しかし、農業と福祉の連携、とにもかくにも今や新しいイノベーションが始まったのだ。日本人が尊厳ある人格として、「友愛と連帯」の社会的包摂の場を具体的につくっていく方向性である。濱田は「農の福祉力大国日本」への変革のビジョンを掲げている。

わが国のそれぞれの地域で、それぞれの農の福祉力を活かした農福連携、農福商工連携、農福＋α連携を一つひとつつくりあげていけば、日本を大きく変えていくであろう。ひょっとしたら、それは世界を変革していくことにもつながるのかもしれない。(35)

大地から離陸した人類は、再び大地に着地するのである。ＩＣＴやＩｏＴを駆使した新たな六次産業化、そして食料の自給、ここにこそわれわれは、日本再生の針路を見出せるのではないだろうか。そして同時に、東西の思想の結節点であった日本は、独自の伝統に立った「人間主体の二重性」に目覚めて世界を覚醒し、その得意わざであった新たな「モノづくり」をもって、世界に貢献できる可能性を開くことができるのではないだろうか。

今日、労働観の刷新は農業のみならずあらゆる分野に及ばねばならない。二〇一九年七月の参議院選挙において、これまでにない新しい方向が出てきた。「れいわ新選組」（山本太郎代表）から比例代表制の中の特定枠を通して、男女二人の重度障がい者が当選した。筋萎縮性側索硬化症（ALS）の船後靖彦と脳性麻痺の木村英子で、二人とも介助者付きの特別車椅子を使用して議員活動をしている。二四時間の身の回りの支援を必要とする人々への「重度訪問介護」サービスをはじめ、今まであまり注意されてこなかった福祉の法律や行政のあり方に、世の人々の目を向けさせている。これまでの日本の政治の中枢になかったまったく新たな動きである。「だれ一人とり残されることのない」(Leave no one behind) 社会を目指す。このＳＤＧｓの標語が日本のさまざまな分野に浸透していく第一歩になると期待している。

7 結語

生きるために人類は都市と農村ないしは漁村をつくってきた。これは文化創造のための機能的な分化であるとも言える。必ずしも生産が農村、消費が都市ということではないし、都市が文化的ということではない。都市が便利だが不健康、農村が不便だが健康的ということでもない。共に生産し共に消費しているし、相補い合っていることは明らかである。

労働の意味は自分が食べていくと同時に剰余を富として蓄積する。富を蓄積する理由は自分の病気、老齢に備えると同時に家族や仲間と「共に分かち合って共に楽しむ」ためである。富の蓄積がＧＤＰで計られる時代は終わった。人間らしい労働が人間らしい社会を創造する。

「共に分かち合って共に楽しむ」ことは社会的文化の創造である。「共に分かち合って共に楽しむ」過程において苦しみが伴うことは否定できない。にもかかわらず人間の生きる目的は「共に分かち合って共に楽しむ」ことである。したがって労働が必要である理由は自分が食べていくと同時に、社会的文化と夢の創造のためである。科学と芸術もこのような文化の創造に資してきた。これが労働する意味であると同時に、他の動物と異なる人間が、人間らしく生きる意味となってくる。本来の富の創造とはこういうことなのだ。ジョン・ラスキンが there is no wealth but life（生の他に富はない）[36]といった理由は、まさにここにあったのだ。

注

（1）大澤真幸、稲垣久和『キリスト教と近代の迷宮』（春秋社、二〇一八年）六四頁。拙稿「教会の自治」西尾勝、小林正弥、金泰昌編『自治から考える公共性』シリーズ公共哲学第一一巻（東京大学出版会、二〇〇四年）三二〇～三四二頁。

（2）例えばＪ・ハイト『しあわせ仮説　幸福の心理学』（新曜社、二〇一一年）一三八頁参照。また稲垣久和編「創発」Vol.XIV, No.2「脳神経科学とポジティブ心理学Ⅱ」（東京基督教大学共立研究所、二〇一七年、http://www.tci.ac.jp/smj/introduction/）。

（3）https://www.mofa.go.jp/mofaj/gaiko/oda/sdgs/pdf/about_sdgs_summary.pdf

（4）Ｇ・エスピン＝アンデルセン『平等と効率の福祉革命』（岩波書店、二〇一一年）大沢真理、難波早希「解題」二〇〇頁参照。

（5）例えば西尾勝、小林正弥、金泰昌編『自治から考える公共性』シリーズ公共哲学第一一巻参照。

（6）松下圭一『転換期日本の政治と文化』（岩波書店、二〇〇五年）一三五頁。

（7）金子勝『平成経済　衰退の本質』（岩波新書、二〇一九年）二〇五頁。

(8) 広井良典『ポスト資本主義』（岩波新書、二〇一五年）一九〇頁。

(9) 生協総合研究所編『二〇五〇年　新しい地域社会を創る――「集いの館」構想と生協の役割』（東信堂、二〇一八年）。

(10)『新解説　世界憲法集』第四版（三省堂、二〇一七年）。

(11) 一般社団法人協同総合研究所編「協同の発見」三一九号（二〇一九年）「特集」参照。特に四三〜五二頁。田中夏子訳。

(12) G・エスピン＝アンデルセン『福祉資本主義の三つの世界』岡沢憲芙監訳（ミネルヴァ書房、二〇〇一年）。

(13) G・エスピン＝アンデルセン『ポスト工業経済の社会的基礎』渡辺雅男、渡辺景子訳（桜井書店、二〇〇〇年）二四〇頁。

(14) Robert E. Goodin, Work and Welfare: Towards a Post-Productivist Welfare Regime, *British Journal of Political Science*, 31, pp.13-39, 2001, Cambridge University Press.

(15) A. Evers and J. L. Laville, *The Third Sector in Europe*, Edward Elgar, 2004, p.1.　邦訳はA・エバース、J・L・ラヴィル『欧州サードセクター――歴史・理論・政策』内山哲朗、梅沢敏勝訳（日本経済評論社、二〇〇七年）。

(16) A・エバース、J・L・ラヴィル『欧州サードセクター――歴史・理論・政策』一六頁。

(17) 拙著『実践の公共哲学』一四七、二六〇頁。

(18) A. Evers and J. L. Laville, *The Third Sector in Europe*, Edward Elgar, 2004, p.13.　翻訳一八頁。

(19) 例えばJ・L・ラヴィル編『連帯経済――その国際的射程』北島健一、鈴木岳、中野佳裕訳（生活書院、二〇一二年）。中野佳裕編・訳、J・L・ラヴィル、ホセ・ルイス・コラッジオ編『二一世紀の豊かさ――経済を変え、真の民主主義を創るために』（コモンズ、二〇一六年）。

(20) 日本協同組合学会第38回春季研究大会（於駒澤大学）予稿集『協同組合と社会的連帯経済』（二〇一九年）参照。

(21) A. Evers and J. L. Laville, p.19.　翻訳二五頁参照。
(22) 同書、翻訳二三頁。
(23) 朝日新聞二〇一一年九月二六日「社説」参照。
(24) 日本協同組合学会訳編『二一世紀の協同組合原則――ICAアイデンティティ声明と宣言』(日本経済評論社、二〇〇〇年)一八～一九頁。
(25) 拙稿「宗教と公共福祉」広井良典編『福祉の哲学とは何か』(ミネルヴァ書房、二〇一八年)。
(26) 「ワーカーズコープ連合会」がけん引役となって進めてきた一〇年来の法制化運動の名称。日本の長い労働法体系における「労働者」概念の伝統の縛りがあり、メンバーが自治的に協同組合で労働をするという側面との折り合いが付けにくくなっている。今後のさらなるこの方面への関心の高まりを期待したい。https://jwcu.coop/archive/index.php@itemid=25
(27) 高橋巌編著『地域を支える農協』(コモンズ、二〇一七年)一〇頁。
(28) 石田正昭『農協は地域に何ができるか』(農文協、二〇一二年)第六章参照。
(29) 石田正昭『JA自己改革から切り拓く新たな協同』(家の光協会、二〇一八年)第二一講参照。
(30) 濱田健司『農の福祉力で地域が輝く』(創森社、二〇一六年)四四頁。
(31) 日本の農業経営体が一二〇万を割ったと二〇一九年七月の日本農業新聞が報じている。https://www.agrinews.co.jp/p48314.html
(32) 濱田健司『農の福祉力で地域が輝く』六二頁。
(33) 同書、六七頁。
(34) 広井良典『ポスト資本主義』(岩波新書、二〇一五年)一九六頁。
(35) 濱田健司『農の福祉力で地域が輝く』一三四頁。
(36) 拙著『実践の公共哲学』五四頁。

［付録］

主権、領域主権、補完性

1　アルトゥジウスの政治哲学

「領域主権」(sphere sovereignty) の概念の確立のために、主権の脱構築が必要だ。ジャン・ボダンの主権論のあと、これへの批判として主権の分散のための理論が出た。それを出した人物はヨハンネス・アルトゥジウス(一五五七~一六三八)である。これまで日本の政治思想史のテキストにはほとんど登場したことのない名前であった。ヨーロッパでもEUの政治統合との関係で徐々に研究されてきたところがある。実は、彼はボダンの主権論の直後に、これに対抗する政治哲学を唱えた。そして、この哲学は一六世紀の宗教改革による人間論やコミュニティ論の考察を踏まえている。筆者が主張する「領域主権論」の先駆者なのである。しかし、時代的には、ボダンもそうであったが、アルトゥジウスという人物と私たちの時代との間にはあまりに大きな隔たりがある。同時に互いの社会構造にも大きな違いがある。にもかかわらず筆者は、創発民主主義とホモ・エティクス(倫理人間)とディーセント・ワークを基礎づける概念として「領域主権論」という発想を理解してほしいと願っている。

アルトゥジウスの政治哲学の基本単位は、社会連合体(consociatio)と呼ばれるものである。社会連合体は、ある場合には家族を指したり、職能団体やギルドを指したり、都市を指したり、国家を、他帝国を、という具合に変幻自在である。一つの社会連合体自体が有機的な人間生活の場であり、他の諸社会連合体とのつながりの中にある。この社会連合体の大小の重層的なネットワークが人間世界である。

　もちろん、社会連合体の中の、例えば最小の単位である家族は、さらに解体すれば、「個人」に行き着くのであるが、アルトゥジウスの社会契約論では契約を結ぶ相手は大小の社会連合体であって、「個人」ではない。しかし、その後のホッブズや一八世紀のルソーになると、社会契約論の契約単位は「個人」である。

　筆者は今日の「公共哲学」を展開するに当たって、西欧近代の社会哲学史を踏まえた上で、新たに二一世紀の市民社会論をグローバルな場面で、そして日本という文脈に則して再構築することを考えてきた。したがって、近代が生み出した問題群を批判的に検討するに当たり、ヨーロッパ近代が離陸を始める直前のヨーロッパに舞台を移して考え直していくのは、ある意味では、当然なのである。

　一六世紀のヨーロッパ大陸。一五五五年、宗教改革後の宗教戦争の争乱状態は、アウグスブルクの宗教和議により、諸侯の治める地域はその統治者の宗教に合わせるという形で一応の決着を見た。ローマ・カトリックからプロテスタントが分かれ、そのプロテスタントもルター派、カルヴァン派、急進派と地理的にもまだら模様に分かれていった。

　宗教和議の二年後、アルトゥジウスは北ドイツのカルヴァン派に改宗した町、ヴィトゲンシュタイン・ベルレブルク伯爵領のデイデンスハウゼン村で生まれた。彼は、当時のカルヴァン派の中心地のスイスのジュネーブで、そしてバーゼルで教育を受けた。一五八六年に教会法と一般法学の分野で博士号を取得し、カルヴァン派の当時の最高学府であるドイツのヘルボルンのナッソウ大学で教えた。

実は、この大学はオランダのオレンジ（オラニエ）公ヴィレムの兄弟が尽力して建てた大学であり、〝契約神学〟で有名になったところである。やがて北ドイツのカルヴァン派の小都市エムデンから招請を受けて（一六〇三年）、教育と共に法律顧問として政治の実務にも携わって生涯をそこで過ごした。

彼の主要著作は『政治学』（Politica　初版はヘルボルンで一六〇三年、第二版はオランダのフローニンゲンで一六一〇年出版）。その前に『ローマ法学』（一五八六年、バーゼルで出版）、『市民の交際』（一六〇一年、ハナウで出版）、そしてそのあとに『権利と裁判』（一六一七年、ヘルボルンで出版）を書いている。最後の本は、従来のローマ法とは違い、公法全体を市民法体系の中に組み込むことを意図し、国家法の諸関係を私法の表題の下に位置づけたものである。そして、その後まもなく通説となった、自然法的な社会契約論の走りとなった書物であった。彼はホッブズよりも早く社会契約論を提起していた。

彼は『政治学』で人間を二つに分ける。「単独の人間」と、「協働し、結合し、凝集した人間」とに二区分することによって、一つの社会的体としての集合人の概念と本質を展開した。はじめに狭義の家族と広義の家族の自然的結合を論じ、次に、契約によって生み出された諸団体、共同体、国家、これらの諸単位を述べている。

以下、アルトゥジウスの政治理論を市民社会論と領域主権論の二つに分けて考察してみたい。(1)

2　市民社会論

市民社会が登場するのはフランス革命（一七八九年）以後、こう思っている人は、それより二〇〇年も前のアルトゥジウスの著作の特徴に「市民社会論」などという言葉を使うことを、やや奇異に感じるかも知れないが、その理由は以下のようである。

まず社会連合体という言葉が重要だ。これを、アルトゥジウスはローマの哲学者キケロから引用している。そしてこれを彼の政治哲学の中心概念として練り上げた。一箇所『政治学』から引用してみたい。第1章の冒頭の〝政治〟の定義の部分である。

政治とは人々の社会生活の確立、発展、保持という目的をもって人間を結び付けていく（consociandi）技術であり、それゆえに共生（symbiotics）と呼ばれる。したがって政治の主題とは社会の結び付け（consociatio）、つまり陰に陽に合意を取りつつ、社会生活の調和的実践に対して有用で必要なものを相互にコミュニケーションしつつ、共生を他者と共に保証していくような結び付け（consociatio）に他ならない。(2)

このように「政治」という概念を、「人と人の結び付け」（consociation）、「共生」（symbiosis）という意味で使っている。そこから派生している言葉が「社会連合体」という言葉である。公も私も区別がなく、すべて社会連合体がもとになっている。

アルトゥジウスにとって社会契約とは、ホッブズ的な主権、つまり個人と個人の間の闘争をやめて権力者に集中した力を委託するためのフィクション、またはルソー的な一般意志を生み出すためのフィクションではなかった。社会契約とは、コミュニティ形成の永続的なプロセスとしての日々の人と人の結び付け、すなわち政治の概念そのものであり、経済の仕組みでもあった。コミュニケーションと合意形成のプロセスを通して、暗黙の刷新に基づく〝陰に陽に〟なされている約束であった。これが、本書で公共哲学として政治や経済を分離しないで発想していく筆者の立場のスタートにある。

アリストテレスに従って「人間とは政治（ポリス）的動物」であり、協働で生活し、調和的な社会生活をするのは本能である、こうアルトゥジウスは考えた。

したがって、政治機構とは一般には「モノと、サービスと共通の権利」のための「相互コミュニケーション」と限定される。アルトゥジウスは「おのおのの社会連合体に従って」「異なる方法が適用される」ことを強調している。モノとサービスのコミュニケーションは必要な財や労働や職業の提供を「個人的にかつ集団的に共生することに益するために」提供する。それを実現するために、安定性とよい秩序と統治の確立を認める。

ただし「統治」がボダンのようにすべてに優先するのではなく、まずは「自治」による固有の生き方を優先する。「上から下へ」ではなく、あくまでも「下から上へ」という順序である。ガバナンスとは法の執行ではあるが、同時に人々の「生き方」そのものであった。ただし、この「生き方」には基準があった。そこが今日の日本と大きく違うところである。

3　倫理と社会連合体

当時のヨーロッパは、カトリックからプロテスタントが分かれたとはいえ、広い意味で「キリスト教世界」であった。だから、生き方の基準は「モーセの十戒」のようなものが、合意として存在していた。

十戒は旧約聖書に出てくるように、前半（第一の板）が聖書の神についての教え、後半（第二の板）が人と人の間すなわち倫理についての教えである。後半は「汝、父と母を敬え」から始まり「汝、殺すなかれ」「姦淫するなかれ」「盗むなかれ」「偽証を立てるなかれ」「隣人のものをむさぼるなかれ」と続く。

そして、この十戒の「第二の板」が、まさに市民の政治生活に関係したコモン・ローだ、とアルトゥジウスは捉えている。「コモン・ロー」（lex communis）から、各レベルでのガバナンスを通して異なる社会連合体での「固有の法」（lex propria）を確立する。「固有の法」は各コミュニティに合ったルールであり、今日的に言えば民法のようなものだ。社会契約とはいっても、いわゆる現代的なリベラルな社会とは前提が違うのである。また、ことさらにキリスト教でいう隣人愛や一般的に「友愛」が必要だ、と強調するまでもない。「私悪すなわち公益なり」(マンデヴィル)という人間論もまだない。今日のリベラルな社会では「価値中立」をモットーにするから、「権利」は説きこそすれ「友愛」など説く必要はない、と言うであろう。

連邦政府の役割は、多数のかつ大小の社会連合体の間の相互コミュニケーションの政治的プロセスを、スムーズに提供しかつ援助することである。このコミュニケーションとは自然的、経済的、人間的、法的資源を互いに共有する社会的プロセスのことである。

社会連合体にはいくつかの種類がある。広い意味での「家族」。これは、当時、あらゆる種類の農業、手工業、商業活動などに特化した生産の諸単位のすべてを含んでいる。次に「社団」と呼ばれる範疇で、法律家、宗教家、農民、商人、手工業者などの同業者組合やギルドのこと。これらがより大きな宗教者グループ、貴族グループとして土地所有をすると「大土地所有者」と呼ばれる。これらの多様な集団が都市や田園において諸侯や君主の支配の下に、複雑に社会・経済的な生活を営んでいるのが初期近代世界であった。社会連合体は土地に結び付けられている場合もあれば、職能別になっている場合もあった。

農業、手工業、商業はコミュニケーションの本質であって、全体をおおう「市場」も徐々にできかかってはいたが未発達であった。「アトム化された個人が自己利益を最大化する」といった近代経済学の発想は、まだ存在していない。むしろ、商業などはコミュニティの公共善を維持し共有する活動であった。公（＝国家）と私（＝非国家）の区別はまだないのであるが、強いて言えばプライベートとは個別の共有の関心事、パブリックとは一般的な共有の関心事であって、すべてが「政治的」である。パブリックだけが政治的であるという発想もない。ただしここで、「政治」とは「人と人の結び付け」のことである。

モーセの十戒の後半が多くの人々の倫理的合意であることからも分かるように、「契約」という考え方も常識化していた。そしてその「契約」は当時の慣習に従って三重に及んでいる。

第一は神と人々の間の契約。第二は人民と統治者（王）たちの間の契約。第三は人民どうしの間で、さまざまな有機体を構成する社会契約。第三のものは、人民が王の行動をコントロールすることができるための手段を提供し、かつ組織化された市民社会の法的ガバナンスの原理とプロセスを確立している、という意味で最も重要であった。

4　領域主権と補完性原理

アルトゥジウスの場合、主権の概念はボダンと違って、分散されている。では、どのように分散されているのか。

実は、具体的には、社会連合体ごとに分散されているということなのである。筆者はここから、一挙に現代社会の状況に適用するために、「領域主権論」という概念を提起している。

領域主権という概念は、もちろん複数の領域があることを意味している。領域主権性は複数の多元的な生活領域を前提にしていて、互いに他から干渉されないで、相互に自律性があることを意味している。それに対して、他領域との間の相互関係性も重要である。相互関係性を意味する言葉を領域普遍性、または補完性と呼ぶ（筆者の公共哲学では領域主権性と領域普遍性は存在論的な意味をもった概念として認識論の用語としても使われている）[3]。領域主権性は他からの自律性を、補完性（領域普遍性）は他との関係性を指す言葉である。

また、社会連合体は職能集団に対しても使われている。そこで筆者は、今日の状況で、むしろ、さまざまな生活上のニーズから立ち上がるアソシエーションやNPOや協同組合のように人々の関心ごとのグループにこそ、「領域主権」という言葉を適用したいと考えているわけだ。「地域主権」のような行政的区分も含んでいるが、その上でさらに、生のニーズに応じた各種の中間集団がもっている自律権のようなものが「領域主権」である。それぞれの生の領域がニーズに応じて自発的、自律的にグループを立ち上げる、それらは他から干渉されないのだ、と。先ずは何よりも、「生活者領域の主権」ということである。

ただし社会連合体（consociation）は正確に言うと、今日の多くの論者が考える自発的結社（voluntary association）とは異なっている。社会連合体は自律性を尊重するが、生（生命、生活、生存）のニーズに従って「人と人とが結び付く」という「生の意味の法則」が中心にあるのであって、個人主義は想定されていないからだ。筆者の場合も、人が個人（個体）として他から切り離された実体となる、こういったデカルト以降の近代主義の哲学を想定していない。生活世界の意味の現象学そして創発的解釈学からアプローチしているからだ。

今日のコミュニティ経済を担う諸グループや協同組合など諸々の中間集団では、パッション（情熱）と同時にミッション（使命）が大切である。そしてグループごとに、約束事やルールを決めることが必要になってくる（私的自律）。これは広い意味での「契約」行為であるから、私人の間の契約としての市民的ルールや条例のもとになっていくであろう。現代的に憲法に依拠すれば、まずは「基本的人権」というところから出発するのであるが、各種アソシエーションや地域住民の相互扶助組織、各種の協同組合などが立ち上がっていく現場では「人権」や「権利」よりも、まずは「生活上のニーズ」であろう。強いて憲法的に表現すれば「生存権」（二五条）や「幸福追求権」（一三条）ということになる。

特に、土地との関係で言えば、より大きい領域（例えば国）がより小さい領域（例えば県）を包括しているときに、大きい領域が小さい領域を状況に応じて支援することを領域主権性の裏腹の概念として「補完性」（subsidiarity）と呼んでよいものである。

領域主権論という概念と深く関係する「補完性」という言葉も、アルトゥジウスに由来する。アルトゥジウス自身は「補完性」という言葉を使ってはいないが、相互の分かち合いと支援を通してのみ提供される subsidia vitae（生のニーズ）についてはたびたび言及している。subsidium（助け、支援）からきている語であり、「補完性」とは「連帯の様態」でもある。自律性と連帯性という、ある意味で相反する概念が、複雑に多層的にガバナンスを要求している緊張関係が、補完性原理である。しばしば、補完性原理の起源をたどるとカトリック教会の社会教説、具体的には一八九一年の教皇レオ13世の回勅『レールム・ノヴァールム』（新しきことども）にたどりつく、という解説がなされているが、その起源は実はもっと古いのである。

「補完性」という言葉はＥＵの政治統合のもとになった一九九二年のマーストリヒト条約で改正されたＥＣ（ヨーロッパ共同体）条約第五条の中に明文化された。同第五条では「共同体は、その排他的権限に属さない分野においては、補完性の原則に従って、提案されている行動の目的が加盟国によっては十分に達成できず、それゆえ提案されている行動の規模または効果の点からして共同体によりいっそう良く達成できる場合にのみ、かつそのかぎりにおいて行動する」とある。[4] しかも大事なことは、「補完性」という言葉と概念が、近年、日本での地方分権化の議論の中で使われているという点であろう。

補完性や領域主権性を地方分権や地域主権だけでなく、同時に、各種アソシエーションその他の生活世界から立ち上がる互助組織という「生のニーズ」に密着した領域に適用していく、そのことを、筆者は提唱したいのである。

主権と領域主権、補完性が互いに国境を越えて実験されつつある政治・経済体はやはりＥＵであろう。ＥＵは国連のような国際機構とは異なって、加盟国が国家主権を〝委譲〟した超国家的な領域（共同体）を有している。しかし既存の主権国家に取って代わる「ヨーロッパ合衆国」ではなく、そのような連邦国家と国際機構の中間に位置する新しい政体である。それだけに試行錯誤の連続ではあるが、今日でも解体せずに生き残っている。生き残っているだけでなく、ユーロ経済圏統合の資本主義のあり方とこれまでの国民国家を超える政治的主権の位置づけをめぐって、次々と新たな模索が続けられているのである。(5)

以上、主権はトップダウンに法的強制力をともなうことを意味し、国家概念に働き、それに対して領域主権はボトムアップに作用し、中央政府に対する地域主権や市民の諸中間集団のニーズに応じて立ち上がる自律権、ということを確認しておきたいと思う。

二〇世紀までの近代の欧米の大国を導いた政治哲学、それは主権論であった。したがってこの大国主義が崩れ主権論に疑問が出された時代、人々には思考のよりどころがなくなってしまった。日本も、もはや欧米大国をモデルとして追いかける時代は終わったのである。これまで、歴史の中に埋没して省みられることのなかったヨハンネス・アルトゥジウスのような思想家に注目してみることも、いま必要なのではないだろうか。

ただし、ＥＵを初期に主導したベネルクス三国、ネーデルランド一帯では、アルトゥジウス的なボトムアップな市民社会形成は、十分に理論化されていなくても歴史の中で受肉していた。彼らの国民性の一部となっていた。それを明示的に再構成したのが、オランダで首相をも務めた、キリスト教民主主義政党の生みの親、アブラハム・カイパー（一八三七〜一九二〇）であったのだ。(6)

注

（1）以下の記述は主として次の文献に負っている。Thomas O. Hueglin, *Early Modern Concepts for a Late Modern World: Althusius on Community and Federalism*, Wilfrid Laurier University Press, 1999. 拙著『宗教と公共哲学』（東京大学出版会、二〇〇四年）第三章も参照。

（2）J. Althusius, *Politica, Indianapolis*, Liberty Fund, 1995, p.17.

（3）拙著『宗教と公共哲学』七三頁脚注。

（4）庄司真理子、宮脇昇編『グローバル公共政策』（晃洋書房、二〇〇七年）七八頁。

（5）例えばユルゲン・ハーバーマスの最近のＥＵをめぐる一連の論稿など、以下を参照。『デモクラシーか資本主義か――危機のヨーロッパ』三島憲一編訳（岩波現代文庫、二〇一九年）、『ヨーロッパ憲法論』三島憲一、速水淑子訳（法政大学出版局、二〇一九年）。

（6）ピーター・S・ヘスラム『近代主義とキリスト教――アブラハム・カイパーの思想』稲垣久和、豊川慎訳（教文館、二〇〇二年）。

あとがきにかえて

日本人のライフスタイルと労働形態は戦後に大きく変わった。それも一九八〇年代の高度経済成長期の後半とバブル崩壊（一九八九年）後に労働スタイルが激変した。経済的には新自由主義の導入によって、いわゆる従来の年功序列、終身雇用的なものから徐々に成果主義に変化し、その労働スタイルについていける人と、ついていけない人の間で、または正規雇用と非正規雇用との間で格差が大きくなった。また都市部と地方、特に農村・漁村などでの生活スタイルの変化が著しい。地方で人口減が著しく高齢化率も高い。

日本全体では高齢者が増加し、少子化により人口減少の時代に入っている。第一次産業に従事する人口が減り始め、都市部に職を求めて移動している。地方と大都市で格差が開いている。特に首都圏において人口集中が著しくなっている。二〇一九年に人口増があったのは東京、神奈川、埼玉、千葉と沖縄だけであとの地域はすべて人口減である。今後の日本人の生き方、日本列島に生きる人々のライフスタイルは大きく変わらざるをえない。

地方における産業がさびれ、商店街におけるいわゆるシャッター通りが増え続けるにもかかわらず、東京のような大都市部では逆に人口が増えている。例えば東京都品川区の場合、この五年間で四万人近く増えて二〇一九年には四〇万人に達した。さらに微増し続け推計では二〇四四年にピークを迎えそのとき四四万七〇〇〇人を超える。生産年齢人口も増え続け二〇三〇年にピークを迎え、その後に減少に転じる。(1)

開発と称して高層ビルや高層マンションが増えている。住環境が著しく変化し、道路事情も車中心で悪化していく傾向にある。

国の経済政策に新自由主義がとられると、地方では農業や漁業の生産部門で自由化が起こり、都市部では消費の拡大がはかられる。便利さの増大と共に、街づくりが住民無視で、行政と企業主体の大資本投入で進行する事態となっている。機能的な便利さは増すが、昔ながらの街並み、人と人のつながりは「見知らぬ人」の増加で急速に失われ、高齢者の孤独死などが日常茶飯事となっている。外国人労働者の受け入れが大幅に増大することによる、新たな「異質な他者」を迎えたコミュニティ形成がどうあるべきか、今後に重要な課題だが真剣に考えられることがない。

東京の都心の大きな環境悪化の問題が以前から指摘されていた。筆者の居住する地域の上空を低空で米軍ヘリコプターが頻繁に往来して騒音に悩まされていた。六本木ヘリポート基地の問題と呼ばれている。さらにそれに加えて「羽田新ルート問題」と呼ばれるものが進行している。

「二〇二〇年の東京オリンピック・パラリンピックまでに国際線の年間発着枠を三・九万回拡大させるために、都心上空の二つの航空ルートで低空飛行を実施する」というのである。これは東京一極集中の総決算であり、大都会（メガポリス）の死を意味する。

二〇一〇年に『首都圏空港の未来――オープンスカイと成田・羽田空港の容量拡大』という名称の、やや専門的なレポートが出た（首都圏空港将来像検討調査委員会編）(2)。筆者が当事者の一住民として関わってきた「羽田新低空飛行ルート」の問題がなぜ浮上しているのか、その背景が分かる本である。

細かい統計的かつ技術的問題が詳述されていて、素人は惑わされるのだが、実際には、羽田新ルート問題を正当化する本になっている。ただし第一頁から「横田飛行場」なる言葉が突如出てくるのはやや驚きだ。しかしそれだけにかえって、戦後日本の深部に突き刺さった歴史的課題を浮き彫りにさせている。

国交省の航空行政といえども、日本全体を視野に入れずに今後を語りえないということでは、確かによく分かる筋書きである。「横田飛行場」に関する政治的背景は別の部署で考察せよ、ということであろう。（背景には石原慎太郎都知事（一九九九〜二〇一二年）が米国とかけあって不調に終わった「軍民共同使用」の経緯もあるが、）現在米軍使用の横田飛行場を半分でもよいから民間に使用させる、または全面的に返還してもらえるように交渉する、こういう暗黙の前提の下に書かれたレポートだ。だからこそ、腰を据えて考察する必要があり、ここに記しておく価値があるのだ。戦後民主主義教育のモチベーションとして、世論を喚起するきっかけになる。

首都圏の空港は現時点で羽田と成田の二空港である。両方とも国内・国際便に使用されている。本レポートによれば、両方合わせて二〇〇七年のレポート執筆時点で国際・国内の発着便は五三万回／年であった（二〇一八年では七五万回／年）。それを「人々の顔と暮らし」を一切考慮に入れないで、即物的に統計と数字だけで将来の発着便を首都圏空港全体として二倍の一〇〇万回／年にするといった最大の楽観的展望をすると、まさにこのようなレポートになる。ただしこの一〇〇万回／年としたときに羽田と成田以外の空港も加わっている。

大きな中長期計画にのっとって、オープンスカイ政策により、就航先を含む航空市場の完全自由化がなされたとする。首都圏では、成田空港だけでなく羽田空港からも全世界への国際線就航が可能となるとする。それだけではなく横田飛行場と茨城空港をも使用し全部で首都圏四空港とする（ここがキーポイントである）。首都圏三空港以上というのは国際的趨勢だからだ。もともと羽田、成田の二空港のみでは首都圏空港としては無理がある、という前理解がある。

横田飛行場は東京都内にあるが、米軍使用の広大な地域を占めている。さらには、ＬＣＣの参入等による運賃低下や運航頻度の増加が起こるとする。このときに二〇三〇年を目処に、首都圏全体で約二倍の発着便の一〇〇万回／年に増大するというシミュレーションをしている（成田三〇万回、茨城と横田で一〇万回、羽田が六三万回で合計一〇〇万回という試算）[3]。茨城、横田を入れれば一〇万回増えるというのは驚きの数字である[4]。そして航空旅客数は国内外合わせて九八〇〇万人から一億七〇〇〇万人に増える[5]。このレポートの結論部の最終ページは次のように記す。

（現在、羽田空港はＡ、Ｃ滑走路が南北に、Ｂ、Ｄ滑走路が東西に井形になって交差している。それを考慮した上で、）拡張は段階的に進めることが必要である。まず、成田空港の発着容量の三〇万回／年への拡張をなるべく早期に実現することが望まれる。その状況と需要動向を見定めつつ、羽田空港Ａ滑走路の南側延伸と旧Ｂ滑走路（Ｂ滑走路北側に平行）の再活用のプロジェクトを具体化すべきである。そして、第三段階でＣ滑走路沖への新たな平行滑走路（Ｅ滑走路）の整備の実現に向けて合意形成を図るべきである。[6]

実はこの二〇一〇年レポート段階で、都心の上空を通るルートがすでに前提されている。しかもそれはAとCの従来の滑走路以外に新たなCの東側の平行滑走路（E）をも建造し、これもA、Cと同様に都心上空ルートがすでに仮定されている。

しかし、同じ統計を使って、人々は次のようにも算定できる。もし旧B滑走路の再活用とA、C、Eの南北の平行滑走路が従来のように南側の東京湾側のみを使用し「海から出て海から入る」というルールに徹していれば、現時点で大幅な発着便と旅客数の増大が見込まれるということだ。だからここでの争点はさらに北側に、きわめてリスクの大きい都心上空航路を三本通すことのメリットがどれだけあるのか、ということである。同書によれば現在のA、Cの二滑走路だけで、都心上空を通すことで、四五・八万回から四八・八万回増えることになり、わずか三万回増えるだけである。この技術的な転換の詳細は、同書のviii～x頁あたりの図解に明らかにされていて、同頁のコメントには、最も基本的な次の記述がある。「現在と同様に東京湾内に騒音を閉じ込めることが可能な飛行ルートを想定しているが、もし東京や川崎の内陸上空ルートを活用することができると、南風時に羽田の北側から直線的に進入することが可能となる」とある。ただし続けてその場合に「騒音基準を超える地域が広く発生することとなる」（ix頁）と隠さずに明瞭に書いている。サラっと書いてあるので、人々は気づかないかもしれないが、「内陸上空ルート」の下に住む当事者たちにとっては死刑宣告にも似た表現だ。そしてこの「宣告」は「実施」へと決定が下された。

専門家集団の技術的レポートはこれでよい。しかしそれを採用するかどうかの判断はもちろん日々生活している読者、すなわち住民・国民側に委ねられている。つまりここから先は政治のそして国民主権の下での民主主義の問題なのである。国交省に近い専門の委員会側がこのようなレポートを出したときに、それをよく学習し、疑問があれば質問し、対話的に議論を深め結論を出していくのが熟議民主主義の意味である（しかしそのプロセスは今現在まったく無視されている）。

では、この目標となる二〇三〇年に首都圏発着便が一〇〇万回／年、という数字はどこから出てきたのか。率直に言って根拠は何もない。あるとすればそれは、GDP指標等の伸び率を理想的に斟酌した数字である。人よりも数字だ。「その数字の下で人間がどう生きているか」ということへの考慮は一切ない。そういう意味では人間の総合的な幸福度について何ら根拠のある数字ではない。つまり筆者は、なぜ一〇〇万回／年に増やさなければいけないか、その理由は経済政策としての新自由主義のGDP信仰以外の理由はないと考える。ホモ・エコノミクス（経済人間）としての専門化集団はそう考える、というにすぎない。これは再三語っているように、現代人のもつ強固な信仰である。だが、そのような信仰を国民に押し付けるのは一つのドグマである。「人はGDPのみに生くるにあらず」と言いたい。そもそもそのような「幸福のモノサシ」で日本自身がもう崩壊寸前にあることは本文の中で再三述べてきた通りだ。

それでも、専門家集団が著した本書は首都圏空港の拡充のあり方に重要な視点を提供している。それは羽田、成田空港以外に都内の横田飛行場と近県の茨城空港を前提にした議論を展開していたことである。このレポートが二〇一〇年発行の政府サイドの調査委員会の文書であることに注意すべきだ。

　筆者はこのレポートから別の結論を引き出せる。つまり、旧B滑走路の再活用と、たとえE滑走路を建造したとしても、これらを使用しつつ「海から入って海から出る」の「公正なルール」の枠内に限定することが十分可能だ、というメッセージを引き出すことができる。なぜなら都心上空を通すことにより、先述のようにせいぜい三万回／年しか増えないにもかかわらず、すでに本書が試算しているように横田と茨城を入れれば、都心上空を通すことなく、なんと一〇万回／年だけ増えることになっているからだ。

　これが二〇一〇年の「首都圏空港将来像検討調査委員会」レポートの内容である。

　しかし、二〇一二年末の第二次安倍政権の成立と共に、このレポートを意図的に無視した。またはこの政権の特有の体質として、都合のよい数字のみを引っ張り出し都合悪いものは「無いこと」とした。アベノミクスのその場しのぎの「二〇二〇年のオリンピック・パラリンピックのフィーバー」の掛け声の中で（このような横田や茨城は一顧だにせず）、都心上空を三・九万回／年通すことのみを目論んでいる。

　二〇一八年一月二三日の安倍首相の施政方針演説の一部分を抜粋する。

　羽田、成田空港の容量を、世界最高水準の一〇〇万回にまで拡大する。その大きな目標に向かって、飛行経路の見直しに向けた騒音対策を進め、地元の理解を得て、二〇二〇年までに八万回の発着枠拡大を実現します。

「一〇〇万回にまで拡大する」という数字は一体どこから引っ張り出したものか。ここで紹介したレポート以外にないだろう。だとすれば「羽田、成田空港の容量を」ではなく「羽田、成田、横田、茨城空港の容量を」と言い直すべきではないのか。「八万回の発着枠拡大」とは三・九万回より多いがこれは成田が夜間まで少し延長してあと四万回引き受け、合計約八万回を羽田と成田のみでやるということである。羽田と成田は現状のままであったとしても、さらに横田と茨城を加えれば一〇万回まで増える、という試算をすでに政府サイドで出しているのに、なぜ、羽田と成田のみで増便しようとするのか。二〇二〇年は言うまでもなく東京オリンピック開催の年である。

横田に一切触れない理由は、当然、(米国ときちんと対等に向き合った交渉課題である)〝横田問題〟を交渉する能力がこの政権にないということの言い訳ではないのか。それとも「地元の理解を得て」という表現で、米国は説き伏せられないが、しかし地元住民の方は簡単に説き伏せられる、と高をくくっているということであろうか。[7]

二〇一九年の国交省ＨＰは次のように書くのである。「羽田空港機能強化による経済波及効果の試算結果」なるタイトルだ。「国土交通省においては、羽田空港機能強化により二〇二〇年までに国際線の年間発着枠が三・九万回拡大した場合に、日本全国に与える経済波及効果等を試算しました。その結果、年間の経済波及効果（生産額の増加）は約六五〇〇億円、税収の増加は約五三〇億円、雇用の増加は約五万人が見込まれます」(8)。そのあとにシミュレーションの詳細らしきものがあるのだが、これはもはや机上の数合わせにすぎない（住民説明会や新計器類の導入等、膨大な人件費や準備費用を報告し情報公開すべきである。完全に赤字の政策であろう）。「二〇二〇年までにGDP六〇〇兆円のアベノミクスの目標」(9)なる「総理のご意向」を忖度して、国交省の担当職員が上からの命令で作成したものである。

さらに追加すべきことがある。

二〇三〇年に首都圏航空旅客数一億七〇〇〇万人／年のうち国際線旅客数一億一〇〇〇万人／年だが、そのうち訪日外国人二七〇〇万人／年（同書六三頁）というシミュレーションである。ただし現実には進展速度が速く、日本全国空港では訪日観光客が非常な勢いで増大していて二〇一八年ですでに二七〇〇万人／年を超えてさらに三〇〇〇万人／年を超している。これを首都圏では現状の羽田・成田だけですでに現状のままでこなしていたわけだ。残りは地方の他空港でこなしているわけであるが、もしこれに第三の首都圏空港である横田がさらに加われば、それで首都圏は十分に余裕が生まれる。

つまり国交省の住民への二〇一八～二〇一九年の都内各区の教室型説明会で、再三強調された「訪日観光外国人対策」ということであれば、首都圏ではさらに横田・茨城をネットワーク型で参入させ、さらに地方空港への観光客PR誘致をすれば都心の羽田新ルート（A、C滑走路の南風時陸路）はまったく必要ない。これは素人にも分かる論法である。これが専門家集団の本技術的レポートから得られる筆者の結論である（民間専門家たちの間では各自の試算で他のやり方でいくらでも三・九万回／年は生み出せる、という試算が数多く出されている）。

過去四年、特にこの二〇一八〜二〇一九年の一年間の都民の膨大な請願、陳情、反対運動、区議会での「反対決議」等に一切耳を貸すことはなく、二〇一九年八月八日、石井啓一国土交通大臣は羽田新ルート計画について記者会見し二〇二〇年三月二九日に運用を始めると決定を下した。

しかし、今後の問題は、むしろ将来の持続可能な日本のサバイバルのために何が必要かを国民的議論の中で考えることである。そのためには、さまざまな機能を首都圏から地方に分散することであり地方創生を進めることである。そうでなければ、さらにビジネスと経済の東京一極集中化をあおり、東京自体がパンクする。いやすでにパンクしている。各種国際機関の調査が明らかにしているように、日本の国際的地位が凋落するのみである。それを冷静な国民との対話の形で行わずに、二〇二〇年オリンピック・フィーバーの国民感情の中で「オリンピックを目指して成し遂げよう」とお祭り的にあおって、強引に本計画を進めていくのではあまりに粗雑な国家運営と言わざるをえない。

今回の国交大臣の決定はまさに、日本の民主主義の崩壊を意味し日本の経済活性化にもつながらない。なぜなら経済を担う人間が疲弊して崩壊してしまうからである。「東京オリンピックと都心上空飛行ルートの開設」、これではまるで愚民統治のための「パンとサーカス」ではないか。そうではなく、国民の間に合意をつくりながら国政を進めるのが政府の使命であり、憲法にのっとった国民主権の国家運営ではないのか。そのような方向と正反対の国民無視の、そしてＧＤＰ数値を少しでも押し上げようとする現政権の体質[10]がある限り、本問題は解決しないであろう。

筆者は、かつての成田空港開設問題での流血にまで至ってこじれた件の反省を踏まえて、いったんこの計画を延期ないし凍結し、住民を含めた円卓会議を立ち上げることを提案したい。国交省は全体の航空行政を含めて国益に沿うかどうかをていねいに説明し、中長期的に横田飛行場の旅客機使用を米国と交渉することも含めて、当事者たちを配慮しつつ国民の間の合意形成に努めて頂きたいと願う。これが中長期的に自治的に日本を立て直す道である。もう少し詳しく説明するとこうである。

「日米地位協定」の〝密約〟の内容に関する研究が近年大いに話題になっている。この米軍と日本国との関係を知れば、誰もが戦後日本に「民主主義はない」と思うだろう。日本は自分のことを自分で決められない国だからである。先述した都心の米軍六本木へリポート基地問題とも関係しているが、沖縄の米軍基地にまつわる不幸な多くの事件を通してこのことは、再三、マスコミでも報道されてきた。しかしこれは根底で「羽田新ルート」と関係している。なぜか？

都心に二本の低空飛行ルートを通す危険極まりない計画案に、横田空域の問題が関係していたことは、何度か報道もされてきたし、知っている人も多い（それゆえに増便の半分が米国の航空会社分であることも二〇一九年になって判明した）。東京、神奈川、埼玉、群馬……の10県に及ぶ地域の広大な上空は、横田基地の米軍が空域の航空管制を握っているため、羽田空港や成田空港に出入りする民間機は、米軍の許可がなければ空域内を通過できない。そのため定期便ルートを設定できずに迂回を強いられている。〝密約〟研究の先駆者・吉田敏浩氏は「日本の空の主権が米軍によって侵害されているのだ。世界的にも異例な、独立国としてあるまじき状態が長年続いている」と語っている。[11]

今われわれがここで検討したいのは、横田空域もさることながら横田基地ないしは総面積約七・一四平方キロメートル、「東京ドーム約一五〇個相当」という広大な飛行場の日本への返還である。それがすぐに無理なら一部でも民間旅客機に使用させてもらう「軍民共同使用」という案である。「使用させてもらう」というのは、それ自体おかしな表現で、もともと日本国の飛行場であったものだ。全面返還が筋であり、日本側に使用する権利があると言うべきだろう。まずは飛行場周辺の騒音を縮小しつつ民間使用に代えていく。また横田空域がなくなれば現在の羽田空港の滑走路の配置も自由になる。そうすれば都心低空飛行の危険は避けられる。

まず、政府サイドは全体の航空行政を含めてこれ以上、国民に損失を与え続けるような国家政策を止め、中長期的に横田飛行場の一部の旅客機使用について米国と直ちに交渉開始すべきである。横田飛行場が今日に米軍横田基地として米軍管制下にあること、それ以上に首都圏を含む広範な横田空域としてそびえたって、地上はおろか上空も民間機が入り込めないでいること、日本の米軍基地と米軍人の犯罪等に日本政府が入り込めない〝治外法権〟の異常状態にあること、等々の自覚から始めなければならないだろう。日本国憲法の〝憲法体系〟と同時に米国との日米安保条約すなわち〝安保法体系〟があるという二重構造の中に、戦後日本が生き続けたという現実である。

現在の日本は独立した主権国家とは言えない〝対米従属〟にあることを、全国民が自覚すべき時である。この問題から国民は逃げてはならない。日本国憲法の上に「日米地位協定」があり、日本の国権の最高機関であるはずの国会の上に「日米合同委員会」[12]があるという現実だ（誤解しないで頂きたいが、〝反米闘争〟に立ち上がれと言っているのではない。米帝国主義と闘うのではなく自らの内にある〝闇の帝国〟と〝存在の二重性〟を自覚せよ、という促しである）。

すでに全国知事会は二〇一八年七月、これまで米軍基地周辺で日本全国を悩ませている日米地位協定の抜本的な見直しを日米両政府に提言した。横田米軍基地と横田空域の存在の根拠になっている「日米地位協定」[13]を見直し、普通の独立国家として自律して長期的に国民が持続可能に生きていく道を探り始めた。地方自治から国政を変えていこうという方向だ。その思考法が時間はかかったとしても次世代に徐々に確立していけば、たとえ、一時的に（二〇二〇年東京オリンピック・パラリンピック時に）都心を大型ジェットが飛ぶことがあったとしても、この問題に現れた熟議民主主義のあり方を凝視し、国民の多くが関わっていくことになれば日本の将来に大きな意味と希望がある。

末筆になってしまったが、「働くこと」をテーマにした本書を書くにあたり、明石書店の大江道雅社長に多くの示唆を頂いた。執筆を開始した後に市民活動の共同代表を引き受けたりして、完成が大幅に遅れてしまったが、実践を通して多様な市民と交流する中で、「働くこと」の総体が見えてきた面があった。忍耐強く筆者を励ましてくれた大江社長に改めて感謝申し上げたい。また、実務面を担当して頂いた上田哲平氏にも感謝申し上げたい。

二〇一九年九月三〇日

稲垣　久和

注

（1）東京都品川区長期基本計画策定委員会・資料六、二〇一九年一月九日。
（2）首都圏空港将来像検討調査委員会編『首都圏空港の未来――オープンスカイと成田・羽田空港の容量拡大』運輸政策研究機構、二〇一〇年。筆者はこのレポートの存在を航空評論家・秀島一生氏から御教示頂いた。
（3）同書、四九頁。
（4）同書、xii頁。
（5）同書、iv頁。
（6）同書、xix頁。
（7）一部の上空ルート直下となる住民の怒りも頂点に達しているが、それ以外の住民に問題の本質を伝えるにはさらに「熟議民主主義」の質を上げる以外にはないのである。筆者の講談社現代新書ウェブ記事「『羽田新ルート問題』が露呈させた〝日本の民主主義〟の危機」（二〇一九年六月二四日、https://gendai.ismedia.jp/articles/-/65396）および「『羽田新ルート問題』をめぐる〝日米密約〟が民主主義を破壊する!」（二〇一九

年九月一二日、https://gendai.ismedia.jp/articles/-/67135）参照。
（8）http://www.mlit.go.jp/report/press/kouku07_hh_000091.html
（9）筆者が二〇一八〜二〇一九年の一三回におよぶ品川区内での国交省担当職員の「教室型説明会」や、その他での担当職員の説明会で聞いた限りでは、肝心な部分の説明で内容あるものは何もなかった。「やるからやる」という答弁に終始するばかりであった。
（10）新藤宗幸『官僚制と公文書――改竄、捏造、忖度の背景』（ちくま新書、二〇一九年）。
（11）吉田敏浩『横田空域』（角川新書、二〇一九年）四頁。
（12）吉田敏浩『「日米合同委員会」の研究――謎の権力構造の正体に迫る』（創元社、二〇一六年）。
（13）山本章子『日米地位協定』（中公新書、二〇一九年）。

【著者紹介】

稲垣 久和（いながき ひさかず）　東京基督教大学特別教授

1947 年東京都生まれ。東京都立大学大学院物理学研究科博士課程修了。理学博士。
トリエステの国際理論物理学研究所、ジュネーブの欧州共同原子核研究所理論部門研究員、国際基督教大学講師を経て、哲学に転向。アムステルダム自由大学哲学部・神学部の客員研究員として宗教哲学を学ぶ。帰国後、東京基督教大学助教授、慶應義塾大学講師を経て東京基督教大学教授（2019 年 3 月まで）。専門は公共哲学、キリスト教哲学。主な著書に、『キリスト教と近代の迷宮』（大澤真幸との共著、春秋社、2018 年）、『実践の公共哲学――福祉・科学・宗教』（春秋社、2013 年）、『公共福祉という試み――福祉国家から福祉社会へ』（中央法規出版、2010 年）、『国家・個人・宗教――近現代日本の精神』（講談社、2007 年）、『靖国神社「解放」論――本当の追悼とはなにか？』（光文社、2006 年）、『宗教と公共哲学――生活世界のスピリチュアリティ』（東京大学出版会、2004 年）など。「賀川豊彦シンポジウム」「みんなの品川をつくる会」などの市民活動にも取り組んでいる。

「働くこと」の哲学
――ディーセント・ワークとは何か

二〇一九年一一月一〇日　初版第一刷発行

著　者――稲垣久和
発行者――大江道雅
発行所――株式会社明石書店
〒一〇一－〇〇二一　東京都千代田区外神田六－九－五
電　話　〇三－五八一八－一一七一
ＦＡＸ　〇三－五八一八－一一七四
http://www.akashi.co.jp/

装　幀　明石書店デザイン室
印刷・製本　モリモト印刷株式会社

ISBN 978-4-7503-4925-1

（定価はカバーに表示してあります）

「辺境」からはじまる
東京／東北論

赤坂憲雄、小熊英二［編著］

◎四六判／並製／364頁　◎1,800円

米、鉄、人材、電力……。これまで東北は、東京の欲望を叶える工場であり続けてきた。それは実際、東北に何をもたらしたのか。また3·11により、そうしたシステムの限界が露呈したとするなら、「辺境」たる東北はどこに展望を見出すべきか。徹底的に考える。

《内容構成》

〈価格は本体価格です〉

人工知能と21世紀の資本主義

サイバー空間と新自由主義

本山美彦［著］

◎四六判／並製／316頁　◎2,600円

爆発的なITテクノロジーの進展によって、後戻り不可能な「シンギュラリティ（技術的特異点）」を超えたとき、私たちを待ち受けているのはいかなる世界か。人工知能技術の開発とシカゴ学派を中心とする新自由主義の関係を明らかにし、21世紀の資本主義の本質を暴く。

《内容構成》

〈価格は本体価格です〉